KB163412

페미니즘의
검은 오해들

페미니즘의 검은 오해들

가부장제, 젠더, 그리고 공감의 역설

ⓒ 김미덕, 2016

1판 1쇄 2016년 9월 28일
1판 3쇄 2018년 4월 30일

지은이 김미덕
펴낸이 김수기
편집 김주원 강정원 백지윤 / **제작** 이명혜

펴낸곳 현실문화연구
등록 1999년 4월 23일 / 제25100-2015-000091호
주소 서울시 은평구 통일로 684 서울혁신파크 1동 403호
전화 02-393-1125 / **팩스** 02-393-1128 / **전자우편** hyunsilbook@daum.net
ⓑ hyunsilbook.blog.me　ⓕ hyunsilbook　ⓣ hyunsilbook

ISBN 978-89-6564-188-9 (03330)

이 도서의 국립중앙도서관 출판예정도서목록(CIP)은
서지정보유통지원시스템 홈페이지(http://seoji.nl.go.kr)와
국가자료공동목록시스템(http://www.nl.go.kr/kolisnet)에서 이용하실 수 있습니다.
(CIP제어번호: CIP2016019196)

가부장제,
젠더,
그리고 공감의 역설

페미니즘의 검은 오해들

김미덕 지음

현실문화

일러두기

● 이 책에 실린 각 장은 본래 2011년부터 2014년까지 여러 학술저널에 실렸다.

2장, 「대학의 여성주의 교육과 남학생들의 저항」, 《담론 201》 제17권 1호, 한국사회역사학회, 2014.

3장, 「미국 여성주의 이론들: 제3세계 페미니즘의 이론적 함의」, 《현상과 인식》 제35권 4호(통권 115호), 한국인문사회과학회, 2011.

4장, 「정치학과 젠더: 사회 분석 범주로서 젠더에 대한 이해」, 《한국정치학회보》 제45집 2호, 한국정치학회, 2011.

5장, 「한국 페미니즘이 서구 중심적이라는 비판에 대한 (여성주의적) 고찰」, 《민주주의와 인권》 제12권 2호, 전남대학교 5·18연구소, 2012.

6장, 「공감, 정체성, 탈동일시(Disidentification)」, 《사회와 철학》 제26집, 한국사회와철학연구회, 2013.

● 외국 인명 표기는 국립국어원 외래어표기법을 원칙으로 하되, 통용되는 인명은 관행을 따르기도 했다.

● 책으로 구성하는 과정에서 문장과 표현을 일부 수정했다. 내용과 주장에는 변화가 없으며, 이 책의 내용은 모두 저자의 책임이다.

모든 피는 복잡하게 얽혀 있으며 우리는 모두 비슷한 영혼의 산물이다.

…… 무지는 사람들을 분열시키고 편견을 낳는다.

−노마 알라콘

젠더정치는 단순히 여성과 남성 관계에 대한 것이 아니라 ……

행위성, 몸, 합리성, 자연과 문화의 경계를 이해하는 것에 초점을 둔다.

−캐런 바라드

상상력은 남에 대한 배려, 존중, 친절, 겸손 등

우리가 남에게 바라는 심성의 원천이다.

그리하여 좋은 상상력은 길바닥의 걸인도 함부로 능멸할 수 없게 한다.

−박완서

차례

1장

들어가며: 지식과 윤리 문제

한국사회에서 페미니즘은 대개 여성의 관점이나 입장으로 이해된다. 그리고 여러 수위에서 다양한 질문, 오해, 정치적 비판을 받는다. 몇 예만 들면 페미니즘은 남성과 무관하다거나 남성을 혐오하는 여성 우월주의로 이해되기도 하고, 여성의 권익이 향상된 지금은 남성들이 역차별을 겪는다고 이야기되기도 한다. 한편 학계에서 페미니즘은 소수 페미니스트들만의 비주류 학문으로 인식되거나, 지식과 이론이라기보다 여성의 권리를 위한 운동으로 이해되기도 한다. 설혹 지식으로 인정되더라도, 페미니즘은 서구에서 수입한 것이라거나 여성의 관점에 서 있는 주관적인 반쪽짜리 학문에 불과하다고 비판받는다. 사회문화적 정체성과 의미·실천을 이분법적으로 구별해 등급 매기는, 근대의 특징인 '범주의 정치(the politics of categories)'에서 남성과 구분되는 여성은 비이성/감성, 부분, 특수로 전제되어 있다. 따라서 페미니즘이나 여성은 명명 자체가 이미 주변부적 속성을 띤다. 한국사회에서 어떤 형태와 수위로든 페미니즘을 화두로 꺼내는 일이 애초부터 불완전하거나 진부하다고 여겨지는 것이 바로 이런 이유 때문이다.

이 책에서 나는 페미니즘이 사회정의와 변혁을 위한 지식이자 실천의 장으로서 제시하는 이론적 통찰을 살피고자 한다. 외부에서 페미니즘에 제기하는 질문들이 왜, 어떻게 전개되는지를 살피고 이와 관련해 여성학계 내부에서 재고해야 할 쟁점들을 다룰 것이다. 흔히 남성과 여성의 관계나 젠더 문제만을 다룬다고 이해되는 것과 달리 페미니즘은 사회정의와 인권 문제를 들여다보는 데 매우 유익한 논의의 장이다. 페미니즘은 인종·국가·민족·계급 등의 구분에서 기인하는 다양한 일상적·구조적 불평등의 문제를 다루며, 그것을 교정해 더욱 공정한 사회를 구현하려 하기 때문이다. 그러나 이 책은 페미니즘을 오해하고 폄하하는 데 대한 방어적 해명이나 대응을 의도하지 않는다. 그보다 이론과 지적 지형에서 간과되거나 침묵되는 쟁점을 살펴보면서, 페미니즘을 현 사회에 편재하는 다양한 부당함과 불평등을 설명하는 한 틀이자 사회 변혁의 가능성을 제시하는 통찰로서 그 위상을 바로 하고자 한다.

이를 위해 페미니즘의 분석적 측면과 윤리와 실천 문제라는 두 흐름이자 주제를 다루며 페미니즘 인식론과 사상, 정치학에서의 젠더정치를 논하고자 한다. 객관적·탈정치적 지식은 환상이라는 사실을 염두에 두고, 페미니즘과 가부장제라는 개념이 정의되어온 방식을 살피며 재현의 정치, 정체성과 공감의 문제를 다룰 것이다. 이론적 자원으로서 페미니즘 이론 중 제3세계 페미니즘과 탈식민주의 이론에 의존하고 경험적 사례 연구들을 활용한다.

나의 기본 관점과 전제는 '사실주의(realism)'이다. 본래 사실주의는 누가 어떻게 아는가라는 인식론의 문제로서, 넓게 이야기하면 세계에 대한 정신적 구성물과 무관하게 현실이 존재하는 것을 뜻한다. 또한 '사회적 구성물 대 객관적 실재'의 이분법 구도에서 논의되거나 혼종의 현실을 자세하게 기술하는 분석 수위로 언급되기도 한다. 그런데 여기서 내가 의도하는 사실주의는 현실에서 목도하고 경험하는 부당함과 불공정, 그리고 그것을 뒷받침하는 제도적 양상을 바로 보자는 매우 소박한 수준의 의미이다. 즉 지적 유행으로서 새로운 어떤 주의(ism)를 제시하는 것이 아니라 일상에서 목격하는 사회현상의 진상(眞相)을 바로 보자는 것이다.

그런데 흥미로운 점은 하나의 '사실'도 모든 이에게 보편적으로 합의되는 게 아니라는 것이다. 페미니즘의 기본 쟁점인 젠더 역학에 대한 이해가 대표적이다. 젠더 역학은 어떤 이에게는 성차별(sex discrimination) 또는 여성에게 노출된 가부장적 억압이나 착취로 불리고, 어떤 이에게는 남성이나 가해자의 무지로 읽히기도 한다. 또 어떤 이에게는 너무도 쉽게 자각되는 문제이자 생존의 문제이기도 한 반면, 어떤 이에게는 아무런 문제의식이 없는 영역이기도 하다. 이렇게 사람마다 젠더 역학을 다르게 이해하는 이유는 '앎/지식의 정치적 속성' 때문이다. "어떻게 무엇을 아는가라는 것 자체가 복잡한 정치적·경제적 이익들과 얽혀 있다는 것으로서,"[1] 앞서 언급한 페미니즘을 둘러싼 반응들은 그동안 생각해보지 않은 타자·상황·이론에 대한 악의 없는 생경스러움에서 나온 것이라기보다, 남녀를 가르는 이분법과 양자의 위계를 전제로 하는 심리적·물리적·일상적 이해관계와 연결되어 있다.[2]

　이러한 앎의 속성과 사실주의 관점을 염두에 두고 사안들을 살펴보면, 예컨대 세계경제포럼(WEF)이 매년 발표하는 「세계 성 격차 보고서(Global Gender Gap Report)」 2015년 자료에서 한국의 양성 평등지수는 조사대상 145개국 중 115위였다. 지수를 결정하는 세부항목이 경제활동 참여 및 기회, 교육성취도, 건강 및 생존, 정치적 영향력 네 가지뿐인 데다 통계를 바탕으로 한 자료 평가가 거친 면이 있지만, 한국의 경제참여율과 정치참여율에서 보이는 높은 성별 차이는 다른 여러 조사에서도 마찬가지이다. 굳이 이러한 국제 기준의 지수가 아니더라도 대중매체, 일상·제도 차원에서 성별 구분에 기반을 두는 불균형적 권력 관계와 여성의 배제 및 소외는 빈번하게 목격된다. 이를 성차별이라고 부르지 않을 수 없다. 조직적으로 배제되는 여성의 노동 진입, 남성 중심의 상명하복 질서, 여성과 소수자를 대상으로 한 가시적·비가시적 폄하, 여성에 대한 일상적인 성적 대상화, 남성은 신체를 초월한 이성으로 간주하는 반면 여성은 생물학적 신체에 가두고 여성의 능력과 잠재력을 무화(無化)하려는 끊임없는 시도들 또한 성차별이라고밖에 달리 표현할 길이 없다.

　역설적으로 성차별이라는 용어가 지나치게 흔해 각각의 사안이 갖는 비윤리성과 폐해가 심각하게 받아들여지지 않는 경향 또한 있다. 이 같은 상황은 인종차별이나 계급차별과 같은 단어에 담긴 무게감과 견주어볼 때나, "한국 남성들이 여성들을 인식하는 것이(얕잡아보는 것이) 다 그렇듯이……"라는 자유주의적 남성들의 일상적 발화를 통해서도 알 수 있다. 얼핏 매우 성찰적 발언으로 들리지만 이는 자신이 다른 마초적 남성들과는 다르다는 우월감과 함께 남성이라는 생물학적 조건에서 나오는 안도감을 동시에 갖는 표현으로, 젠더 문제와 여성의 존엄이 얼마나 뿌리 깊고 교묘하게 대수롭지 않은 문제로 생각되는지 알 수 있다.

페미니즘에서 젠더 문제가 중요하다는 것은 두말할 필요가 없다. 그런데 나는 여성/남성이라는 성별 정체성이 개인의 삶을 설명하는 데서 가장 중요하고 가장 근원적인 범주라거나 소수의 남성들만 가부장적 특권을 가진다는 이해 또한 경계한다. 특정한 성의 특권으로 표현되든 아니면 특정한 성의 고통과 억압으로 표현되든, 성 변수를 기준으로 한 구별 및 차별은 당연히 개인의 삶과 공동체에 막대한 영향을 끼치고 제도 자체를 재생산하는 중요한 축이기도 하다. 그러나 사건·현상·제도를 분석하고 이해할 때, 성별 변수가 여성과 남성의 삶을 설명하는 궁극적 변수로 환원되는 '젠더 본질주의(gender essentialism)'로 귀결되어서는 안 된다.

이는 굳이 이론적 논의를 거치지 않더라도 매우 간단한 질문을 통해 확인할 수 있다. 만약 젠더 본질주의가 타당하다면 동성으로만 구성된 공동체에서는 젠더 위계질서가 없기 때문에 아무런 긴장과 배척 없는 조화가 이뤄지는가라는 질문에 긍정적인 답이 나와야 하지만, 우리는 그렇지 않다는 것을 잘 알고 있다. 사회적 약자와 수평면에 서는 것을 두려워하고, 억누르는 쾌감[3]과 그것을 이루지 못했을 때의 열패감이 지배적인 가부장제에서는 위계적 형제애 또는 위계적 자매애가 더욱 일상적이고 보편적이다. 따라서 성별 정체성과 아울러 다양한 불평등에 관한 성찰과 분석이 없이는 누구의 삶도 온전히 해석하고 이해할 수 없다.

남성 공동체 내부 혹은 남성 간에 발생하는 위계가 '자연화'되어 있는 것처럼, 여성 공동체 및 여성 간에 발생하는 다양한 위계와 긴장도 침묵된다. 그 이유는 주류 페미니즘인 자유주의 페미니즘(liberal feminism)이 유일한 페미니즘으로 이해되고, 페미니스트 지식 공동체에서 여성 간 차이/다름의 문제가 자유주의 페미니즘 속으로 포섭되어온 때문이다. 연장선상에서 페미니스트들은 이론과 실천에서 '성차별'의 문제를 주로 부각시켜 '가시화(visibility)와 인정(recognition)' 투쟁에 주력해온 때문이다. 이때 가시화는 명성과 사회적 지위를 얻거나 어젠다를 장악하는 등의[4] 물리적 차원으로 나타나거나 타인(대개 주변부 사회집단)의 빼앗긴 권리를 위하고 되찾게 해주려는 노력을 통해 자신의 도덕성을 확보하는 경향으로도 나타난다. 소수자의 인정 투쟁 및 가시화 자체가 어렵기 때문에 이것이 사회운동과 지식 실천에서 궁극적 목표가 된 경우이다. 문제는 가시화 과정에서 사회 정의를 고민하는 공동체 내부에서도 위계가 발생한다는 점, 그리고 한 집단이 권리를 되찾을 때 또 다른 사회집단에 희생이 요구된다는 인식이 결여되거나 간과된다는 점이다. 또한 그 가시화 자체가 이미 위계, 배제, 특권이 부재한 상태에서 형성되는 것이 아님을 상기할 필요가 있다.

윤리 문제가 눈에 띄게 등장하는 지점이 바로 이 부분이다. 사회정의를 지향하는 다른 많은 운동도 마찬가지인데, 대개 페미니즘은 여성을 포함해 주변부 사회집단에 가해지는 여러 부당함이 비도덕적이라고 생각하기 때문에 그 교정에 애쓰는 것이고, 따라서 관련 사안들의 문제 제기와 실천 과정, 실행 주체 전부가 윤리적이라는 전제가 암묵적으로 존재한다. 그러나 그런 매끄러운 일치는 쉽게 이뤄지지 않으며 단순하지도 않다.

이때 윤리는 일개인의 인성 차원이나 규범적 당위성만을 뜻하는 것이 아니다. 크게 (활자화된) 지식의 측면과 실천 주체의 윤리 문제 두 측면을 통해 살펴볼 수 있다. 먼저 지적 지형에서 역사적으로 미국의 백인 중산계층 페미니스트들이 제3세계 여성의 권익을 위한다는 선의로, 얼마나 많은 이의 행위성을 무력화하고 제3세계를 열등한 후진국으로 묘사했는가를 살펴보면 알 수 있다. 같은 맥락에서 중산계층 페미니스트들이 자신들의 존엄성을 유지한 채 기층 여성들의 삶을 얼마나 단순화하고 왜곡하면서 자신을 타자를 위한 구원자로 현현(顯現)하는가. 그런 지식 형태를 통해 전자는 미국의 중산계층 페미니스트들이 비판하는 제국주의적 지식 질서에 공모하고, 후자는 계급적·엘리트주의적 지식을 재생산한다. 다른 하나는 사회정의에 대한 주장과 일상적·윤리적 실천 사이의 괴리를 생각할 수 있다. 그 양태는 다양하다. 대안을 고민하기보다 자신이 가진 지적 자원으로 타인 비판에 몰두하고, 가부장제의 전형적 모습인 계급·지위·연령·직업·출신학교 등을 통한 위계질서로 구분과 배척의 질서를 재생산한다. 양성 평등 문제에는 비판적이지만 다른 정체성에 기반을 둔 특권을 통한 스스로의 '존재론적 공모(ontological complication)'는 쉽게 간과한다.[5]

실천 주체의 윤리 문제는, 두말할 것 없이, 매우 복잡하다. 애초 윤리의 기준이 보편적이지 않을 수 있기 때문이다. 내가 조금 더 유의해서 주목하는 부분은, 가시적인 가부장적 폭력이나 문화 외에도 잘 드러나지 않는 형태의 폭력과 위선이다. 즉 가부장제의 노골적인 구분, 배제, 차별뿐 아니라 매우 미묘한 형태의 폭력들을 명확히 살펴 가부장제가 다양한 주체를 통해 얼마나 복잡하게 재생산되는지를 확인할 필요가 있음을 강조하고자 한다.

소설가 박완서의 단편소설 「저문 날의 삽화 2」에는 민주화 운동을 하는 한 남성의 허위(虛僞)가 잘 드러나 있다. 소설에는 과거 고등학교 선생이었던 중년의 주인공과 제자였던 가연, 그리고 가연의 운동권 남편이 등장한다. 주인공은 민주화 운동을 하다 고문 후유증으로 정신병원에서 요양하는 아들을 두고 있어서 운동권인 제자의 남편에게 우호적이다. 제자의 남편은 생계를 전적으로 아내의 친정에 의존하면서도 자신의 대의명분에 따라 이를 당연하게 여긴다. 주인공은 시어머니가 언제나 며느리가 아닌 아들의 편인 것 마냥 제자 남편의 심정과 상황을 이해하려고 오랜 시간 애를 쓴다. 그러나 제자 남편이 끝내 자신의 위신을 위해 아내의 희생을 뻔뻔스럽게 때로는 비굴하게 요구하면서 물리적 폭력뿐 아니라 경제활동으로 자아를 찾으려는 아내를 어떻게든 짓누르려는 것을 목격하고, 다음과 같이 일갈한다. "소위 민중을 위한다는 친구가 여성처럼 오랜 세월 교묘하게 억압받고 수탈당한 큰 집단이 민중으로 안 보인다면 그를 어떻게 믿나? 저는 남자의 기득권을 안 내놓으려 들면서 권력자의 기득권은 내놓으라고 외치는 것도 가짜답고. 도대체 제 계집을 종처럼 다루면서 일말의 연민도 없는 자가 민중을 사랑한다는 소리를 어떻게 믿냐."[6]

시대적 배경은 지금과 다르지만 그녀가 지적한 가짜의 원리는 주체와 영역을 불문하고 정확하다. 가부장적 성 역할을 통해 부당한 특권을 취하면서도 아무런 문제의식을 갖지 않는 논리로 구축되는, 남성 우위가 보장된 가부장적 질서와 의식은 그 형태와 내용이 한없이 다양하다. 신체적 위해와 같은 물리적 양상에서부터 교묘하게 이뤄지는 공적 영역에서의 여성 배제, 공고한 남성 중심의 위계질서를 균열시키는 이들이 출현할 때 나타나는 집단적·방어적 공격에 이르기까지 수위, 결, 양상이 복잡하고, 편재해 있다.

그리고 여성학계에서 면밀히 살펴야 하는 상황에는 계급 논의가 빈약하고, 양성 평등 문제 제기는 활발하지만 범주의 정치를 근본적으로 문제 제기 하는 것이 부족하고, 주변부 사회집단의 재현에서 고통과 폭력이 관음증적 대상이 되면서 소비되는 현상도 있다. 앞서 간략히 언급한, 성 평등을 위한 공적 책임을 강조하면서 명

예와 인정을 얻으려는 가시화에 경주(傾注)하는 한편 일상에서의 경쟁과 시기 같은 비윤리적 상황에 대한 고민도 포함한다. 후자의 사안이 중요하다는 것을 환기할 필요가 있는데, 정치학자 릴라 페르난데스(Leela Fernandes)가 잘 지적하듯이, 자본주의적 가부장제(capitalistic patriarchy)에서 노골적이고 가시적인 폭력에 비해, 가십, 중상모략, 경쟁, 시기, 질투의 양상 등이 행위자의 사소한 실수나 아무 일도 아닌 것처럼 치부되지만, 이는 제도화된 위계질서와 폭력이 미시적 수준에 고스란히 반영된 것이다. 일상에서 일어나는 사소한 실수와 가부장제의 구조적 폭력을 구분하는 사유에서 지식이 글쓰기 자체나 고등교육의 기회만으로 편협하게 읽히는 것을 알 수 있고, '사적인 것이 정치적'이라는 주장을 통해 지식, 권력, 일상의 연결을 주목했지만 사적인 생활에서 실천이 뒷받침되지 않은 채로 페미니스트들이 비판하는 가부장제가 고스란히 재생산되고 있음을 알 수 있다. 그리고 그러한 상황을 목격하는 공동체 내부의 소수자들은 회의와 절망을 느끼고, 냉소주의와 무관심으로 공동체를 이탈하게 된다.[7]

이런 복잡한 양상들에 대한 성찰의 일부로서 나는 비단 젠더 문제만을 다루는 것이 아니라 사회정의를 고민하는 한 장으로 페미니즘의 이론적 스펙트럼을 살피고자 한다. 페미니즘을 포함해 모든 지식은 그 형태가 어떤 것이든, 주체가 누가 되든, 궁극적으로 외현의 형태뿐 아니라 애초부터 생산자의 윤리적 실천이 내재된 행위이다. 윤리적 실천으로서 지식의 문제를 사회정의 운동과 페미니스트 지적 지형에서 나타나는 지식의 계급 위계적 속성 및 공감과 정체성 문제를 중심으로 살펴보려고 한다.

　구체적으로 이 책은 페미니즘의 분석적 측면과 윤리 문제를 견지한 채 일상생활과 교육 현장에서 직간접적으로 접하는 몰성적(gender blind) 태도와 비판을 검토하면서 페미니즘의 이론적 성과, 양상, 통찰을 정리한다. 페미니즘의 인식론과 사상뿐 아니라 경험적 사례 연구들을 활용하고 대중적으로 가장 많은 질문을 받고 논쟁이 되는 부분, 그리고 페미니즘 공동체에서 더욱 명확하게 해야 할 쟁점에 초점을 둔다. 각 장의 논의는 유기적으로 연결되어 있다. 첫째, 가부장제는 남성이 여성에게 가하는 폭력과 차별을 뜻하는 것인가? 둘째, 성 변수가 여성의 삶을 설명하는 궁극적이고 본질적인 변수인가? 계급·인종·민족·국적 등 다른 정체성 변수와 성 변수는 어떻게 설명할 것인가? 셋째, 성 변수나 젠더가 사회 분석의 범주라는 것은 무슨 의미인가? 넷째, 한국의 페미니즘은 중산계층 여성이 하는 것으로서 서구 중심적인가? 다섯째, 타자가 겪는 어려움과 부당함을 공감하고 이해하는 일이 가능한가? 자신의 특권에 대한 안도감이나 감상주의(sentimentalism)에 빠지지 않는 공감은 가능한가? 가능하다면 어떻게 가능한가? 이 책은 5장으로 구성된 이 질문들을 배경으로 한다.

　2장은 대학 교육 현장에서 경험한 구체적인 사례를 바탕으로 한다. 대학 강의실은 실제 페미니즘이 어떻게 이해되는지 알 수 있고, 남녀 학생의 입장 차이에 따른 페미니즘의 이해와 공감 문제를 확인할 수 있는 장이기도 하다. 주체 입장에 따라 페미니즘이 어떻게 이해되는지를 살피고 남성은 가해자이고 여성은 피해자라는 기존 도식의 한계와 문제점을 점검하면서, 공감 전략보다 복잡한 양식과 여러 주체가 재생산하는 자본주의적 가부장제에 대한 이해를 강조한다. 3장과 4장은 젠더정치와 페미니즘 지식의 본격적인 논의들이다. 3장에서는 제3세계 페미니즘과 피억압자의 저항 및 방법으로서의 페미니즘을 살펴봄으로써, 여성 간 차이의 현실에 주목해 주류 페미니즘의 한계를 점검하고 보다 근본적인 변혁적 시각의 가능성을 설명한다. 4장에서는 정치학 내에서 이해되는 젠더정치를 살펴보고, 젠더정치 인식의 출발점을 성 변수로부터 피억압자의 경험과 지식의 문제로 전환할 것을 제안한다. 젠더정치 연구는 성이나 여성의 관점이 아닌 젠더 위계가 작동하는 사회 구조와 현상을 분석하는 것임을 확인한다. 5장은 학계에서 제기되는 한국의 페미니즘이 서구중심적이라는 비판을 분석하는 장이다. 그 비판에 내재하는 가부장적 속성을 살피고, 페미니즘 내부에서 그 비판을 통해 생각해봐야 하는 문제로서, 재현의 정치와 페미니즘 지식 내부의 계급성 문제를 설명한다. 6장에서는 고통과 억압을 이해하기가 얼마나 어려운 것이며 어떻게 공감이 가능한가라는 문제를 논한다. 연민, 이해, 사랑, 공감과 같은 언어가 감상적으로 읽히는 경향을 비판한다. 그리고 감정이입이나 동일시가 공감의 한 과정은 될지언정 궁극적 형태는 되지 않음을 설명한 후, 오히려 탈동일시(disidentification)를 제안한다.

이 책에서 페미니즘은 세 가지 용어로 썼다. 페미니즘이라고 그대로 하거나 우리말 번역어인 여성주의, 그리고 분석이 강조될 때에는 젠더정치라는 용어와 혼용한다. 편한 어감의 조합을 위해 기능적으로 사용하기도 했는데, 예컨대 자유주의 여성주의 이론보다는 자유주의 페미니즘이 더 편하게 읽히기 때문이다.

나는 이 책이 끝없이 되풀이되는 페미니즘에 대한 몰이해의 본질과 젠더 역학에 대한 이해를 도와 페미니즘의 위상을 바로 하는 데 조금이라도 기여하길 바란다. 더불어 사회정의를 고민하는 공동체에서 일상생활, 앎/지식, 윤리, 권력이 어떻게 필연적으로 연결되는 가라는 근원적 질문을 제기하는, 시론적 논의의 한 장이 될 수 있기를 바란다.

2장
대학 강의실에서의 페미니즘

여성주의 강좌와 남학생들의 저항

현재 많은 대학에서 교양교육의 일환으로 여성주의 강좌를 개설해 진행하고 있다. 강좌명은 '젠더정치학', '여성과 정치', '여성의 정치참여', '여성학', '페미니즘의 이해', '여성과 사회' 등이다. 이런 강좌에 나타난 변화 중 하나는 과거와 달리 적지 않은 수의 남학생들이 수강한다는 것이고, 나 또한 2010년 이래 여학생만 수강하는 강좌뿐 아니라 여학생과 남학생이 함께 수강하는 여성주의 강좌를 맡아오고 있다.

대학 현장에서 여성학 교육의 중요성과 여성주의 강좌의 긍정적 영향은 어렵지 않게 생각해볼 수 있다. 대체로 여학생은 치유와 여성으로서의 힘을 확인하게 되고 남학생은 그동안 여성주의에 가

졌던 편견과 오해를 줄이는 계기가 된다. 그런데 실제로 여성주의 강좌가 늘 안전한 상태에서 긍정적 결과만을 보이는 것은 아니다. 강의실에서 학생과 학생 사이, 교수자와 학생 사이에는 많은 긴장과 역동이 존재한다. 여성주의 의식을 갖춘 남학생과 그렇지 않은 학생들의 관계 및 그들이 강의실에서 보이는 권위, 성차별을 논의할 때 폭력의 가해자로 동일시되는 남학생들의 반감, 피해자로 동일시되는 여학생들의 불편함, 여성학 존재를 둘러싼 찬반 논쟁, 더 나아가 성별이나 인종에 따라 달라지는 강의 평가나 수강자들이 기대하는 교수자 역할의 차이 등이 있다.[1]

실제 여성주의 강좌에서는 성별 정체성에 따라 수업에 보이는 공감과 이해가 다르게 나타나는데, 이 지점은 여성주의 교육의 긍정적인 출발점이 되기도 하고 어려운 논쟁의 장이 되기도 한다. 다시 말해 성별 정체성에 따라 젠더 위계로 인한 부당함을 느끼는 정도가 다르게 나타난다. 당연히 모든 여학생이 여성주의 문제의식을 갖고 있거나 그에 동의하는 것도 아니고, 모든 남학생이 반(反)여성주의 관점을 취하는 것도 아닌데, 추세로 볼 때 여학생은 여성주의에 공감하는 정도가 남학생과 비교해 높다고 할 수 있다. 여학생들은 초반에 여성주의 문제의식이 없다 하더라도 강좌를 진행하다 보면 말 그대로 여성주의 의식 고양의 정도가 남학생들보다 높은 편이고, 여성주의 의식을 갖춘 학생의 비율도 여학생이 남학생보다 높은 편이다. 남학생들의 경우 현재 여성주의 강좌는 구시대적이라거나 자신들에게는 불편하다는 적대감을 표현하는데, 이때 적대감은 여러 가시적·

비가시적 형태를 띤다. "무뚝뚝한 침묵, 낮은 출석률, 그냥 잘 지내는 척하기, 교수가 듣기 원하는 것만을 말하기, 성차별적 사안에 표출하는 노골적인 분노, 여학생들을 무시하고 침묵하게 하기"[2] 등이 있다. 이러한 긴장이 가장 첨예하게 나타나는 사안이 몇 가지 쟁점으로 드러나는 역차별 문제이다. 역차별 논쟁은 비단 여성주의 강좌뿐 아니라 인종차별과 같은 사회정의를 다루는 강좌에서도 유사하게 확인된다.[3]

이와 같은 강의실에서의 '복잡한' 상황은 교수자로 하여금 구조적으로 특권화된 집단의 저항을 어떤 내용과 방식으로 줄일 것인가라는 고민을 낳는다. 그런데 여성주의 강좌에서 드러나는 남학생의 저항과 관련한 논의는 매우 드물다.[4] 한국 학계의 경우 여성학이 제도화된 1980년대 이래[5] 여성주의 강좌를 수강하는 남학생이 여학생과 비교해 적고 여성주의 강좌는 (여학생들에게) '안전한 공간'이라는 암묵적인 전제가 있기 때문일 것이다.

남학생들의 저항을 줄이기 위해 어떤 여성주의 교육을 강조하고 어떤 내용을 보완해야 할까? 나는 남학생들이 보이는 저항을, 남성은 여성주의 의식 고양이 원천적으로 불가능하다거나 여성주의자가 될 수 없다는 근본적 회의로 지나치기보다는 여성주의 교수법과 내용의 전환을 더욱 적극적으로 시도해야 한다고 본다. 무엇보다도 여성이 겪는 고통과 피억압의 문제로 접근하는 폭로 전략과, 이를 바탕으로 하는 공감을 전제하고 그것에 호소하기보다는 남성으로서의 삶과 가부장제의 얽힘을 살피는 검토의 장을 마련해야 한다고 생각한다. 이 과정에서 가부장제가 여성에 대해 남성이 가하는 억압을 넘어서는, 권력의 장이 형성되는 모든 관계에서 진행되는 것임이 환기될 때, 남학생들이 여성주의를 이해하고 자신의 삶을 성찰하는 것이 용이할 수 있다고 설명한다.

이 논의를 위해 나는 2013년 봄 학기 서울의 한 4년제 남녀공학 대학에서 여성주의 강좌를 수강한 학생 50명의 의견을 분석했다. 남녀 학생의 비율 및 학년의 분포는 고른 편이었다. 성비는 거의 반반이었는데, 이는 2010년 이래 내 강의 경험에서 일관되게 나타나는 현상이기도 하다. 분석 자료는 매 수업의 주제에 따른 학생들의 토론, 학기 초반에 학생들이 수행한 특권과 차별을 주제로 한 에세이, 그리고 한 편의 영상 리뷰이다. 첫 에세이 과제는 자서전으로서 성별뿐 아니라 어떠한 변수에서든 자신이 경험한(경험하는) 차별과 특권의 느낌을 기록하고, 두 번째는 성별에 기인하는 차별과 특권을 기술하는 것이었다. 토론을 제외하고 모두 반 장에서 한 장에 이르는 문서 형식이었다. 모든 인용은 수강생들의 것이며 대학생들의 일반적 경향에 대해서는 2010년 봄 학기부터의 강의 경험도 참고했다. 여성주의 교육과 학생들의 반응과 관련한 내 문제의식이 2013년 1학기 중반에 생겼기 때문에, 그즈음에 반 전체에 연구 의사를 밝히고 자료 활용에 대한 동의를 구했다. 한 학기가 끝나고 전반적인 흐름과 토론에 대해서는 반 전체에, 직접 인용의 경우에는 당사자에게 이메일과 대면으로 재차 자료 활용 동의 여부를 확인했다.

남학생들의 저항 유형

학생들이 보이는 반응은 당연히 교수 내용에 따라 달라지므로 내가 교수하는 강좌의 큰 프레임을 밝히는 것이 필요하겠다. 먼저 강좌 초반에 학생들이 여성주의 개념을 어떻게 정의하는지 알아보고 여성주의 내부의 다양한 이론과 역사를 개괄한다. 이 과정에서 성별 차이로 인한 쟁점과 특권 및 차별과 관련한 주제어를 통해 자신의 삶을 성찰하는 에세이 과제를 내준다. 이 과제들을 통해 아래에서 자세히 살펴볼 역차별이 저항의 한 양상으로 도출된다는 것을 자연스럽게 알 수 있었다. 중반 이후의 강좌는 쟁점을 중심으로 노동, 군사주의, 여성운동의 역사 등을 살펴본다. 다만 매 강좌의 주제와 성격에 따라 수위와 내용이 조금씩 달라진다.

여성주의 교육이 제도화된 역사와 양식이 다르기 때문에 강좌마다 편차가 있지만 여성주의에 보이는 남학생들의 반응은 대체로 다음과 같은 스펙트럼이 있다.[6] 일단 여기서 '여성주의' 개념은 여성과 남성의 평등을 추구하고 여성 차별을 해결하고자 하는 운동이자 이론이라는 대중적 이해를 뜻한다.

첫째, 여성주의에 대한 반감을 분명히 하는 경우이다. 여기에 해당하는 학생들은 과거에 비해 드물고 그 수도 현저하게 적은 편인데, 교수자의 여성주의 입장을 알고 있지만 여성주의에 불편함과 반대 입장을 분명하게 표출한다. 이 같은 입장을 수업시간에 직접 말하는 사례는 드물고 주로 과제나 시험 답안에서 표현하는데, 여성가족부의 활동이 한심하다거나 '꼴페(꼴통 페미니즘)'라는 표현에서 이를 대표적으로 알 수 있다.

둘째, 여성주의를 노골적으로 비판하지도 않지만 그렇다고 해서 여성주의에 동감이나 지지를 표명하지도 않는 경우이다. 세부적으로 두 유형이 존재한다. 하나는 실제 자신의 생각과는 다르지만 여성주의 강좌임을 감안해 남성 중심적 사고를 표현하지 않는 사례이며, 다른 하나는 상식적 수준에서 '남녀의 평등', '차이를 인정하기', '여성의 권리를 고양하는 것이 바람직하다' 등의 당위적이고 규범적인 언술을 사용하는 사례이다. 후자가 가장 대중적인 반응으로서 영문학자 전승혜 또한 논문 「남학생과 페미니즘 문학교육」에서 이 경향을 지적한 바 있다. 그녀는 이해, 조화, 타협, 협상과 같은 용어의 등장이 여성주의 "발전의 가능성을 보이지만 동시에 이 주장에는 진정한 변화에 대한 두려움이 들어 있음을 감지하고 한계를 느끼지 않을 수 없다. (……) 얼핏 듣기에 합리적인 것처럼 들리지만, 실제로는 옳고 그름이라든지 정당함과 부당함을 따지지 않으며 자신의 입장을 분명하게 밝히지 않고 있음을 느낀다"[7]라고 했다.

나 또한 그런 경향이 여성주의적이라고 생각하지 않는다. 그것은 "논리 분석에서의 도덕적 환원주의(moral reductionism)"[8]로서 경험적·이론적 정보를 도덕적 주장과 혼동하는 것이기 때문이다. 그리고 변화를 두려워하거나 옳고 그름의 정당함과 부당함을 따지지 않는 태도가 원인이라기보다는, 남녀 대학생 모두가 자신들의 성별 정체성에서 비롯하는 물리적 특권을 인식하기 어려운 상태에서 규범적 언술로 도덕성을 확보하는 방식이라고 생각한다. 남학생은 한국사회에서 대학생이라는 사회적 지위와 함께 남성이라는 정체성이 뒷받침하는 구조적 특권을 인식하기 어렵기 때문이고, 여학생도 대학생이라는 사회적 지위가 제공하는 상대적 특권이 작용한 것으로 크게 남학생의 경우와 다르지 않다고 본다. 그 결과, 학생들에게서는 '여성의 권리를 찾되 여성 우월주의는 반대하며, 과격하고 편협한 페미니즘과 올바른 페미니즘이 구별되어야 한다'는 표현이 나타나곤 한다.

이때 첫째 유형과 둘째 유형을 구분하기 쉽지 않은데, 실제로는 여성주의에 반감을 갖고 있더라도 상식 수준에서 규범적 언술로 여성주의를 표현할 가능성이 있기 때문이다. 이를 가장 잘 알 수 있는 부분이 군 징병제와 할당제 논의이다. 두 주제를 다룰 때 둘째 유형의 남학생들 또한 군 징병제와 여성 할당제를 남성 역차별이라고 지적하고 남성이 겪는 어려움을 이해받지 못한다고 토로하는 사례가 적지 않다.

셋째, 여성의 권리 증진에 관심을 갖고 여성주의를 지지하는 '교양 있고 자유주의적인 계몽된 남성들'이다. 여기에 해당하는 남학생은 위 두 경우보다 훨씬 적지만, 강의실에서 그들의 발언이 미치는 영향력이 작지 않아서 다른 경우와 마찬가지로 여성 교수자에게 고민을 안겨준다. 계몽된 남성이라고 불릴 만큼 이들의 여성주의 자각은 긍정적이고 문제가 없는 듯하지만, 여러 논자가 지적하듯이, 특별한 노력이나 노동 없이 얻어지는 특권을 그대로 유지한 채 "정작 권력 구조 자체를 바꾸려는 노력"[9]이 부재하다는 한계가 있다. 바로 이

점 때문에 1980년대 미국에서 여성주의 강좌를 수강하는 남학생의 유형을 설명한 레나테 클레인(Renate Klein)이 이 집단을 가장 경계하기도 했다. 클레인은 계몽된 남학생 유형을 세 분류로 정리했다.

첫째, 전문가 유형이다. 이 남학생들은 자신의 전공 분야에서 인정받는 권위자로서 자기 능력에 대한 자신감이 높고 전문용어에 익숙하다. 이들은 여성이 억압받는다고 생각하지만 동시에 다른 집단도 억압받지 않느냐고 질문한다. 더 나아가 자신이 속한 분과지식의 남성 권위자들이 여성 억압 문제를 계몽하는 권위자가 되지 못한다는 것을 이해하지 못한다.[10]

둘째, 낭만적 가교자 유형이다. 이들은 첫째 유형과 달리 여성과 페미니즘이 위대하고 기존 지식은 남성 중심적이라서 불완전하다고 인정한다. 그런데 이는 객관적 사실로서 여성주의를 인정하는 것처럼 보이지만, 여성주의가 남성을 비판하기 때문에 남성인 자신에게 적대적일 수밖에 없는 여성주의마저 지식으로 인정하는 관용을 보임으로써, 다시 한 번 스스로를 여성 문제에 대한 권위자로 설정하는 유형이다. 이 전문가 유형은 '수염 달린 페미니스트'로 불리는데 여성주의에 호의적이고 성차별적·마초적 남성을 경멸하는, 전승혜의 표현으로는 지적 유희로 페미니즘을 수용한 남학생들이기도 하다.[11] 클레인은 둘째 유형의 남학생들이 무척 흥미롭고 환영할 만하지만 그들의 반응이 바람직한 여성주의 강좌의 초점은 아니라고 지적한다. 이 유형은 자신들의 관용적 태도를 내세우며 (편협하고 올바르지 않은) 여성주의자들이 남성이 여성주의에 기여하는 바를 애초에 차

단한다고 비판하기 때문이다.[12]

이 남성들은 (남성 내부의 차이가 유발하는—인용자) 억압을 알고 있다. 그리고 그 점 때문에 자신이 평균치 중산계층 남성들보다 더 낫다고 믿는다. 그러나 이것으로 충분하지 않다. 이는 남성 권력의 또 다른 형태로서 여전히 문제가 되는 남성 권력이다. (……) 이들은 언제 어디서 침묵하고 떠나야 할지를 알고 있는데 그런 섬세함은 우매한 사람들로부터는 나오지 않는 전략이다. 이들은 솔직하게 여성학이나 페미니즘이 무엇인지 우리(여성들—인용자)에게 말해달라고 한다. 그런데 이런 상황은 인종차별과 비유해보면 정확하게 무슨 의미인지 드러난다. 누가 감히 자신은 (인종차별에 대해—인용자) 아무것도 모른다고 공개적으로 인정하면서 흑인과 관련한 수업이나 학회에 참석하겠는가? 누가 감히 흑인에게 인종차별을 말해달라고 하겠는가? 남녀 모두가 내면화된 인종차별의 구조적 메커니즘을 알기 위해 엄청난 노력을 하는 반면 내면화된 성차별에 대해서는 그만큼의 노력을 하지 않는다. 여성 경멸이 얼마나 뿌리 깊은지를 알 수 있는 단적인 예이다.[13]

셋째, 가여운 아이들 유형이다. 이들 또한 외양이 다양하지만 대체로 자신이 지배 집단 성원이라는 것이 얼마나 끔찍한지 고백하는 유형이다. 자신이 남성이지만 여성을 억압할 때의 잘못을 이해할 수 있도록 자기를 도와달라는 것이다. 클레인은, 인종차별과 다시 비유해, 왜 자신의 태도를 스스로 바꾸려 하지 않고 여성에게 요구하

는가라고 되묻는다.[14]

클레인은 세 유형을 살핀 후 남성은 여성주의자가 될 수 없다고 결론짓고 자신의 주장이 막대한 저항을 불러일으킬 것이라고도 언급한다. 그리고 "남학생들이 수업에 참가할 수 있는 유일한 방법은 우리(여성주의자들—인용자)를 존경하고 '우리 밖에서' 지지하는 것이다. 그리고 그들이 여성주의를 이해하기 위해 우리에게 요구하는 것을 멈추기 바란다"[15]고 정리한다. 나 또한 클레인이 주목하는 계몽된 남학생을 종종 목격하는데, 이들은 남성으로서 이해 불가능할 것이라고 가정된 여성주의까지 섭렵한 권위자로 자임하며 더욱 엄격한 기준으로 '여성' 교수자를 평가하는 경향이 있다. 이 점에서 클레인이 수행한 연구의 초점과 주장은 매우 설득력이 높다.

다만 클레인의 주장에서 문제가 되는 부분은, 그 자신도 인식하듯이, 그녀가 남성 수강자에게 가진 근본적인 회의이다. 사실 클레인이 남성 수강자에게 보이는 회의는 연구의 시기를 살펴보면 쉽게 이해할 수 있다. 연구가 이루어진 1970~1980년대 당시 미국 학계에서나 사회적으로 페미니즘은 진보성을 띤 채 큰 파장을 일으켰고, 자유주의 성향을 지닌 많은 남성에게 지적 호기심을 불러일으켰다. 따라서 클레인은 계몽된 남학생들을 가장 많이 목격했고 이에 대해 우려를 표할 수밖에 없었던 것이다.

그런데 현재 한국의 여성주의 강좌를 수강하는 남학생이 표출하는 저항 양상은 이와 조금 다르다. 나 또한 강의실에서 클레인이 언급한 세 유형을 모두 맞닥뜨리지만 계몽된 남학생은 실제로 그렇게 많지 않다. 언급했듯이 강의실에서 그들의 영향력을 간과할 수 없는 것도 사실이지만, 가장 일반적인 반응은 노골적으로 여성주의에 반감을 드러내는 경우나 계몽된 남학생들이 아니라, 인권, 여성의 권리, 올바른 페미니즘, 양성의 조화 등의 표현으로 여성주의를 당위와 규범으로만 언급하고 분석과 성찰에 어려움을 겪는 경우이다. 그리고 교수자의 입장에서 클레인의 주장이 갖는 또 다른 문제는, 만약 '남성 페미니스트'가 언어학 면에서나 내용 면에서 불가능한 조합이라고 전제한다면 여성주의 강좌를 수강하는 남학생에 대한 교육 목표를 어디에 둘 것인가라는 문제에 봉착하게 된다는 점이다. 나는 여학생의 경우에도 여성주의자로 자기규정을 하지 않는 경우는 항시 존재한다고 보며, 교육 목표를 최소한의 범위로 좁혀 자신의 생활에 대한 검토를 기반으로 여성주의에 접근할 것을 제안한다. 즉 남성 자신의 삶과 가부장제의 관계, 여성주의와 가부장제의 관계를 확인하고 사회 부정의에 대한 비판적 안목을 고양할 수 있는 가능성을 제시해야 한다고 생각한다.

저항을 줄이기 위한 이론적 전환

출발 지점: 공감 효과의 한계

기존 연구에서 남학생들이 여성주의 강좌에 표출하는 저항을 줄이려는 대안은 다양한 수위에서 제안되었다. 어떤 이는 남성이 패권적 남성성을 어떻게 내면화해 저항하는가를 이론 수위에서 밝히기도 하고, 학생과 교수자에게 실용적 가이드라인을 주기도 한다.[16] 혹은 분과학문으로서 남성학을 제안하기도 한다.[17] 나는 여성학이 여성에게 삶을 성찰할 기회를 통해 의식을 고양하는 역할을 하는 것과 마찬가지로 남성 역시 여성학을 통해 삶을 성찰할 기회를 가질 수 있다고 생각한다. 이를 어떻게 할 것인가를 살피기 전에, 여성 억압 문제를 제기하는 과정에서 수행되는 폭로 전략과 그것이 전제하는 공감 효과의 한계를 먼저 지적하고자 한다.

잘 알려져 있듯이 여성주의 지식과 교수의 프레임은 대개 폭로, 끼워 넣기, 재구성·분석 세 가지로 나뉜다. 폭로는 여성이 어떻게 가부장적 억압에 노출되며 남성보다 불리한 여건에 있는가를 드러내는 작업으로서, 여성주의 의식을 고양하는 용이하고 대표적인 방법이다. 따라서 이 과정에서 흔히 등장하는 고통, 억압, 폭력 등의 언술은 남성이 가해자로 설정되어 있다고 오해하기 쉽게 만들고, 사회적 약자에 대한 공감의 가능성을 전제한다. 표면적으로 공감을 강조하지는 않지만, 여성이 겪는 억압과 부당함을 강조하는 것은 자연스럽게 미경험자·남성이 이를 인식하고 감정이입이나 공감을 할 수 있다는 믿음과 희망을 전제한다. 끼워 넣기는 그동안 드러나지 않은 여성의 입장과 역사를 드러내 새로 씀으로써 이를 남성의 입장과 역사에 견주는 경향이다. 재구성·분석 방법은 폭로뿐 아니라 사회 구성 요소로서 작동하는 젠더의 효과를 분석하려는 것이다(3장 참조). 처음 두 방법이 가장 일반적인데, 최근 허민숙의 연구에 이 과정이 잘 나와 있다. 그녀는 자신의 '여성과 노동'이라는 강좌를 수강한 남학생들의 반응을 기록하면서, 강좌가 그들에게 "주변부 여성들을 통해 감정이입할 수 있는 기회가 되었다"[18]라고 언급한다. 그런데 이때 다음과 같은 어려운 문제가 발생한다고 부연한다.

> 자신을 위해 희생하고 헌신한 어머니, 이혼 후 가출한 어머니를 대신해 형제를 키워낸 할머니에 대한 존경과 감사가 여성학에 대한 반감을 풀게 되는 결정적인 이유라는 점에서 남학생들에게 여전히 여성은 헌신과 희생, 돌봄의 원형으로 존재할 때, 적대적이지 않을 수 있음을 알 수 있다. 때문에 이것은 한편으론 여성성에 기반한 여성 역할의 고정, 혹은 미화로 이어질 수 있기에 여성의 미덕으로부터 여성학에 대한 공감대를 불러일으키는 것은 불완전하면서도 자가당착이라는 비판으로부터 자유롭기 힘들다. (……) 그러나 공감을 불러일으키는 힘은 여전히 논리의 완결성이 아닌 감성의 공유에 더 많이 의존하고 있기에 공감을 통해 무엇을 더 내다볼 수 있게 하는지가 중요하다는 생각도 든다.[19]

어머니나 할머니의 삶을 생각해보지 않았던 남학생들이 여성주의 강좌를 통해 그녀들의 삶에 접근해 감정이입한다는 것은 필수적 과정이기도 하고 긍정적 효과도 있다. 그런데 여기에는 몇 가지 문제점이 있다. 첫째, 허민숙이 바로 지적하는 것처럼 이 과정에서 어머니로서의 여성 신화와 같은 성 역할이 재생산된다. 둘째, 사회적 약자로서의 여성에 대한 공감이 매우 자연스러운 과정으로 전제되는데, 공감이 그렇게 쉽게 실천되지 않는다는 점을 지적하지 않을 수 없다. 인용문에서 공감을 불러일으키는 힘은 논리의 완결성이 아니라 감성의 공유에 더 많이 의존하고 있다고 보기 때문에, 사회적 약자 즉 여성 혹은 어머니의 희생과 같은 성 역할 이해를 통한 공감일지라도 그것은 일종의 발전이며 최소한의 성과라고 인식된다. 그런데 기술된 남학생들이 느끼는 공감에는 타자의 고통을 인지하는 것과 함께 자신의 안전과 특권이 보장되어 있다는 안도감이 공존한다. 이는 자신의 문제와 입장에서 비롯하는 사유가 아닌 타인인 여성의 고통을 소비하는 목격자의 한계이다. 여성학에 대한 혐오의 변화가 '젠더화된 고통의 소비'를 통해서 가능하다면, 그것은 공감이라기보다 감상주의에 가깝다(6장 참조). 타인의 고통이 아닌 자신의 삶(고통이든 특권이든)에서 출발하는 문제의식과 성찰이 얼마나 어려운가를 다시 한 번 확인할 수 있다. 구조화된 특권 집단에게 특권은 당연한 권리로 여겨지기 때문에 자신이 소외 상황에 놓여 있을 때 이해와 공감의 가능성이 커지는 것이 사실이다. 전승혜도 글의 말미에, 여성 억압을 폭로하고 공감을 공유하려는 전략을 다음과 같이 정리한다.

여성을 억압당한 존재라고 하는 이유를 생각해보도록 유도하고자 했던 시도는 성공하지 못했다고 말할 수 있을 것 같다. (……) 강의실에서도 강의를 통해 여성에 대한 남학생의 의식과 태도를 변화시키는 것을 강의의 일차적 목표로 하는 것은 적절치 못하다는 생각이 들었다.

여성이 처한 문제점을 부각시킬 경우 자칫 잘못하면 그 모든 문제의 책임이 남성 개개인에게 있는 것처럼 들리기 쉽다. 그래서 강의가 감정적이고, 여성이 피해의식을 가지고 있는 것으로 보이고, 남성에 대한 공격적 태도와 남성 전체를 매도하는 방식의 발언으로 받아들여져 학생들의 반발을 불러일으키기도 한다.[20]

위 고민에서처럼, 젠더 문제를 어떻게 감정적이지 않고 남성 전체를 매도하는 방식의 발언으로 들리지 않게 할 수 있을까? 나는 허민숙의 인용구에서 감성의 부분이 아닌 논리의 완결성이 강조되어야 하고, 그 논리의 완결성은 여성에게 가해지는 억압의 문제뿐 아니라 남성의 생활과 삶을 검토한 데서 출발해야 한다고 주장한다. 다시 말해 분석 과정에서 여성에게 노출된 고통의 지표를 제시하되 공감이라는 사회적 실천이 감상주의와 혼동되지 않아야 하고, 남성으로서의 자신의 삶을 분석해야 한다는 것을 설명하고자 한다. 그 과정에서 가부장제의 개념, 가부장제와 남성 삶의 관계, 가부장제와 여성주의의 관계에 대한 이론의 재고가 필요하다. 이런 문제의식에서 시도된 교수 과정과 학생들의 논의를 통해 그 내용을 구체적으로 살펴보고자 한다.

'복잡한' 가부장제

여성주의 개념 이해

나는 강좌의 첫 시간이나 둘째 시간에 여성주의의 개념 정의와 성차를 비롯한 여러 정체성에서 기인하는 차별과 특권의 문제를 학생들이 생각해보도록 하는데, 이 과정에서 학생들이 여성 문제, 남성 문제, 가부장제, 역차별 등을 어떻게 느끼는지 잘 알 수 있다. 이 과정을 거치는 까닭은, 대학생들의 여성주의 의식을 검토하고 이를 바탕으로 교수 내용의 수위를 결정할 수 있기 때문이다. 더 나아가 학생들이 자신의 이야기를 자신의 언어로 말할 때 이해와 소통이 효과적이라고 판단하기 때문이다.

먼저 학생들의 여성주의 이해는 대중적인 이해와 다르지 않았다. 남녀 모두 유사하게 여성주의를 여성의, 여성에 대한, 여성을 위한 학문이라고 정의 내렸다. 반복되는 주제어는 '여성 차별', '성 불평등', '여성의 권리', '남성과의 평등'으로 주체와 논의 대상이 여성에 국한되어 있고, 가부장제나 남성 중심적 사회라는 표현 이외에 남성이 주체로 나오거나 연구 대상으로 언급된 것은 없었다. 대표적인 정의들은 이러했다.

여성주의는 여성을 주제로 여성의 사회적 상황이나 성 불평등에 관련된 것을 해결하고 여성의 권리를 지켜주려는 사상이다. / 기존의 가부장적, 남성 중심의 사회에서 남성과 여성의 평등을 목표로 사회의 부조리한 점들을 개선해나가는 것이다. / 여성에 대한 차별, 억압의 사회를 비판하고 여성의 인권, 권리를 바로잡기 위한 이념, 행위를 지칭하는 것이다.

여성주의에 대한 긍정적 관점이 매우 뚜렷한 몇 경우와 여성주의는 일종의 피해의식이라는 소수 의견을 제외하고, 위와 같은 표현과 내용에서 크게 벗어나지 않았다. 대학생들에게 여성주의는 연구 대상과 주제가 여성이고, 여성은 차별을 받는 위치로 전제되며, 이 차별을 개선하고자 하는 운동·사상으로 요약되었다. 이런 개념 정의는 여성주의에 대한 대중적 인식으로서 여성과 남성이라는 이분법 구도에서 양성의 동등한 권리를 주장하는 '자유주의 페미니즘'이라고 할 수 있다. 또한 구체적인 내용과 현실에 천착하기보다는 앞서 언급했던 도덕적 환원주의를 확인할 수 있는 개념 정의이기도 하다. 즉 여성주의에 반감을 가진 경우라 할지라도 최소한의 상식 수위에서 그런 개념을 사용한다는 뜻이다.

나는 여성주의를 이해하는 위와 같은 방식이 대중적이지만, 그것은 여성주의의 한 갈래임을 설명하고 여성주의 내부에 존재하는 긴장을 학생들에게 간략히 설명했다. 그 맥락은 다음과 같다. 자유주의 페미니즘은 가장 보편적이고 틀린 주장도 아니기 때문에 별 문제가 없는 듯하다. 즉 일상적·제도적 수준에서 겪는 불편과 부당함은 성별을 기준으로 했을 때 여성이 더 많이 받는다는 사실이 그렇게 틀린 말이 아니다. 그런데 여성주의 내부에서 그 접근은 전제된 남녀 이분법의 문제를 둘러싸고 많은 비판을 받고 있다.

무엇보다도 자유주의 페미니즘에 제기되는 비판의 핵심은 여성이라는 단일 범주에 대한 문제 제기이다. 남성과 여성의 이분법은 인종·민족·계급 등 여러 정체성이 얽혀 있는 현실을 살피지 못한다는 것이다(3장 참조). 일련의 문제점은 학생들의 개념 정의를 통해서도 잘 알 수 있다. 첫째, 남성은 가부장적 폭력을 행하는 (잠재적) 가해자로, 여성은 피억압자로 설정되어 있다. 둘째, 남성이 가해자로 전제되어 있기 때문에 여성주의는 여성의 권리 쟁취를 위한 것으로서 남성과는 무관한 것으로 이해되고 있다. 셋째, 남성과 여성은 단일한 이분법적 범주로서, 여성과 여성의 차이, 남성과 남성의 차이에 대한 몰이해를 드러낸다. 학력, 사회적 지위, 연령, 계급, 인종 등 다양한 변수를 통해 동성의 집단 내부에서도 불편함과 차별이 두드러지지만 남녀 이분법이 '자연스럽다'는 이해는 무척 공고함을 알 수 있다. 그러한 젠더 본질주의의 문제점을 제기하면서 다양한 변수(예컨대 인종·민족·계급 등)가 복합적인 억압으로 작용하는 양상을 소개했다. 그리고 성 변수만이 아닌 여러 정체성에서 기인하는 부당함을 확인하는 과정이 중요하고 효과적이었다. 실제로 학생들은 차별과 특권을 주제로 한 자서전 과제에서, 고등학교 시절 공부를 잘하는 것이 주는 특혜에서 시작되는 학벌주의, 대학의 서열, 가족 내부의 위계질서(장남, 차남, 장녀, 차녀 등), 빈부의 격차(부모의 직업과 사회 집단 형성과 대우 등) 같은 여러 자본주의적 가부장제 현상을 지적했다. 이를 통해 특권은 어떤 정체성에서 비롯하는 것이든 당연하게 생각되어 자각하지 못했다는 점을 확인하고, 차별을 파악하는 민감성이 높아져 그것의 원인을 사유하는 과정도 거칠 수 있었다는 의견을 공유했다.

그런데 남녀 학생 모두 여성주의 내부에서 여러 주체의 여성주의 '이론'(자유주의 페미니즘, 문화적·급진적 페미니즘, 마르크스주의 페미니즘,

제3세계 페미니즘 등)이 있다는 것만으로도 생소해했기 때문에, 젠더 변수뿐 아니라 다른 변수까지의 역학을 설명하는 '교차성(intersection-ality)'이나 '중층적 억압(multiple oppression)' 등의 개념까지는 진행하지 않았다(이에 관해서는 3장과 4장에서 설명). 단순히 학생들이 낯설어 해서 아예 시도하지 않았다는 의미라기보다 여러 정체성의 범주가 어떻게 자신들의 생활에 영향을 끼치고 있는가라는, 학생들이 자신의 현실과 삶을 성찰하는 과정을 갖는 것이 더욱 효과적인 방법이라고 판단했기 때문이다. 그리고 무엇보다도 학생들이 느끼는 불편함, 즉 이분법적 성 역할은 가부장제를 지탱하는 핵심적인 기능으로서 가부장제는 남성이 여성을 지배하는 것뿐만 아니라 남성에게도 억압적 상태를 강제한다는 사실을 확인하는 과정이 중요하게 대두되었기 때문이다.

대체로 남학생들은 가부장제라는 용어가 자신의 삶과 맺는 관계를 이해할 수 있는 기회가 부족하다. 가부장제가 여성=피해자 대 남성=가해자라는 도식으로만 이해되어 성 역할 강제를 통한 불편함이 자신을 가부장제의 피해자로 만들고, 그럼에도 장기적·구조적으로는 특권을 누린다는 사실을 인지하기가 매우 어렵다. 또한 그런 기회가 있을 때에는 가부장제를 구조적으로 이해하기보다 다른 성 즉 여성을 비판하는 데 초점을 두는 경향이 높다. 이것의 구체적인 양상이 아래에서 논할 역차별 문제이다. 그리고 여성주의 강좌는 여성의 입장, 여성이 겪는 불편함, 여성의 시각이 기본 전제라고 생각되기 때문에 남학생들은 매우 자연스럽게 자신을 (잠재적) 가해자로 동일시하게 된다. 여성이 겪는 억압을 논하는 장에서 남학생들의 공감보다는 저항이 두드러지는 것은 바로 이 때문이다.

모든 불평등의 근본에 남녀를 차별적으로 구분하는 이분법적 위계질서의 가부장제가 있다는 대목에 들어가면 보이지 않는 저항감이 전달되어 온다. 남녀구별은 자연의 현상으로 (……) 가부장제 비판이 자연 질서의 파괴로 비치고, 여기에 이르면 페미니즘 강의는 더 이상 먹혀들지 않고 있음을 느낀다. (……) 남학생에게 가부장제의 불평등 구조를 이해시키기 위해서는 유교적 가치관, 동양적 사상과 연결시켜 페미니즘을 논할 수 있어야 풀릴 수 있는 문제가 아닐까.[21]

이 인용문에는 남학생이 가부장제를 이해하는 것을 돕기 위해 페미니즘을 거부감이 적거나 안전하게 수용될 수 있는 남녀유별의 유교적 가치관과 매개해야 할 필요성이 간략히 언급되어 있다. 이 긴장을 해소하는 방법은 남학생 자신이 스스로의 경험을 반추함으로써 이를 사유하는 것인데, 언급했듯이 이들에게 그 작업은 매우 낯설고 성찰의 심리적 여유와 상상의 공간이 부족한 것이 사실이다. 그런데 흥미로운 점은 막상 성별 기준으로 차별과 특권 문제를 점검하고 논해보면 남학생들 또한 정확하게 가부장제의 문제를 알고 있다는 것이다. 다만 그것을 가부장제라는 용어로 집약하지 못하고, 가부장제가 사회 체계로서 자신의 삶을 주조한다는 '구조적 성격과 연결 지어 이해하지 못한 채' 가부장제를 '남녀 대립과 역차별의 문제로 환원'하면서, 다시 한 번 문제의 속성을 남녀 구도로 판단하거나 도덕적 환원으로 그치는 경우가 많다.

성 역할을 넘어선 가부장제의 복잡함

구체적으로 성별을 변수로 한 불편한 점과 편한 점을 논할 때 학생들이 제시한 사례들에서 나타나는 특징은 다음과 같았다. 첫째, 성별의 구분과 '성 역할의 강제'로 요약되는 가부장제가 일관되게 나타났다. 둘째, 역차별의 문제가 언급되었다. 군대, 총여학생회, 여학생 휴게실, 생리 공결(公缺) 제도가 여성 특혜라는 것이다.[22]

첫째, 남녀 모두 차별로 느끼는 불편함은 '고정된 성 역할의 강제', '남성다움과 여성다움의 강제'였다. 그 기준은 생물학적 차이에서 비롯하는 구분으로부터 사회적으로 규정된 '―다움'에 대한 규칙임을 알 수 있다. 그리고 이런 강제는 여성에게 특권으로 느껴지는 것이 남성에게는 차별로 느껴지고, 여성에게 차별로 느껴지는 것이 남성에게는 특권으로 느껴지게 한다. 성향과 성격 면에서는 미적 감각이 떨어지거나 꼼꼼하지 못하고 행동을 조신하게 하지 않아도 되는 것이 남성다움으로, 이와 반대되는 성향이 여성다움으로 규정되면서, 이 도식을 벗어났을 때의 불편함을 공유했다. 사회 수준에서 가사노동은 여성이 담당하고 임금노동은 남성이 하는 것으로 여겨지는 것이, 남학생에게 차별이 된다고 했다. 반면 남학생이 가부장제에서 편한 점은 야간 통행 금지가 없다거나 남성이 유흥 문화를 누리는 것에 더 관대하다는 것으로서, 여성은 야간 활동에 제약을 받고 유흥 문화에 덜 관대하다는 것이 차별로 인식되었다. 마찬가지로 남학생이 데이트 비용을 더 부담해서 차별받는다고 느꼈다면, 데이트 비용을 덜 부담하는 여학생은 그것을 특권이라고 생각했다. 가부장제라는 정치사회 시스템의 근본이 되는 장치들을 모두 공유할 수 있는 토론의 장은 가부장제의 개념을 재고하는 적절한 계기가 되었다. 즉 성 역할의 강제는 태어날 때부터 자연적으로 획득되는 특성이 아니라 사회적으로 구성되는 임의의 구성물이고, 그러한 속성 때문에 양성 모두 고정된 성 역할에서 자유롭지 못하다는 것이 가부장제의 기본적 특징이라는 사실을 확인했다. 따라서 가부장제의 기본 프레임인 여성＝피해자, 남성＝가해자라는 전제가 현실 왜곡이라는 점을 어렵지 않게 공유할 수 있었다.

　　나아가 미국의 흑인 여성주의 학자인 벨 훅스(bell hooks)의 가부장제 개념 정의를 통해 복잡한 가부장제의 현실을 이론적으로 점검했다. 훅스는 백인 중산계층 여성 중심의 자유주의 페미니즘을 비판한 영향력 있는 여성주의자로서 한국에서도 저서가 여럿 번역되어 있다. 본래 가부장제는 가족이나 친족 공동체에서 아버지가 가장 큰 권위를 갖는 것을 의미한다. 그런데 가부장제는 남성이 여성에게 가하는 억압과 차별을 뜻하는 것만은 아니며, 여러 주체의 다양한 상황에서 심리적·물리적·제도적 양태로 나타난다는 것을 훅스는 잘 지적하고 있다. 그녀에게 가부장제는 첫째, 약하다고 여겨지는 모든 사람, 특히 여성보다 남성이 우월하다고 전제하고, 둘째, 남성이 약자를 지배하고 정복하는 권리를 부여받았다고 주장하며, 셋째, 심리적

테러와 여러 폭력의 양태를 통해 지배를 유지하고자 하는 정치사회적 시스템이다.[23] 이런 정의는, 가부장제에는 남성뿐 아니라 여성, 어린이, 어른 모두 가담할 수 있다는 점을 밝힘으로써 가부장제의 남성＝가해자 대 여성＝피해자라는 도식에 문제가 있음을 잘 설명해준다. 또한 훅스는 가부장제가 고정된 남성다움을 강제함으로써 남성이 온전한 인간으로서 감정적 평안을 느끼기보다는 '감정적 장애'[24]를 일으킨다는 것을 설명하면서, 남성이 겪는 불편함과 억압 또한 지적하고 있다. 이를 통해 다시 한 번 패권적 남성다움의 가치라는 것이, 남성 개개인이 타고나거나 반드시 갖춰야 할 요건으로서 그렇게 자연스러운 게 아니라는 점을 잘 설명한다. 이는 남학생들 스스로의 표현에도 잘 나와 있었다. 남자이기 때문에 '시련에 힘들어하거나 굴복하면 질책을 받는다', '모든 일에 대범하게 행동해야 한다', '힘들어도 내색을 못 한다', '막 다뤄도 된다고 생각한다', '섭섭해도 잘 표현하지 못한다' 등이다. 패권적 남성성과 그렇지 않은 남성성 사이에 긴장이 존재하고, 여성의 억압이 침묵당하는 한편 생물학적으로 남성이라는 이유만으로 잠재적 범죄자로 규정되기 쉬운 피해자 중심 담론의 틈바구니에서, 마초적이지 않은 여러 남성성의 소외와 피해 또한 드물지 않다. 이러한 이유로 '여성이기 때문에'라는 말이 갖는 폭력만큼 '남성이기 때문에'라는 말에 담긴 폭력 또한 세심하게 살펴보아야 한다.

　　그런데 여기서 한 가지 딜레마에 빠지는데, 가부장제에서 남성 또한 피해자라는 도식은 석연찮은 문제점 하나를 낳는다. 가부장제에서 남성 또한 피해자라는 설정을 '피상적으로' 읽고 이를 정치사회 구조의 문제로 치환해버리면 일상적·제도적 수위에서 작동하는 성차별의 객관적 지표를 설명하지 못한다는 점이다. 따라서 실제 가부장제는 다양한 양상과 수위를 통해 남성에게 불편함을 초래하지만, 그럼에도 남성에게 더욱 이득이 되는 제도임을 부인하기 어렵다는 사실 또한 첨언할 필요가 있었다. 이는 가부장제를 비판하는 여성주의의 선언적 주장이 아니라 특권과 차별의 내용을 성별로 비교했을 때, 남성의 특권과 여성의 특권이 강도·결·수위가 다르다는 데서도 잘 나타났기 때문에 이를 설명하고 이해하는 데 큰 무리는 없었다.

구체적으로 여학생들이 여성이라서 편하다고 든 사례들은 가부장제가 여성에게 '허용하는 것'으로서 여기서 여성은 시혜의 대상임을 알 수 있다. 즉 여성으로서 누리는 편함이 여성성 자체에 긍정적 가치가 부여된 인정에서라기보다 가부장제에서 '사회적 약자'로 규정된 성에게 주어진 시혜와 관용인 '온정적 차별주의(paternalistic discrimination)'의 산물임을 설명할 필요가 있었다. 생물학적으로 약해서 보호를 받아야 한다거나 실수를 해도 '그래 여자니까' 하면서 넘어가는 묵인 등이 그런 사례들이었다. 자주 언급된 내용 중 하나가 데이트 비용의 문제였다. 이 내용에 대해 토론할 때, 한 2학년 남학생은 여성이 비용을 부담할 능력이 있어도 이를 남성이 싫어해서 여성이 남성의 지갑에 돈을 넣어주는 경우도 있다는 일화를 말했다. 남성의 경제적 권력과 독립적 주체로서의 행위성, 그리고 그에 상응하는 여성의 남성에 대한 의존은 여성에게 특권이고 남성에게 차별이라기보다, 가부장제의 또 다른 형태로서 남성이 단기적인 경제적 불편함을 감수할지라도 남성은 경제적으로 주체적 인간이고 여성은 의존자라는 가부장적 관계의 전형인 것이다. 결국 여학생들이 특권이라고 느끼는 것들은 현실적으로 온정적 차별주의의 양상인 데 반해, 남학생들이 차별이라고 인식하는 것들은 장기적이고 제도적인 수위에서는 남성의 특권이 되고 있음을 알 수 있다. 남학생들의 표현으로 '임금노동을 남성만 한다', '남자라서 취업에서 유리하다', '사회적으로 인정받기가 여성보다 더 쉽다', '조직사회 구성원이 남성이 많기 때문에 편하다' 등이 있다. 예컨대, 남성만이 임금노동을 한다는 생각의 문제점은 차치하고, 이 임금노동의 기회가 개인 삶의 질과 내용을 어떻게 결정하는지는 긴 설명이 필요 없을 것이다. 이는 여학생들이 특권의 사례로 들고 있는 일시적이고 파편적인 내용과 대조적이었다. 취업은 생존권과 직결되는 문제이고, 남학생들은 취업 과정이 여성에게 불리하다는 것을 잘 알고 있었다. 여학생 중에서 취업과 노동 현장에 대해 언급한 이는 한 명도 없었지만, 남학생 중에서는 남성이라서 취업과 노동시장에서 우호적이라고 명시한 수가 적지 않았다.

당연히 여성이 가부장제를 내면화함으로써 이를 재생산하기도 한다. 여성의 고정된 성 역할을 수행함으로써 생존과 이득을 취하기도 하고, 여성 내부에서도 인종·계급·연령·학력 등의 변수에 의한 위계를 강화하면서 가부장제를 재생산하는 것이다. 몇몇 여학생이 이 점에 공감을 표하고 다음과 같이 비판했다.

엄마와 아빠의 집에서의 생활패턴을 보며 똑똑한 척 (가부장제의—인용자) 모순을 지적했었다. 두 분 다 알지만 우리 세대는 어쩔 수 없다고 하셨다. 난 이해하기 힘들었지만 이내 곧 배고파지자 엄마한테 '엄마 먹을 것 없어 밥 줘' 하며 뒹굴었다. 앎과 실천의 영역이 완전 분리된 날 보고 정말 기존 체제 제도 밖 생각과 행동을 한다는 게 얼마나 쉽지 않은지 느꼈다. 까칠하고 할 말 다하면 기세다고 욕먹지만 기죽지 말고 민감하게 느끼고 사유라는 걸 멈추지 말아야겠단 생각이 들었다(4학년 여학생).

흔히 가부장제는 남성이 가해자라 생각하지만 개인적으로 여성이 가해자인 경우를 더 많이 경험했다. 그리고 때로는 여성이 가해자인 경우 가부장제의 폭력이 더 강력하기도 한다. 그 예로 '난 여자지만 저런 여자들 이해가 안 돼'라는 발언이나 '나는 개념녀' 등의 말이 그렇다. 여성이 스스로 가부장제의 주체가 됨으로써 얻는 권력은 생각보다 강력하다. 그만큼 가부장제를 잘 수용하지 못하는 여성들의 발언권이 세지 못하다는 의미이기도 할 것이다(4학년 여학생).

이렇게 가부장제의 현실은 무척 복잡하다. 여기서 부연할 것이 또 한 가지 있다. 여성이 가부장제를 재생산한다는 주장이 무척 조심스럽고 곤혹스러웠는데, 자칫 여성이 가부장제를 내면화하는 것이 남성이 가부장제에서 유리하다는 사실보다 과장되어 비판되는 면이 있기 때문이다. 오랜 기간 학생들의 과제와 시험 답안을 살펴보면, 여학생들은 성차별 문제의식을 바탕으로 가부장적 현실을 비판하지만 자기 검열로 결론을 내는 경향이 높다. '가부장적인 사회인데 나 자신부터 이를 비판하지 않고 수용하고 있지 않나 생각해봐야겠다'는 식이다. 그런데 남학생들의 결론은 그렇지 않다. '물론 가부장적 사회라는 것을 알고 있지만 이것을 이용하는 여성들도 큰 문제라고 생각한다, 따라서 여성들의 의식 변화도 중요하다, 정책이나 제도로 보호받으려고만 하지 말고 생각을 바꿔야 한다'는 식이다. 이러한 경향은 내가 오랫동안 일관되게 목격해오는 현상이다. 여성의 경우 가부장적 남성 권력과 사회구조적 문제를 비판하기보다 자신을 먼저 검열하고 스스로의 잘못을 상기하는 것에 익숙한 사회화의 결과물이라고 판단된다. 반면 남학생의 경우는 자신을 성찰하고 스스로의 특권을 인식하기보다 여성을 사회적 약자로 정의하여 여성 문제를 인식하거나 남성 역차별 문제를 제기함으로써 특권의 문제를 고려하지 않는, 또 다른 결의 가부장제를 내면화한 것이라고 할 수 있다.

역차별 논쟁: 정치 할당제와 군대 문제

학생들의 토론 및 과제에서 역차별이라는 용어가 빠지지 않고 언급되었으며, 이는 군대 문제, 여학생회 존재, 여학생 휴게실 문제, 생리 공결제 문제로 가시화되었다. 실제로 이런 제도가 대학교에서 여성주의 의식을 고양하는 데 장애가 된다는 진단도 있다.[25] 역차별 문제는 사회적으로는 여성가족부의 존재와 정치 할당제 문제로서 적극적 조치(affirmative action)로 표현된다. 여성주의 내부에서도 적극적 조치 논의를 둘러싼 긴장은 크다. 평등 개념의 문제, 그 제도가 여성을 약자로 인식한다는 등의 사상적 논의부터 기능적 찬반 논란까지 논쟁이 되고 있다.[26] 적극적 조치와 관련한 논의가 아무리 이론적으로 이루어진다고 하더라도 늘 감정적 요소가 포함되어 논쟁이 되는데, 다시 한 번 이 논의의 긴장을 확인할 수 있었다. 수적으로는 정치 할당제에 긍정적 평가를 하는 학생들이 더 많았는데, 찬반 논리는 대중적인 찬반 논리의 패턴을 그대로 반복했다. 아래는 여성 정치 할당제를 반대하는 여학생의 의견이다.

나 역시 (정치 할당제에—인용자) 반대 입장이다. 회사나 사회조직들에 남성의 비율이 많은 것은 사실이지만 이를 조정하기 위해 제도적인 장치까지 마련하여 억지로 비율을 맞출 필요가 없다는 것이다. 내 생각엔 그동안 조직에서 남성들이 더 많은 자리를 차지했던 것은 그 당시 여성들의 능력이나 힘이 세지 않아서였지만, 21세기 현대 여성의 역량과 기질이 강화되고 세계적으로 인정받으면서 이런 문제는 자연적으로 사라질 것이라 생각한다. 나 역시 나중에 내가 원하는 기업에 취직했을 때 '여자라서 혜택을 봤을 것이다'라는 말을 듣고 싶지 않다. 사회의 인식이 여성을 인정하고 있고 대통령까지도 여성이 차지한 이 시점에서 할당제나 여성가족부의 존재 등 또 다른 문제를 불러올 사회적 제도, 기관은 불필요하다고 생각한다(3학년 여학생).

명예남성, 여성이라서 특혜를 받는다는 것에 대한 거부감을 표현하는 것으로 여성주의 내부에서 제기되는 정치 할당제 반대 논리 중 하나이다. 또한 정치적 능력, 효율성, 조직 문화가 여성에게 어울리지 않는다는 회의를 근거로 그 제도를 비판하는 경우도 있었다. 나는 수업 시간에 정치 할당제 관련 찬반 입장만을 소개하고 내 입장을 강조하지는 않았다. 다만 적극적 조치와 관련한 내·외부 비판의 논리가 아무리 정교하더라도 핵심은 보편·남성 대 특수·여성의 구도에서 보편은 당연하고 상식적인 것이라서 자연스럽게 느껴지고, 특수는 결여와 부족이 제도화되고 익숙해 그것을 교정하려고 할 때 부자연스러워 보인다는 점을 지적했다.[27] 그럼에도 일단 학생들의 입장에서 찬성이든 반대든 의미가 있는 것이라고 판단했다. 예컨대 위 인용문에서 당연하게 전제되어 있는 여성의 취직 자체가 어려울 수 있다는 점이 고려되지 않더라도, '여자라서 혜택을 봤을 것'이라는 말을 듣고 싶지 않다는 것 또한 당사자에게 중요한 기준일 수 있기 때문이다. 그리고 실제로 여러 학생의 의견에서 정치 할당제의 찬성 논리이자 핵심이 잘 나와 있기도 했다.

> 여성 정치 할당제는 마치 축구경기에서 홈팀이 수많은 관중 앞에서 경기를 하는 것과 비슷하다. 0 대 0에서 경기를 시작하니 겉으로는 공평해 보이지만 실은 홈팀이 유리하기 때문이다. 그래서 축구경기에서는 어느 쪽 홈도 아닌 중간 지점에서 게임을 하는 대책을 세운다. 이와 마찬가지의 개념이 여성 정치 할당제라고 생각한다(2학년 남학생).

할당제를 통해 능력이 부족한 사람이 될 수 있고 (여성—인용자) 인재가 없고 유권자의 선택의 자유를 침해한다는 비판이 있으며, 페미니스트 일부 역시 여성이란 이유로 뽑혔다는 낙인이 찍힐 우려가 있고 수혜 받는 느낌을 준다고 말한다. 하지만 늘 논의만 반복될 뿐 기존 남성 중심적인 정치문화, 정당은 여성의 배제에 대한 뚜렷한 대안을 준비하지 않았다. 여성의 대표성, 정당성, 실력 등의 검증을 이야기하며 자신들을 평가자 위치에 놓기도 하고 역사적 무임승차에 대한 성찰은 없다. (……) 역차별이라는 이야기는 인위적 조치를 취하는 상황이 되게끔 만든 탓이 크다고 생각하여 매우 기만적이라고 느꼈다(4학년 여학생).

몇 학생은 '역차별'이라는 단어 자체가 갖는 한계와 문제점을 다음과 같이 정리했다. 아래 두 인용문을 쓴 학생은 여성주의 감수성과 지식이 높은 사례였다.

'역차별'이라는 말은 사실 그동안 누리고 있던 특권이 조금이라도 침해당하면 바로 나오는 말이다. 그러나 무거운 사람과 가벼운 사람이 타서 기울어져 있는 시소를 보고 중립을 지키겠다며 가운데 앉는 건 말도 안 되는 일이다. 사회가 평등한 구조로 나아가려면 가벼운 사람이 앞에 앉으며 장기적으로는 시소를 없애야 한다(2학년 남학생).

개인적으로는 역차별이라는 말에 대해서도 의문을 제기하고 있다. 어떤 제도를 실행했을 때 반대계층이 역으로 받게 될 위험을 역차별이라고 사전적으로 이야기하고 있는데, 여성 정책이나 복지를 시행할 때마다 혹은 여성으로서의 고통을 털어놓을 때조차도 남성에게서 역차별이라는 말이 많이 나온다. 남성 → 여성 차별의 반대의 의미만을 역차별이라고 말하고 싶은 거라면 그것은 역차별보다는 똑같은 '성차별'이 맞지 않느냐고 묻고 싶다. 재미있는 것은 권력이나 타자에 대한 감수성은 제로에 가까운데도 최근 들어 여성 혐오와 이른바 '역차별' 논란이 예전보다 증폭되고 있다는 것이다(4학년 여학생).

여학생 휴게실의 경우 전 대학 공간의 보편성은 남학생이고(이것의 확장된 현상이 한 학생의 표현으로 '회식이나 어떤 모임에 주로 남성들이기 때문에 남성이 어울리기 편하다'일 것이다) 이를 보완하기 위한 여성 휴게실의 존재가 특혜로 인식되는 것이다. 언급했듯이, 적극적 조치는 제반 권리를 누리지 못한 차별을 극복하기 위한 요구로서 소수자의 '가시성 자체', 차별을 수정하려는 요구가 특권으로 인식되고 그 이해관계가 첨예하게 성별을 기준으로 가시화된다.

그리고 역차별 문제를 다시 한 번 살필 수 있는 것이 군대 문제였고, 이 또한 학생들이 항상 거론하는 주제이다. 내 강의에서 군대 문제는 군사주의 맥락에서 논의되고 징병제나 군 가산점 문제를 직접 다루지는 않는다. 그런데 학생들의 성을 주제로 한 차별과 특권의 가장 빈번한 쟁점 중 하나가 군대였기 때문에, 즉 학생들의 논의에서 군대 문제는 군사주의의 맥락에서 전개되기보다 성차에서 기인하는

'역차별'의 한 사례로 등장하는 까닭에 이를 고민하지 않을 수 없었다. 대중적 논의와 마찬가지로 대학생들에게 군대 문제는 억지로 끌려가서 국가 안보를 지키는 한국 남성으로의 의무를 수행하는 남성과 그러지 않는 여성의 대립으로 구성되어 있어서, 이를 거의 모든 남학생은 불리한 점으로 거의 모든 여학생은 특권으로 인식하고 있었다.

논의가 어떤 수위에서 어떻게 이루어지든 군 가산점 실시를 주장하는 남학생들은 적지 않았다. 이는 역으로 군대에 다녀오지 않아서 여학생들이 미안함을 갖는 것과 같은 수위의 현상으로 나타나기도 했다. 그리고 군대와 군 가산점제가 다음과 같은 맥락에서 논의되었다. 토론 시간에 한 4학년 여학생은 남자 동료들이 군 가산점에 민감하지 않다고 했는데, 남학생들이 군 가산점이 아니더라도 군필에는 많은 특혜가 주어짐을 잘 알고 있고 군 가산점이 모든 남성에게 동등하게 적용되는 것도 아니기 때문이라고 했다. 한 4학년 남학생은 기업에서 인사권을 담당하는 아는 이의 말을 빌려 취직 시 군필이 얼마나 우대받는가를 설명했고, 취업 시 여성은 장애가 있는 사람으로 인식된다고 부연했다.

군대 문제는 논의하기가 매우 어려운 사안이다. 많은 연구자가 주장하듯이, 국가 안보의 논리, 초남성성(hyper masculinity)의 전제, 군대를 통해 대한민국 남성의 시민권이 구현된다는 믿음 때문에, 여기에서 배제된 대개의 한국 여성은 군대 문제를 고민하거나 논할 자격이 애초에 없다고 생각되기도 한다. 이런 배경에서 여성주의 학계에서 군대 문제와 군사주의 연구는 더디게 진행되고 있는데, 2000년대 이래 비교적 활기를 띠고 있다. 내용에는 군대 복무 경험이 남학생의 성 정체감에 끼치는 영향, 군 가산점 문제, 군 복무와 국가 안보 사이의 관계, 젠더화된 군사주의, 성차별적 군대 문화 등이 있다. 조금 더 구체적으로 살펴보면, 군대 문제는 성별 대립으로 나타나지만 실제 여성 또한 군사주의의 의례를 통해 여러 수준에서 연관되는데, 어머니는 군사 복무의 정당성을 유지하고 여자 친구는 위안자 역할을 담당한다고 여겨지는 것이다. 또한 군대 내부에서 여성을 대상화함으로써 초남성성을 요구받는 가부장적 속성, 끌려가기 싫은 군대의 문제점과 관련한 문제 제기는 없고 끌려가지 않은 자들, 그중에서도 여성들에게 비난이 향한다는 점이 문제로 제기되었다. 최근에는 병역 거부(운동)에 관한 연구도 시작되었다.[28]

나는 군대 내부에서 작동하는 나이, 학력, 고향, 성 고정관념에 의한 수행성을 살펴봄으로써 군대를 끌려가는 남성과 그 시간 국가 안보에 복무하지 않고 자기계발을 하는, 온전한 시민이 될 수 없는 여성이라는 '성 대립 구도의 문제점'을 학생들에게 생각해보도록 했다.[29] 이를 위한 한 방법으로 윤종빈 감독의 영화 〈용서받지 못한 자〉(2005)를 시청하고 소감을 쓰기로 했다. 영화는 제10회 부산국제영화제(2005)에서 4개 부문을 수상한 역작으로 평가받았고 군대를 사실적으로 묘사했다고 호평을 받은 작품이다. 조직의 상하 위계("고참이 병신 같아도 고참은 고참이야"), 그 틀을 벗어나는 사람에게 가해지는 억압과 폭력, 군대라는 특수성으로 합리화되는 폭력("그때 힘들었지, 조금

지나면 기억 하나도 안 나, 군대가 그렇잖아……"), 그와 같은 조직에서 무력화된 개인의 저항과 좌절("너무 무책임한 말이잖아, 제일 싫어, 여긴 군대라 어쩔 수 없어라는 말……")이 잘 묘사되어 있다. 주인공 승영은 명문으로 알려진 대학을 다니다가 입대했다. 그는 기존의 군대 규율에 비판의식을 가진 합리적인 인물로서 자신이 선임이 되면 군대 문화를 바꾸겠다고 다짐한다. 이는 자신의 중학교 친구이자 선임인 태정의 보호 아래 잘 진행되는 듯했다. 그런데 조직에 잘 적응하지 못하는 한 후임이 들어오고 그를 배려하던 초창기와 다르게 승영은 점점 변하기 시작한다. 조직에 적응하기 위해 선임들에게 아부와 뇌물을 서슴지 않고, 적응하지 못하는 후임을 다른 이들과 마찬가지로 괴롭힌다. 결국 그 후임은 자살을 하고 승영 또한 이에 대한 죄책감을 벗어나지 못하고 스스로 목숨을 끊는다. 승영은 태정을 찾아가 자신의 행동에 정당성을 찾고자 하지만 결국 그런 선택으로 결말이 난다. 간략히 언급했듯이, 영화를 함께 본 목적은 군대 문제 자체를 살피고자 한 것이 아니었다. 상황이 군대라는 조건이라서 군대 자체가 논의 대상이 되었지만 성별이 어떻든, 그리고 어떤 이유에서든 그런 폭력이 용인되고 재생산되는 것이 가부장제의 특징임을 살펴, 성별 대립으로 군대 문제를 접근할 때에 드러나는 한계를 생각해보려는 것이었다.

학생들은 그 영화를 조직, 남성의 군대 생활 그리고 한국의 조직 문화가 갖는 문제로 압축해 설명했다. 감상문 내용은 몇 유형으로 정리되었다. 첫째, 남녀 모두 폭력에 대한 감수성을 확인했다. 영화에서 태정의 여자 친구가 승영을 사진 찍으려 하자 승영이 찍지 말라고 하며 "그것도 폭력이야"라고 말하는 장면이 나온다. 또 "후임 데리고 놀지도 못하냐"며 성에 기반을 둔 폭력 장면도 나온다. 이 장면들에서 크고 작은 행위가 갖는 폭력의 심각성을 전하려는 감독의 의도를 분명하게 알 수 있는데, 남녀 불문하고 모든 학생은 폭력을 폭력으로 인식하지 않는 현상에 불편함을 공감했다. 둘째, 군대의 불합리와 그 속에서의 어려움이 논의되었다. 군 복무를 마친 한 남학생의 기록이다.

군대를 원해서 들어온 사람은 없다. (……) 빠른 적응을 해야 하고 여러모로 부담을 느낀다. 밖에 두고 온 것들을 버려야 한다는 것도 감정적으로 적응에 방해가 된다. 군대 시스템에 녹아들기 위해 자신을 버려야 한다. (……) 그 과정에서 계급, 상명하복, 계급에 맞는 행동 등의 것들을 체화해 튀지 않는 이가 되어야 한다. 그 과정에서 사람이 변한다. 안 피우던 담배를 피우는 것도 물론이고 악폐습도 답습한다. 체계에 녹아들지 못하면 대우를 못 받는다. 그 지위에 맞는 역할이 이어진다. 체계 유지를 위해 일정한 틀에 맞는 이가 되어야 한다는 점은 공감하나 그 과정에서 여러 형태의 폭력이 가해진다. 이것이 서로를 위한다는 미명으로 포장되어 문제와 사고는 조용히 묻힌다. '정신 차려라', '잘해라'라는 말들은 상당히 함축적이다. 인간을 체계 속으로 부품화시키는 것이다. 군대라는 환경에서의 비인간화, 그 와중에서의 자괴감 (……) 누구나 병신이 되는 곳, 자신의 바닥이 나오는 곳이 군대라고 (……) 그리고 군대를 나오면 남자답게 된 거고 사회인이 될 준

비를 한 것이라고 한다. 군대에서의 논리가 사회, 직장, 가정에서도 이어진다는 데에서 또 다른 공포가 시작된다. 남자는, 여자는, 상사는, 부하는, 또 다른 역할과 체계가 시작되고 약자는 도태되는 것이다. 그렇게 우리 모두 어느 순간 가해자이자 피해자가 된다(4학년 남학생).

군사주의와 젠더 문제를 논하는 장에서 남학생들은 군대에서 여성 문제만을 부각해 군사주의를 비판하는 수업 자료를 비판했다. 계급 배경, 학력 등이 군대 내부에서 중요한 위계질서의 변수로 작동하고, 젠더 구성에 대한 일반적 평가와 상명하복과 순응적 처세술 부분은 타당하다고 했다. 군대를 다녀온 한 4학년 남학생의 표현으로 군대는 "자유의지가 가장 강압적으로 꺾이는 것을 경험하는 장"이라는 것이다. 하지만 군인의 능력을 재는 척도로서 젠더가 계급 등의 변수만큼 크게 작동하지는 않으며, 남성 간의 연대감 형성, 다시 말해 군대를 복무한 이들이 사회를 살아가기 위해 남성끼리 뭉쳐야 한다는 의식을 비단 군대를 통해서 익히는 것은 아니라는 지적이었다. 그리고 군대는 부대와 상급자의 성향에 따라 경험이 매우 상이하기 때문에 어떤 특성을 일반화하기가 무척 어려운 곳이라고 강조했다. 예컨대 상사에 따라, 자신의 학력에서 나온 특권에 의해 군대 생활을 큰 어려움 없이 보낸 사례들도 공유했다. 셋째, 많은 학생이 군대라는 조직의 특수성(국가 안보와 질서의 유지)은 강고하고 그것에 대한 저항의 무력감을 피력함으로써 부당한 조직의 규율과 개인의 저항 문제를 고민했다. 불공정한 조직 문화에 저항하려 했다가 결국 주인공이 변했기 때문에 개인과 조직의 문제를 생각하지 않을 수 없었던 것이다.

'치즈 강판의 원리', 이 사회를 내가 바꾸겠어! 하고 꼭대기에 올라가면 치즈가 강판에 갈려 있듯이 갈려진 나를 보게 된다. 종래에는 변해가는 자신에 대한 혐오(4학년 여학생).

현재 우리나라에 있는 모든 조직사회는 이런 군대조직의 문화, 가부장제의 모습을 가지고 있다. 그렇기 때문에 기업에서 공채를 뽑을 때 미리 이런 문화를 경험한 남자를 선호하는 이유 중의 하나이다. 물론 이는 잘못되었고 가부장제가 올바른 것은 아니다. 하지만 이런 사회를 변화시키기 위해서는 개인의 노력으로는 불가능하고 그 사회 전체가 이를 인식하고 변화의 필요성을 느낄 때 변할 수 있다고 이 영화에서는 얘기하는 것 같다(4학년 남학생).

학생들은 군대가 어떻게 남성을 남성으로 의미화하고 국가 안보가 어떻게 초남성성을 전제로 정상적 한국 남성을 구성하며 그 과정에서 어떤 변화가 일어나는가를 잘 파악했다. 그리고 바로 앞의 감상문에서 나타난 것처럼, 개인과 구조의 문제, 조직의 힘도 정확하게 지적했다. 주인공의 자살이라는 결말에 학생들의 무력감은 상당했다. 교수자로서 그 문제의 해답을 명확하게 제시할 수 없었다. 승영이 끝까지 그 후임을 처음 마음처럼 대했다면 조직과 그들 개인의 삶에 변화가 있었을까. 거의 모든 학생과 영화에서 여러 선임이 이야기하는 것처럼 '나는 안 그래야지' 하면서도 결국 변하고 마는 개인의 무력감 또한 사실적이어서 명쾌한 답을 제시하기가 어려웠다. 이는 여전히 열린 질문으로 남겨두고 있다.

　나는 영화 〈용서받지 못한 자〉를 통해 남성과 남성의 차이에 실재하는 위계 문제 및 폭력의 일상성을 환기함으로써 동성 간에 발생하는 여러 관계의 긴장이라는 맥락에서 가부장제를 학생들과 함께 생각해보고자 했다. 강의 이후에도 군 가산점제 부활을 주장하거나 군대를 가지 않는 한국 여성은 이 문제를 논할 자격이 없다는 주장이 여전했다. 그러나 폭력에 대한 민감성, 조직과 개인의 관계, 군대에서 작동하는 위계의 문제를 통해 가부장제의 현실을 달리 생각할 수 있는 계기가 되었다는 점에서 최소한의 교육적 효과는 있다고 판단했다.

　여성주의 강좌에서 여성 교수자는 여러 딜레마를 겪는다. 여성주의에 대한 뿌리 깊은 반감 때문에 여성 교수자의 주장이나 설명은 객관적이지 않다고 느끼는 분위기나 남학생들의 다양한 저항을 목격하게 된다. '중립적 태도'와 '중립적 지식'을 요구하거나[30] 드러내어 반감을 표시하지는 않지만 특권을 구조적 시스템과 연결하여 사고하지 못하는 어려움에서 기인하는 도덕적 환원주의도 보편적이다.

　이러한 상황을 염두에 두고 여성주의 교육의 전환을 생각하면서, 감상주의의 위험과 성역할 재생산의 문제가 있는 폭로 방법의 한계, 그리고 공감의 어려움을 인식하는 것을 첫 과정으로 보았다. 이 과정에서 가부장제의 실재(남녀 이분법 도식의 한계, 모든 이가 가부장제 생산에 가담하는 현실, 물리적 폭력 이외의 심리적 위계를 포함하는 가부장제 등)를 확인하고, 학생들의 느낌과 감정을 언어화할 수 있는 장을 제공하는 것이 중요하다고 설명했다.

가부장제가 성별 이분법에서 발생하는 것뿐 아니라 정치사회 시스템으로서 다양한 층위와 수위에서 작동한다는 것을 학생들 스스로 파악하기란 결코 쉬운 작업이 아니다. 제도적 특권을 누리는 사회집단은 이를 특권이라기보다 권리로 인식하고, 그것을 특권으로 인정하더라도 자발적으로 내려놓기보다 활용하는 편이 훨씬 일반적이기 때문이다. 그럼에도 최소한 남학생(남성)의 경험을 적극적으로 해석하고 사유함으로써 여성·타자의 경험을 통한 관조나 타자의 고통을 소비하는 입장에서 벗어나도록 하는 것이 효과적인 여성주의 교육의 한 방법은 될 수 있을 것이다. 이런 과정을 환기하는 것은, 내가 남성 페미니스트라는 언어 조합을 염두에 두고 있거나 여성주의 강좌 수강을 통해 학생들의 의식이 변화할 것이라는 큰 기대를 하기 때문이 아니다. 다만 여성주의 교수자로서 학생들의 의식 변화 가능성을 원천적으로 회의하거나 방임할 수 없기 때문이다.

3장
경합하는 페미니즘'들'

페미니즘이 하나라는 착각

2001년 가을 학기에 미국의 대학원 박사과정에서 페미니즘 이론을 개괄적으로 소개하는 한 강좌를 수강했다. 많은 교재 중에서 가장 흥미롭게 읽은 글은 베트남 출신 인류학자 마이번 럼(Maivân Lâm)이 쓴 「페미니즘에서 낯섦을 느끼기(Feeling Foreign In Feminism)」였다. 럼은 그 글에서 미국에서 자신이 겪은 일상적 경험을 사례로 들면서 백인 중산계층 배경의 여성주의가 "여성들이 실제로 직면하는 환경 및 삶과 무관하게 자신들을 관조적으로 재현한다"[1]라고 비판하며, 백인 여성주의의 특징을 특권, 인간 존재의 상호의존성 부정, 개인주의, 마술이라는 네 특징으로 설명했다. 언뜻 낯설게 느껴지는 마술을 조금 더 부연하면, 그녀는 백인 여성주의의 특징으로 규정한 개인주의와 사람 간 상호의존 부정을 설명하기 위해 인류학에서 통용되는 '마술(magic)'이라는 용어를 사용했다. 마술은 언어적·의례적 형식이 부정적 결과를 초래하는 것이라고 설명하면서,[2] 차이를 인정하고 변화와 협상의 여지가 있는 종교와 과학의 영역으로 전환할 것을 제안했다. 이에 대해서는, 럼이 글을 투고한 저널의 편집인들이 지적한 것처럼 상세한 설명이 필요한데, 그녀는 해석의 여지를 그대로 남겨둔다고 했다.

그런데 럼이 제시하는 사례를 통해 짐작해보면 마술은 사건의 깊은 상황과 맥락을 고려하지 않고 언어 표현 자체에만 집착하는 것을 뜻한다. 럼이 든 사례는 그녀 아들이 여자 친구를 부르는 호칭 이야기를 전해들은 한 페미니스트 친구의 반응이다. 럼은, 친구에게 자신의 아들이 그보다 연장자이며 아이가 있는 여성을 사귀면서, 여성이라는 호칭보다 보통 여자 친구를 뜻하는 '걸(girl)'이라고 부르는 것을 이야기한다. 럼의 친구는 여성 존중감이 결여되어 있는 '걸'이라는 표현을 쓴 것에 분개한다. 그러나 럼은 아들이 처음으로 호감을 가진 이성이 그보다 연장자일 뿐 아니라 아이까지 있는 여성임을 염두에 두고 아들의 사고를 기특하게 여기는 맥락에서 이야기한 것이었고, 이런 맥락이 고려되지 않은 채 '걸'이라는 단어 자체에 여성 차별이라고 분개한 친구의 이해가 제한적이라고 비판한다.

내가 그 글에 유다른 관심을 가진 이유는, 그 논문이 다른 논문들보다 덜 추상적이었고, 럼이 들고 있는 사례나 논지를 통해 미국에서 교육받는 한국 여성이라는 나 자신의 경험과 이를 기반으로 하는 정체성의 문제를 생각하게 되었기 때문이다. 이는 두 측면에서 나타났는데, 존재론적 정체성의 측면과 지식 생산의 측면에서였다. 우선, 미국에서 활동하고 있는 아시아 출신 학자들이 토로하는 것처럼[3] 한국에서는 인지하지 못했던 인종과 민족국가의 정체성 문제가 부각되었다. 다음은 미국에서 생산되는 아시아 국가를 연구 대상으로 하는 지식과 이론의 문제였다. 서구에서 아시아 국가 관련 논의는 국가 정체를 중심으로 하는 '방법론적 민족주의(methodological nationalism)'[4] 연구 경향이 팽배하다. 아시아 여성은 개인의 정체성이 무화되고 '아시아 여성'이라는 집단적 범주로 설명되면서 국가의 가부장제에 신음하는 수동적이고 무력한 희생자로 재현되는 경향 또한 어렵지 않게 파악할 수 있다. 이런 피상적 기술은 연구의 스펙트럼을 일반화하는 위험이 있지만, 그럼에도 여성주의 학계에서 어려움에 처한 제3세계 여성에 대한 재현이 많은 것은 사실이다.[5] 이 같은 상황에서 나는 서구 지식 생산에서 아시아 국가와 아시아 여성의 재현에 문제의식을 갖게 되어, 이후 지역연구 지식과 방법론에 관한 「지구화 시대 지역연구 지식의 재구성: 방법에 대한 논의를 중심으로」를 발표하게 되었다.[6] 그리고 젠더 변수만으로 여성의 정체성과 삶을 이해하는 '주류 여성주의'[7]가 다양한 여성 주체의 현실과 상황을 잘 설명하는가라는 의문도 계속 고민하게 되었다.

제3세계 페미니즘은 이러한 나의 문제의식과 그 맥을 같이한다. 제3세계 페미니즘은 1960년대 이래 미국 학계에서 유색인종 여성주의 학자들에 의해 체계화되었고 주류 여성주의의 젠더 본질주의 경향을 비판해왔다. 여성 내부/간에 발생하는 인종·계급·민족 정체성에 기인하는 위계질서를 문제 제기 하고, 주류 여성주의가 가정하는 여성 억압의 근본 제도인 가부장제를 이해하기 위해서는 가부장제와 맞물려 있는 제국주의와 자본주의 또한 비판해야 한다고 주장한다. 그런데 제3세계 페미니즘은 유색인종 여성주의 학자들이 제기하는 주류 여성주의 비판과 그 이론적 성과를 중심으로 논의되기보다 주류 여성주의가 연구의 대상과 영역을 확장한 것으로 이해되고 있다.[8] 다시 말해 제3세계 페미니즘은 1990년대 이래 '차이', '다양성', '다문화주의'와 같은 언술로 설명되면서, 주류 여성주의가 젠더뿐 아니라 인종·계급 문제와 같은 쟁점들을 포괄하고 수용함으로써 단일한 여성주의가 인식의 지평을 확장한 것으로 평가되어왔다.

그러나 언급했듯이 제3세계 페미니즘은 시기 측면에서는 이미 1960년대에 태동했고, 이론 측면에서는 '경험과 지식'의 관계를 고민하고 성 변수뿐 아니라 인종·계급·민족 등 여러 변수의 상호 연관을 설명한 '교차성 이론'과 같은 이론적 성과를 이뤘다.[9] 모든 경합하는 지식의 양상이 그렇듯이, 여성주의 공동체에 존재하는 다양한 페미니즘의 경합에서 주류가 비주류를 침묵시키거나 왜곡하고 오용하는 것은 우연이라기보다 기득권의 물적·인적·문화적 자본의 영향력에서 기인하는 결과이다.[10] 따라서 나는 주류 여성주의가 제3세계 페미니즘을 포섭과 포용의 방식으로 왜곡하는 것을 바로 파악함으로써, 지식의 정치적 속성 및 단일하지 않은 페미니즘'들'의 양상을 재차 확인하고자 한다.

다양한 여성 주체와 다양한 이론

물결 담론과 하이픈 페미니즘

미국 여성주의 이론을 분류할 때 가장 보편적인 형태는 여성주의의 중요 개념을 바탕으로 하는 분류와 시대 구분을 활용하는 분류이다. 두 분류 모두 한국 여성학계에서도 매우 익숙한 패러다임이다. 전자는 여성주의의 근간을 이루는 중심 개념으로 설명하는 것을 뜻하며 '평등과 차이'의 긴장, '경험', 객관적 지식과 주관적 지식을 둘러싼 인식론 논의 등이 주류를 이룬다.[11] 페미니즘 개념을 다루는 거의 모든 연구가 이 분류를 사용하고 있다. 후자는 전자보다 더욱 일반적인 형태로서 역사적 구분인 물결 담론(wave discourse)인데, 이는 제도적 여성운동의 전개와 결부된 개념과 이론을 중심으로 시대 구분을 활용한 패러다임이다.[12] 후자의 역사적 구분이 가장 보편적으로 통용되고 있을 뿐 아니라 전자의 개념 중심 분류가 실제로 역사적 구분을 통한 분류에서도 진행되고 있고, 무엇보다도 제3세계 페미니즘에 대한 인식이 이 패러다임 속에서 진행되고 있기 때문에 후자의 논의를 통해 여성주의 이론을 개괄하고자 한다.

물결 담론의 통시적 구분은 대체로 동일 시대에 진행되었던 각 이론 간의 긴장과 유동성보다는 일체성이 전제된 채로 다음과 같이 이해되고 있다. 제1물결은 여성 참정권 투쟁의 시기(1848~1920), 제2물결은 여성이 남성과의 평등권을 확대하는 노력으로 교육적·경제적·정치적 평등을 추구한 시기(1960~1990)이며, 제3물결은 여성 내부의 인종·계급·문화의 차이가 화두로 등장한 1990년대 이후의 시기이다. 흔히 제2물결은 서구 백인 중산계층의 여성주의로, 제3물결은 비서구 유색인종의 여성주의로 읽히며 '다문화주의', '정체성', '차이' 등이 중심 개념으로 등장했다. 세부적으로 물결 담론의 두 번째 시기에 해당하는 1960년대부터 1980년대까지 주류 패러다임이었던 하이픈 페미니즘(hyphen-feminism: 자유주의 페미니즘, 마르크스주의 페미니즘, 급진적·문화적 페미니즘, 사회주의 페미니즘, 정신분석 페미니즘 등) 또한 여성주의 이론을 이해하는 대중적인 방식이다.[13]

하이픈 페미니즘은 연구자에 따라 분류가 다르기 때문에 보편적으로 합의되는 수준에서 점검하고자 한다.[14] 자유주의 페미니즘은 남성과 여성의 평등에 초점을 두고, 마르크스주의 페미니즘은 계급을, 급진적·문화적 페미니즘은 여성과 남성의 차이 및 여성적 가치의 우월성을 강조한다. 사회주의 페미니즘은 인종차별과 계급차별의 문제를 제기한다. 각각 '여성은 남성과 같다', '여성은 남성과 다르다', '여성은 남성보다 우월하다', '여성들은 인종적으로 구분된 계급이다'로 요약할 수 있다. 이 네 지형에서 사회주의 페미니즘은 이론과 실제 면에서 불완전하지만 가장 이상적인 형태의 이론으로서 인종차별 문제를 해결하려는 시도를 보였다고 평가받는다.[15]

그런데 제2물결의 시기에 전개된 하이픈 페미니즘은 내용과 접근 방식 측면에서 다음과 같은 비판에 직면하게 되었다. 첫째는, 젠더 본질주의의 문제점과 이론적 성과의 미흡함이다. 하이픈 페미니즘은 젠더 불평등의 원인과 그 해결 방안이 각기 다르지만, 대개 '성차(gender difference)'를 여성주의 인식론, 이론, 운동의 근본 범주로 설정하고 있다. 자유주의 페미니즘은 남녀를 불문한 평등과 자유의 이념을 기준으로 성의 차이를 강조하는 것은 여성에게 이롭지 못하다고 보는 반면, 급진적·문화적 페미니즘은 여성의 경험과 가치를 긍정적인 것이라고 인식한다. 다시 말해 여성은 남성과 다르지만 그런 차이는 더 이상 열등을 의미하는 것이 아니며, 여성적 가치가 오히려 남성적 가치보다 우월하다고 본다. 이러한 인식은, 익히 알려져 있듯이, 생물학적 결정론과 젠더 본질주의라는 비판을 받는다.

한편 마르크스주의 페미니즘과 사회주의 페미니즘은 인종차별과 계급의 문제를 제기했다. 이들 페미니즘은 타당한 문제를 제기했지만 구체적인 이론적 성과를 이루지는 못했다고 평가받는다.[16] 실제 여성운동의 역사에서도 사회주의 페미니즘은 성차별과 계급차별의 중층성을 파악하면서 1970년대 이래 반(反)인종차별 운동을 전개했다. 그러나 사회주의 페미니즘 조직은 전형적으로 백인 중심이었으며 학계와 중산계층으로 구성되어 있어서 주목할 성과가 미약하다고 비판받는다.[17] 결국 제3세계 페미니즘은 제2물결의 주류 여성주의를 이와 같이 비판한다. "주류 페미니즘은 계급과 인종 분석을 간과하거나 무시한다. 일반적으로 여성주의의 목표로 남성과의 평등을 추구하고, 사회 변혁의 문제에서 정의에 바탕을 둔 비전이라기보다는 (중산계층) 개인의 권리에 바탕을 둔 비전이다."[18]

둘째로, 하이픈 페미니즘을 포함한 물결 담론 패러다임은 지식 생산의 역사를 부당하게 해석한다는 지적도 있다. 물결 담론으로 여성주의 이론을 이해하는 방식은 진보와 발전을 전제하는 '목적론적 역사관'을 내포할 뿐 아니라 동시대에 전개된 흑인 여성주의를 생략했다는 것이다.[19] 목적론적 역사관의 문제점은 시기적으로 뒤에 전개된 이론이 전자보다 더 우월하거나 발전되었다고 인식한다는 점인데, 제3세계 페미니즘의 사례에서 알 수 있듯이 내용과 시기의 관계가 반드시 그렇지만은 않다. 무엇보다도 이 도식은 동시대에 전개된 여성주의 이론 간의 상호 긴장 및 이론적 문제 제기를 무화시킨다. 제3세계 페미니즘 연구자들은 제2물결 시기에 하이픈 페미니즘과 동시에 전개된 제3세계 페미니즘을 생략한 것이 우연적이라기 보다는 체계적으로 이뤄졌으며 여성학계 내부의 긴장 속에서 발생했다고 지적한다. 치카나 여성주의(Chicana feminism) 학자인 첼라 샌도벌(Chela Sandoval)과 노마 알라콘(Norma Alarcón)이 사례로 드는 『내 등이라 불리는 이 다리(This Bridge Called My Back)』(이하 『다리』)에 대한 앨리슨 재거(Alison Jaggar)의 논평이 대표적이라고 할 수 있다. 재거는 『여성해방론과 인간본성(Feminist Politics and Human Nature)』에서 치카나, 흑인, 아시안 아메리칸 여성주의 연구자들이 시·편지·증언·서사·비망록 등의 장르로 자신들의 경험을 다룬 『다리』가 '이론'이 아닌 "(단순한) 서술"[20]이라고 언급한 바 있다. 샌도벌은 이런 해석이 계급적 차별과 인종 우월주의에 바탕을 둔 것이라고 지적한다.[21] 이는 백인 여성주의자들이 제3세계 페미니즘 지식을 이해하는 대표적인 방식이라고 할 수 있는데, 알라콘 또한 그 경향을 다음과 같이 정리한다.

백인 여성주의자들은 『다리』를 여성 간 차이 문제의 예로 인용하고 전유하는 경향이 있으며, 유색인종을 여성이라는 통합적 범주로 포함시킴으로써 차이를 부정한다. 여성이라는 통합적 범주는 백인 남성을 염두에 둔 대항 담론에서 '공통분모'로 간주되는데, 이것으로는 여성 간 관계를 분석하지 못한다. 『다리』의 저자들은 그 '공통분모'를 이론적 여성주의 주체의 구축을 위한 해결책으로 생각하지 않는다.[22]

이처럼 『다리』는 계급과 인종의 문제가 설명되지 않은 채 여성이라는 공통의 범주만으로는 흑인 여성과 여성 노동자의 삶을 제대로 규명하지 못한다고 평가하고, 이때 여성 간 차이를 분열이 아닌 창조적인 힘의 원천으로 이해한다. 따라서 『다리』는 이후 현대 여성주의 이론의 가장 영향력 있는 이론이라고 여겨지는 '교차성 이론'의 맹아가 된 저서 중 하나로 평가받고 있다.[23] 결국 주류 여성주의가 이론적 측면에서 제3세계 페미니즘의 성과를 저평가하고, 여성 내부에 존재하는 인종차별·계급차별 문제를 제기하는 것이 가부장적 사회에서 비주류인 여성 간의 연대를 배신하는 행위로 인식되면서 제3세계 페미니즘의 문제 제기들은 깊게 논의되지 못했다.

마지막으로, 이 하이픈 여성주의 패러다임을 검토할 때 매우 쉽게 간과되는 패러다임 자체의 문제점 즉 사유 방식 자체의 문제점을 들 수 있다. 이 패러다임은, 주디스 그랜트(Judith Grant)가 잘 지적하듯이, 사유의 틀이 페미니즘 자체의 개념이 아닌 (남성 중심의) 서양 사상 개념을 전제하고 있다. 하이픈 페미니즘은 "마치 서양의 정전이

없으면 페미니즘 이론을 이해하기가 불가하다는 식으로 비친다. (예
컨대―인용자) 자유주의 페미니스트들은 존 로크(John Loke)를 읽은 후
에 자유주의 페미니즘을 생각한다. 그들은 로크의 접근 방식에 몹시
실망한 이후에 페미니스트 비전을 제시하고 그것을 자유주의 페미
니즘으로 칭했다."[24] 페미니즘 개념을 둘러싼 내부 논의들을 잠시 접
어두고, 페미니즘을 여성의 관점에서 출발하는 이론이라고 제한적
으로 이해할 때조차 여성의 입장·관점이나 성차별에 대한 문제의식
을 설정하지 못하는 한계가 있는 것이다. 페미니즘의 발전 과정에서
자유주의, 마르크스주의 등의 이론들이 상호 조응하는 관계에서 발
전·전개되었음을 인정하더라도 여성의 관점과 이해라는 문제의식을
설정하고 있지 못하다는 점은 이론상의 큰 한계라고 할 수 있다.

패러다임의 재구성: 샌도벌의 피억압자의 저항 의식

물결 담론과 하이폰 패러다임은 한국 여성학계에서 무척 익숙
하고, 이런 패러다임이 지속되는 데 근간이 되는 문제의식 즉 여성주
의 이론에서 젠더 변수가 갖는 중요성은 논란의 여지가 없다. 그렇다
면 많은 연구자가 질문하고 있듯이, 여성 내부의 차이(difference)를 어
떻게 규명해야 하는가? 기존 주류 여성주의에서는 '여성'이라는 범주
가 서구, 백인, 중산계층 여성으로 국한되어 있다는 제3세계 페미니
즘의 비판을 어떻게 해결할 수 있을까?

이러한 질문을 해결하고 대안적 패러다임을 구성하는 방식은
여성주의 '이론들'의 동시대성을 인정하고 시기 구분을 그대로 활용

하는 방식과 '여성', '경험'과 같은 페미니즘의 중심 개념을 설명하는 패러다임을 생각해볼 수 있다. 기존의 논쟁은 주로 여성주의의 핵심 개념인 '차이'에 대한 철학적 논의를 포함해 여성 개념을 재구성하려는 시도 등으로 행해져왔다. 그런데 위 질문들 및 논쟁의 핵심은 페미니즘을 어떻게 규정하는가라는 근본적인 개념의 문제로 되돌아간다. 페미니즘 개념 정의가 해결되고 나서야 관련 이론과 상황이 설명될 수 있기 때문이다. 샌도벌은 이 점을 바로 파악하고 페미니즘 정의와 역사를 '피억압자가 갖는 저항 의식의 역사(oppositional consciousness of the oppressed)'로 재규정함으로써, 봉착해 있는 차이 논쟁을 해결할 수 있는 실마리를 제공한다. 이 재규정은 피억압자의 경험과 지식에 관한 연구를 통해 '그들의 인식론적 특권'을 주장하는 일련의 지적 흐름과 상통하는 면이 있는데(4장에서 설명), 샌도벌은 피억압자의 저항 의식이라는 개념을 통해 기존 여성주의의 패러다임을 재구성함으로써 여성 내부의 차이 논쟁에서 발생하는 이론의 보편주의와 상대주의 사이의 긴장을 해결하고 있다.

샌도벌은 「미국의 제3세계 페미니즘(U.S. Third World Feminism)」에서 하이픈 페미니즘 패러다임을 비판하면서, 1980년대의 여성주의 이론을 "권력에 대한 지략적, 전략적 반응의 풍부한 자원으로서 차이"를 고려함으로써 '저항 의식 이론', '피억압자의 방법론'으로 재규정할 것을 제안한다. 그녀가 밝힌 이 작업의 기본 목적은 하이픈 패러다임이 어떻게 제3세계 페미니즘을 왜곡하는가를 살피는 것이다. 그리고 샌도벌은 저항 의식 이론으로 주류 여성주의와 제3세계 페미니즘의 특징을 설명하고자 했다. 더 나아가 그녀는 제3세계 페미니즘의 의의는 기존 주류 여성운동을 확장하는 데 있는 것이 아니라 '저항 행위에서 나오는 통찰력'에 있다고 말한다. 이때 저항 의식은 "권력의 순환 과정, 권력의 움직임을 읽는 기술, 새로운 도덕과 효과적인 저항이 정체성과 평등한 사회관계라는 이름으로 권력의 움직임에 전략적으로 개입할 수 있는 정치적 행동의 자의식적 유동성"을 뜻한다.[25]

　　구체적으로 샌도벌은 피억압자의 저항 의식을 기준으로 기존 하이픈 페미니즘을 다음과 같이 재구성한다. 첫 번째 전략인 자유주의 페미니즘은 '동등한 권리'로의 저항 의식이다. 두 번째 전략은 사회주의 페미니즘 혹은 마르크스주의 페미니즘으로서 '혁명적' 전략이라고 칭할 수 있는데, 이는 종속된 사회집단이 권력자들과 자신들 사이의 차이를 인식하고 그 차이를 정당화하고자 사회 변혁을 요구하는 것이다. 동등한 권리를 바탕으로 한 저항 의식(자유주의 페미니즘)이 기존의 권력자들과 동등한 권리의 향유를 요구하고 동화의 욕구가 있다면, 이 혁명적 전략(사회주의 페미니즘 혹은 마르크스주의 페미니즘)은 동화의 욕구가 없으며 사회 변혁을 통한 종속적 다름을 확인하는 전략을 추구한다. 세 번째 이데올로기 전략은 우월주의이다. 이는 피억압자들이 억압자들과 자신들 간의 다름을 주장할 뿐 아니라 바로 그 차이가 자신들을 발전적 단계로 나아가게 하는 길을 제공할 수 있다고 주장하는 것이다. 기존 이론에서 급진적·문화적 페미니즘이라 불리는 지형으로서 돌봄이나 모성 같은 여성적 가치의 우월을 강조하는 것에서 잘 알 수 있다. 네 번째 전략은 분리주의이다. 이 전략을 행하는 이들은 차이가 열등한 것으로 인식되는 점을 잘 알고 있지만 동등한 권리를 추구하는 자유주의 페미니스트처럼 지배 질서와의 통합을 원하지도 않으며, 그렇다고 혁명적 변혁을 추구하지도 않는다. 대신에 (주류 세력과 제도로부터의) 완벽한 분리를 통해 차이를 보호·육성하도록 조직한다. 마지막으로 샌도벌이 제시하는 다섯 번째 저항 의식의 지형은 '차이'로서 위 네 이데올로기 지형 간의 유동성을 담보한 제3세계 페미니즘을 뜻한다.[26] 이 저항 의식의 핵심은 여러 저항 의식 중에서 특정 지적 지형이 주류가 된다거나 더 근본적이고 본질적이라는 주장을 경계하고 상황과 맥락을 파악하는 것, 즉 대항하려는 억압의 종류에 따라 전략적 주관성을 확보하는 정치적 수정(political revision)이라는 점이다.[27] 따라서 이 지적 지형의 특징은 위 네 저항 의식을 상호 적대적인 것으로 파악하지 않고 유동성과 동적인 관계를 강조한다는 점인데, 이때 권력에 대한 상황을 잘 읽을 수 있는 능력과 이데올로기적 대항을 자의적으로 결정하고 선택하는 능력이 중요한 문제로 대두된다.

샌도벌의 작업은 많은 시사점을 준다. 먼저 샌도벌은 다른 제3세계 페미니즘 연구자들과 마찬가지로 기존의 하이픈 페미니즘을 지탱하고 있는 젠더 본질주의를 타당하게 비판하고 있다. 정치 현상 및 사회관계 분석에서 성 변수의 중요성은 재론할 여지가 없으나, 성 변수가 여성의 삶과 정체성을 설명하는 근본적인 사회관계의 변수이며, 가부장제 비판이 여성운동의 가장 중심적인 의제가 되어야 한다는 젠더 본질주의의 문제점을 잘 지적하고 있는 것이다. 샌도벌이 제시하는 여성주의 패러다임의 재구성은 공통분모로서의 여성을 가정하지 않는다는 점이 특징인데, 피억압자가 갖는 저항 의식의 일환으로 여성주의를 규정함으로써 여성주의 이론의 사상적 논의 수위를 높이고 분석 범위를 넓히고 있다. 즉 샌도벌은 여성운동 내부에서 전개된 여성주의의 근본 개념을 저항의 역사로 재규정하면서 피억압자가 취할 수 있는 다양한 전략의 유동성을 포착하고, 피억압 경험에서 발생하는 통찰을 제3세계 페미니즘의 중요한 특징으로 꼽고 있다. 이런 재규정이 여성 간 연대를 폐기한다거나 연대의 중요성을 간과하는 것은 아니다. 샌도벌은, 연대는 여성주의 전략의 일부분일 수 있지만 필연적으로 본질적 전략일 필요는 없다고 주장한다.

다시 말해 샌도벌의 저항 의식 개념을 중심으로 한 패러다임은, 젠더 본질주의의 한계를 인식하고 억압과 사회관계에 작동하는 다른 변수들과 과정 또한 염두에 두고 있기 때문에, 모순적이고 복잡한 피억압 상황을 고려할 수 있도록 한다. 그녀가 주장하는 여성주의 패러다임 재구성에서 눈에 띄는 또 다른 사항은, 저항의 주관적 형태를 추구하는 종속적 계급들이 '저항의 주체'임을 명확히 하고 있다는 점이다. 제3세계 페미니즘 논의는 제3세계 여성에게 가해지는 다층적 억압과 종속이 강조됨으로써 제3세계 페미니즘이 갖는 저항성과 행위자의 주체성이 매우 쉽게 간과된다. 그러나 샌도벌은 피억압자의 방법론을 저항 의식으로 등가시킴으로써 "종속의 경험과 종속 계급은 반드시 젠더 위계로만 결정될 필요가 없음을 밝히고 제3세계 여성이 종속적 지위에 있지만 동시에 이에 저항하는 의식의 주체"[28]임을 잘 말하고 있다.

한국 여성학계에서 물결 담론과 하이픈 패러다임은 보편적으로 받아들여지는 인식의 틀이며, 이 도식을 수용·적용하지 않더라도 페미니즘은 '여성'이라는 단일하고 통합적인 범주가 인식의 출발점이라고 통용되고 있다. 또한 젠더 본질주의에 비판 의식이 있다 할지라도 제3세계 페미니즘은 주류 여성주의 패러다임을 더욱 풍부하게 하는 보조적 역할로 이해되면서, 주류 여성주의 비판과 제3세계 페미니즘의 이론적 성과보다는 '정체성의 정치학' 혹은 '여성 내부의 차이 논쟁'으로 설명되어왔다. 정체성의 정치학과 차이 논쟁은 암묵적으로 이론적 상대주의와 실천 측면에서 '연대의 분열'이라는 비판이 전제되는데, 제3세계 페미니즘은 이 같은 비판에 대안을 모색해왔다. 그럼에도 앞에서 언급했던 제3세계 페미니즘의 물적·인적·문화적 자본의 부족과 주류 여성주의 학계의 제3세계 페미니즘 몰이해로 인해 제3세계 페미니즘을 저평가하고 소외하는 경향이 지속되고 있다.

제3세계 페미니즘의 계보와 이론적 함의

억압/저항의 다층성

제3세계 페미니즘 발전의 전환기적 저서라 일컬어지는 『다리』의 두 편자인 치카나 여성주의 학자 체리 모라가(Cherríe Moraga)와 글로리아 안잘두아(Gloria Anzaldúa)는 그 편서의 구성과 함의를 밝히면서 미국 제3세계 페미니즘의 주된 관심을 이렇게 정리한다. 첫째, 유색인종 여성의 가시성과 비가시성의 문제, 둘째, 제3세계 여성 자신의 인종적·문화적 배경과 경험에서 여성주의 정치이론을 도출하는 방식, 셋째, 여성운동에서 인종차별이 미치는 파괴적이고 비도덕적인 영향, 넷째, 유색인종 여성을 분화시키는 문화·계급·섹슈얼리티의 차이들, 다섯째, 자기보존과 혁명의 도구로서 제3세계 여성의 글쓰기, 마지막 여섯째, 제3세계 여성주의 미래의 수단과 방법.[29] 같은 맥락에서 찬드라 모한티(Chandra Mohanty) 또한 제3세계 페미니즘의 특징을 다음과 같이 요약한다. 첫째, 사회적·정치적 주변부성의 경험을 토대로 억압의 동시성을 이해하고 인종차별과 제국주의 역사를 여성주의 정치학의 근간으로 이해한다. 둘째, (제3세계) 국가가 여성의 일상적 삶과 생존 전략 구사에 결정적 역할을 한다고 본다. 셋째, 저항적 주체성의 형성에서 기억과 글쓰기를 중요하게 생각한다. 넷째, 제3세계 여성들의 조직과 공동체에 내재하는 차이, 갈등, 모순을 인지한다.[30] 언급한 양측의 설명에서 다양한 억압의 동시성과 여성 내부에 존재하는 갈등을 인식하는 것이 공통으로 보이고, 모한티의 도식에서 제3세계 국가 여성들의 삶을 설명하는 데서 국가의 역할이 강조된 점에 차이가 있다.

위 도식들은 제3세계 페미니즘의 주체, 형식, 내용과 관련해 대략적인 틀을 잘 설명하고 있다. 다음으로, 혼란이 있을 수 있는 주체의 문제를 명확히 하고 여성주의 이론 간의 긴장, 다시 말해 제3세계 페미니즘의 중요한 문제 제기 중 하나인 여성 간 연대 문제를 생각해보고자 한다.

먼저, 연구의 주체와 대상의 문제를 살펴보면 제3세계 페미니즘은 미국 내 유색인종 여성주의 학자들에 의해 형성된 지적 지형을 뜻하기도 하고, 한편으로 제3세계 출신 여성주의자들이 생산하는 제3세계 국가의 여성에 관한 지식을 뜻하기도 한다. 전자는 흑인 여성주의 학자들을 중심으로 인종차별 비판과 억압의 다층성·교차성 논의를 전개해왔다. 후자는 '제3세계 여성'을 대상으로 하는 지식을 뜻하는 것으로, 이 때문에 멜 그레이와 제니퍼 보디(Mel Gray and Jennifer Boddy) 같은 학자들은 제3세계 페미니즘을 "토착적·지역적 문화의 중요성을 강조하거나 서구 주류에 반하는 자신들의 입장과 견해를 주장하는" 탈식민주의 페미니즘이라고 칭하기도 한다.[31] 그런데 대체로 합의되는 점은, 양측이 엄격하게 분리되는 것이 아니며 제3세계 페미니즘은 아시아·아프리카 출신의 제3세계 학자들에 의한 제3세계 여성 관련 논의들과 미국 내의 아메리칸인디언, 이민자, 치카나 등의 혼혈인, 흑인 여성주의 학자, 아시아·아프리카 출신 여성주의 연구자들이 생산하는 지식 모두를 포함하고 있다는 것이다. 이

때 제3세계가 아시아·아프리카 등의 지리적 상상 속에서의 제3세계 국가뿐 아니라 흑인, 혼혈인, 이민자, 아메리칸인디언 같은 미국 내 제3세계/주변부 집단을 포함하기 때문이다. 따라서 제3세계 페미니즘은 이론의 수위에서 억압의 다층성, 제3세계 여성 재현 문제, 여성 공동체 내부에서의 연대와 차이 문제를 다뤄왔고, 서구 사회 내부의 주변부 집단과 비서구/제3세계 사회 여성의 삶을 가시화하는 경험적 연구들을 동시에 생산해왔다.

　　제3세계 페미니즘은, 지식 생산 주체의 문제에서 바로 알 수 있듯이, 역사적으로 미국에서 활동하는 유색인종 여성주의 학자들이 기존의 서구 백인 중산계층 여성주의가 가정하는 젠더 본질주의를 비판하고, 인종·계급·민족 등의 다양한 다름/정체성의 현실을 구체화하고자 했다. 특히 초기에는 여성 공동체 내부에 존재하는 인종차별 비판이 두드러졌으며, 여성은 가부장제라는 공통된 억압을 경험한다는 기존 주류 여성주의에 문제를 제기했다. 예컨대 인종차별을 겪는 흑인 여성의 삶은 비단 젠더 변수만으로는 설명할 수 없기 때문이다. 따라서 이들은 인종·계급·민족·식민의 문제를 제기하지 않는 여성주의는 모든 여성의 해방을 지향하는 진정한 여성주의가 될 수 없다고 비판한다.

　　제3세계 페미니즘이 여성 내부의 인종차별에 제기하는 비판은 주류 여성주의로부터 자신들의 경험을 인정받고 더 많은 이익을 추구하려는 전략적 수준으로 행해지는 것이 아니다. 제3세계 페미니즘은 제3세계 여성이라는 입장이 어떻게 백인 중산계층 여성과 다르고 주변부적 지위가 어떤 인식론적 통찰력을 추동하는지 설명해왔다. 이는 1990년대 이래 활발하게 전개되었는데 여성 범주 및 여성주의 운동/이론 내부의 인종차별, 계급차별, 엘리트주의를 자각한 데서 비롯해 억압의 다층성 및 삶의 다층성과 교차성 이론으로 발전했다. 제3세계 페미니즘은, '다층성'과 '교차성' 등의 표현에서 알 수 있듯이, 여성의 삶의 형태와 결은 젠더 변수로만 설명할 수 없으며 여러 정체성의 모순과 복잡성에 의해 규정된다고 역설해왔다. 흑인 여성주의자 퍼트리샤 힐 콜린스(Patricia Hill Collins)의 '내부의 이방인(outsider within)', 바버라 스미스(Barbara Smith)의 '억압의 다층성(the multiplicity of oppression)', 앞서 언급한 치카나 여성주의 학자 안잘두아와 모라가의 '육화된 이론(a theory in the flesh)' 등이 제3세계 페미니즘 이론의 핵심을 잘 표현하고 있다.

'억압의 다층성'은 데버러 킹(Deborah King), 훅스, 스미스 등의 흑인 여성주의 연구자들이 지속적으로 주장해왔으며, 이후 킴벌리 크렌쇼(Kimberlé Crenshaw)가 명명한 교차성 이론으로 정립되었다. 억압의 다층성과 교차성 이론의 핵심은 개인의 삶과 사회현상은 젠더라는 한 변수만 작동하는 것이 아니라 계급·인종과 같은 다른 변수들이 동시에 작용한다는 것이다. 이때 한 변수 위에 다른 변수가 차곡차곡 쌓이는 누적의 개념이 아니라 모든 변수가 동시적·교차적으로 작용한다는 점을 이해하는 것이 중요하다. 변수들이 상호작용해 억압과 특권이 발생할 때 특정 변수의 역할이 두드러질 수 있는데, 구조적 제도뿐 아니라 친밀한 사적 공간에서도 일상적으로 드러나는 젠더 변수의 고유한 특성 때문에 젠더가 여성의 삶을 설명하는 근본 원인으로 이해되곤 한다. 안잘두아와 모라가도 유사한 맥락에서 경험의 모순성과 진실성을 '육화된 이론'이라는 개념으로 설명한다. 백인이 주도하는 여성운동 내에서는 흑인이고, 전체 사회에서는 여성주의자이며, 이성애자들 사이에서는 동성애자라는 자신들의 모순적인 존재론적 위치가 그들이 생산하고자 하는 이론과 융합되어 있음을 뜻한다.[32] 콜린스의 '내부의 이방인'은 표현 그대로 여성 공동체 내부에서 이방인이라는 주변부성과 그에서 비롯하는 통찰력을 시사한다. 그녀는 흑인 가정부의 비망록을 예로 들어 이를 설명한다.

> 중산층 여성들의 비망록에는 흑인 어머니(가정부―인용자)에 대한 그들의 사랑이 언급되어 있다. 반면에 흑인 가정부들의 비망록에는, 고용주들을 지탱하는 것이 지성, 능력, 인간성이 아닌 단순한 인종차별에서 얻게 된 이득이라는 백인 권력의 탈신비화를 목격함으로써 자신들이 경험하는 자기 긍정이 나와 있다. 그러나 다른 측면에서 흑인 여성들은 자신들이 결코 백인 '가정'에 속하지 못함을 알고 있다. 그들의 공헌에도 불구하고 그들은 이방인으로 남아 있다. 이 '내부의 이방인'이라는 지위는 흑인 여성들의 자아, 가정, 사회에 대한 특별한 시각을 제공한다.[33]

이렇게 흑인·치카나 등을 포함한 유색인종 여성주의 학자들은 성차별뿐 아니라 여성 학계와 여성 공동체 내부에 존재하는 인종차별 문제를 제기하면서 자신들의 고유한 경험을 가시화하고 이를 다양한 개념과 이론으로 전개해왔다.

그런데 이들 유색인종 여성주의 학자들의 주장은 주류 여성주의 학문 공동체 내부의 특권, 엘리트주의, 포용의 대상으로 인식되는 차이 이론의 몰이해 속에서 폄하되거나 소외되어 왔다. 언급했듯이 제3세계 페미니즘이 처한 물적·인적·문화적 자본의 구조적 제약이라는 주변부성 때문이다. 따라서 제3세계 페미니즘은 주류 여성주의가 제3세계 페미니즘을 왜곡할 뿐 아니라 심지어 자신들의 지식을 전유한다고 비판한다. 실제로 『다리』와 후속으로 2002년에 출간된 『우리가 집이라고 부르는 이 다리(This Bridge We Call Home)』에는 제3세계 여성들의 경험을 기록할 뿐 아니라 그들 자신이 어떻게 여성 공동체 내에서, 개인과 제도 수준에서 침묵당하고 소외당하는지, 주류 여성주의자들과의 의사소통이 얼마나 어려운지, 주류 여성주의가 자신들의 이론을 어떻게 왜곡하는지도 기록하고 있다. 대표적으로 모라가와 안잘두아는 제3세계 페미니즘에 주류 여성주의가 취하는 대응을 다음과 같이 평한다.

> 백인 여성들은 인종차별과 성차별이 작동하는 제도를 무너뜨리기 위해 자신들의 특권을 버리기보다는 '하향식 이동'의 형태로 특권을 부정하거나 죄책감의 형태로 특권을 유지한다. 죄책감은 느낌(feeling)이 아니다. (……) 죄책감은 감정의 지적인 가면이다. (실제로 그들이 갖고 있는—인용자) 감정은 공포이다. 자신의 권력을 잃지 않으려는 공포, 비난

받기 싫어하는 공포, 지위·통제·지식을 상실할 것이라는 공포. 공포가 실재이다. 아마도 이것이 반(反)인종차별 운동을 시작하게 된 백인 여성주의자들의 감정적, 비이론적 시점일 것이다.[34]

제3세계 페미니즘은 "특권 계급 여성이, 자신이 다른 여성들에게 가하는 억압을 살피는 유일한 때는 (……) 타자가 겪는 억압이 자신들에게 해가 되었을 때"라고 지적한다.[35] 이론 측면에서 제3세계 페미니즘의 근본적이고 변혁적인 주장은 묻힌 채 주류 패러다임에 지지하거나 반대하는 일종의 수사적 지형으로만 사용되고,[36] 주류 여성주의는 "양 지식의 간극을 메우는 확산의 기능보다 제3세계 여성의 지식을 훔치고 해를 끼치는 전유의 방식을 취한다"라고 비판한다.[37] 더욱 구체적으로 알라콘은 주류 여성주의가 제3세계 페미니즘 지식을 전유하는 방식을 다음과 같이 설명한다. 주류 여성주의는 첫째, 사회조직에서 인종과 계급을 부차적 특징으로 간주한다. 둘째, 계급·인종·젠더의 불평등을 인정하고 이 불평등에서 기인하는 다른 경험들을 서술한 다음, 이론에 포섭할 만한 정보가 부족하다며 계급과 인종의 문제를 부차화한다. 셋째, 인종 및 계급 배경이 다른 여성들의 삶의 방식, 가치, 관습, 어려움을 서술하는 데 초점을 맞추지만, 그 현상의 원인과 더 넓은 의미를 설명하려는 시도는 적다.[38] 앞의 두 내용은 젠더 본질주의 경향을 지적하는 것이다. 세 번째는 재현의 정치학에서 제기되는 것으로, 타자의 억압을 상세히 기록하고 그 억압이 파생하고 자신의 특권이 생산되는 불평등한 제도에는 침묵하면서 결국 제3세계 여성을 타자화하는 지식 창출을 비판하는 것이다. 알라콘이 인용하는 여성주의 학자 제인 플랙스(Jane Flax)의 표현으로 "제3세계 페미니즘의 목소리를 억누르는 것은 우리(주류 여성주의—인용자) 자신의 권위, 단일함, 보편성을 위한 필수 조건인 것이다."[39] 제도적 수준에서는 토크니즘(tokenism) 형식으로 나타나곤 하는데, 이는 여성주의 공동체에서 백인 여성의 영역에 구색 맞추기 식으로 유색인종 학자를 포함하는 경향을 뜻하는 것이다. 리넷 우탈(Lynet Uttal)은 이 경향을 "영향력을 행사하지 못하는 포섭"[40]이라고 비판한다. 남성 지배적 공동체 내에서 상징적·형식적으로 여성을 한두 명 충원하는 현상과 마찬가지로, 이는 주류 여성주의의 다양성 확보를 위해 비주류 여성들을 형식적으로 포섭하는 양태를 지적하는 것이다.

차이와 연대의 문제

주류 여성주의가 이런 제3세계 페미니즘에 대해 가장 우려하는 문제는, 여성이라는 공통된 정체성 내에 계급이나 민족 정체성과 같은 차이가 제기된다면 여성운동의 연대가 어렵다는 점과 인종, 민족, 성 정체성 등으로 한없이 나열되는 이론적 상대주의의 문제이다. 특히 전자의 논의가 중요하게 제기되는 것은 여성의 지위 및 학문으로서의 페미니즘이 여전히 비주류라는 사회 위상과 관련이 있는데, 전체 사회에서 주변부인 여성의 연대와 단결은 필수적이며 이는 페미니즘이 성 변수와 여성의 입장이라는 '공통의 범주'와 가부장제라는 공통의 비판 대상이 전제되어야 한다고 믿기 때문이다. 따라서 기존 주류 여성주의 입장에서 제3세계 페미니즘이 다름과 차이를 강조하는 것은 전체 사회에서 비주류인 여성주의 공동체의 분리를 뜻하는 배신행위가 된다. 설혹 차이 존중의 타당성을 인정하더라도 '그럼에도 불구하고' 끝내는 공통분모인 여성 범주로 환원해야 한다는 것이다.

이 문제는 1990년대 이래 많은 연구자가 논해왔는데 한국에서는 2000년대 이후 차이의 인정을 둘러싼 논의 속에서 활발해졌다.[41] 여성학계에서는 정희진과 조희원이 이 문제를 구체적으로 다루고 있다. 정희진은 콜린스와 니라 유발-데이비스(Nira Yuval-Davis)가 제안한 '횡단의 정치(trans/versal politics)'를, 조희원은 아이리스 영(Iris Young)의 '연속성으로서의 성(gender as seriality)'과 가야트리 스피박(Gayatri Spivak)의 '전략적 본질주의(strategic essentialism)'를 검토·수용하면서 '여성 개념의 다원화'를 제시한다. 정희진은 "정체성의 정치가 문제적인 것은, 사회적 범주와 사회 집단을 동질화, 자연화해, 경계의 이동과 내부의 권력 차이와 이해 갈등을 부정한다는 점이라고"[42] 지적하고 있다. 나아가 횡단의 정치를 아래와 같이 설명한다.

현재 자신의 정체성과 멤버십에 기반을 두면서도 그것을 본질화하지 않으며, 타자를 동질화하지 않고 상대방의 상황으로 이동할 수 있는 과정이 중요하다는 것이다. 이런 형태의 대화가 횡단의 정치다. 대화의 시작에서 동일성을 가정하고 일반화하는 보편주의나(우리는 같다)

대화의 끝에서 지나치게 특수성을 강조해 배제로 끝나는 상대주의가 아니라, 보편화하지 않는 특수를 지향한다. (……) 횡단의 정치는 개인의 사회 정체성과 그 개인이 지향하는 사회적 가치를 구별하며, 대화의 과정을 정치적 목표로 삼는다.[43]

우선 정희진은 정체성의 문제점을 바로 파악하고 있다. 정체성은 개인으로 구성되든 사회집단으로 구성되든 본질적인 배타성을 갖는데, 이를 횡단하여 본질화와 동질화의 위험을 피함으로써 보편주의와 상대주의의 문제점을 해결하려고 했다. 조희원이 수용하는 영의 '연속성으로서의 성'은 예컨대 버스 정류장에서 대기하고 있는 군중으로 설명할 수 있는데, 버스가 오지 않을 때에는 정류장 근처에 흩어져 있다가 버스가 오면 한꺼번에 줄을 서서 버스를 탄다는 것이다.[44] 스피박의 전략적 본질주의는 권력관계의 차이로 여성들이 동일화할 수는 없지만 필요와 상황에 따라 전략적으로 여성이라는 공통된 범주로 연대해야 함을 뜻한다.[45] 조희원은 이를 수용하면서 '여성 개념의 다원화'를 제시한다. 그녀에게 페미니즘은 여성 억압을 분석하고 그것을 교정하려는 기반 위에서 출발하기 때문에 여성을 하나의 집단으로 파악하지 못한다면 그 존립 기반이 흔들린다고 판단한다.

여성을 집단으로 개념화하지 않으면 체계적이고 구조적인 과정으로서의 억압을 개념화하는 것이 불가능해진다. 개인을 단지 개별자로서만 생각하면 불이익과 배제의 문제, 즉 억압의 문제는 개인의 문제로 환원될 뿐이다. 사회집단으로서의 여성 개념은 페미니즘의 정치적 실천 운동으로서의 특수성을 부여한다. 여성이 개념화되지 못하면 여성을 분열시킴으로써 이익을 얻는 자들의 특권만 강화시켜줄 뿐이다.[46]

따라서 조희원은, 여성 개념의 다원화는 "여성 범주를 해체하는 것이 아니라 젠더 경험 안에 있는 인종, 민족, 계급, 성, 문화에 따르는 다양한 차이와 모순점 등의 복합적인 교차를 이해하고 이론화하는 것"이라고 설명하고 있다.[47] 이런 논의들은 주장의 기본 전제와 의도가 여성 연대의 중요성을 상기하고 있어 논란의 여지가 없다. 횡단의 정치, 연속성으로의 성, 전략적 본질주의, 여성 개념의 다원화라는 언술의 전제와 의도를 통해, 예컨대 특정 시기에 동일한 목표를 설정해 집단행동과 같은 연대를 도모할 수 있다. 그런데 이러한 연대는 여성 연대의 과정에서 발생하는 긴장에 대한 고민이 생략되거나 혹은 단순화되어, 주류 여성주의의 결론적 주장 즉 공통분모로서 여성이라는 집단의 연대라는 당위로 환원되고 만다. 즉 이 논의들에서 연대라는 형식은 선험적으로 주어져 있다. 여기서 "제3세계 페미니즘이 젠더 본질주의에 행하는 비판은, 본질주의자들이 '여성'이라는 범주를 과잉 일반화한다는 것이 아니라 그 일반화가 특권적 여성들의 문제들을 '여성의 문제'로 재현한다는 점에서 패권적이라는 사실을"[48] 상기할 필요가 있다. 또한 제3세계 페미니즘이 제기하는 여성 내부의 인종차별, 계급차별, 엘리트주의 등의 문제가 외부 남성 중심의 가부장제로 인한 억압적 위계만큼이나 중요하다는 것을 간과하고 있다.

실제로 주류 여성주의와 이를 비판하는 제3세계 페미니즘 양측 모두 연대의 중요성을 잘 알고 있다. 그런데 이 연대가 어떻게 가능한가라는 과정의 문제와 연대의 의미에 대해서는 의견이 다르다. 주류 여성주의는, 이 점을 둘러싼 제3세계 페미니즘과의 이견이 가부장제에 대한 방어적이고 선험적·당위적 분모로서의 여성 연대라는 주장으로 무마할 수 없는 긴장이 존재한다는 점을 간과하고 있다. 사회 정체성의 끊임없는 재생산과 재구획은 여성학계 및 여성 간에도 발생하기 때문이다.

다양성과 차이는 모호하고 뚜렷하지 않은 개념인데 백인 여성주의자와 흑인 여성주의자는 이를 다르게 규정한다. 백인 여성주의자는 우리 모두는 여성이고 유사한 성적·젠더적 억압을 겪는다는 사실에 만족하며 인종 간 차이를 축소하길 원한다. 차이의 실재성을 귀찮아하고 인종 간 차이를 말끔하게 처리하려고 한다. 그들은 완벽하고 통일적인 정체성을 원하는 것처럼 보인다. 그러나 그들이 자신들의 유사함을 강조하고자 하는 노력에는 계급과 같은 '또 다른' 차이를 창조하거나 강조하는 것도 있다. 인정받지 못하고 명확하게 처리되지 않은 이 같은 차이가 백인과 흑인 사이의 차이를 더욱 크게 만드는 것이다. 인종, 성별, 계급 '차이'를 지적하고 해부하려는 노력에서, 백인 여성들

은 차이들을 대상화할 뿐 아니라 인종 위계적이고 (……) 관조적 눈길로 차이들을 변화시켜버린다.[49]

바로 앞서 언급한 것처럼, 제3세계 페미니즘은 주류 여성주의자들이 비판하는 연대의 문제를 잘 인지하고 있다. 따라서 샌도벌의 경우처럼 페미니즘 패러다임을 여성의 범주가 아닌 피억압자의 저항의식과 방법론으로 재규정하는 시도도 행해졌다. 중요한 점은 샌도벌이 잘 지적하듯이, "연대가 하나의 전략으로서 효과적인 정치운동임은 부정할 수는 없지만 이것이 많은 방식 중 하나로 이해되기보다 유일하게 정통성을 가진 특권적 전략으로 간주되는 경향은 부당하다"[50]라는 것이다. 이 전략이 사용될 때 외부로부터 여성주의를 방어한다는 더욱 큰 대의명분 속에서 여성 내부의 위계가 지속·재생산되기 때문인데, 제3세계 페미니즘은 바로 이 점을 비판하고 있다. 주류 여성주의에서 언급되는, 과정을 성찰하지 않는 연대는 내부에서의 위계질서가 지속되는 상태에서의 연대를 뜻하기 때문이다. 조희원의 여성 개념의 다원화 설명을 비유하면, 여성을 분열시키지 않음으로써 이익을 얻는 사회집단에는 여성 내부에서 인종과 계급의 위계질서를 재생산하는 특권적 지위의 여성들도 포함되어 있다는 것이다.

1990년대 이후 제3물결의 여성주의 이론의 화두가 '다문화주의'와 '여성 내부의 차이'라는 데서 알 수 있는 것처럼, 주류 여성주의는 제3세계 페미니즘의 핵심 주장인 차이의 인식과 계급, 인종 문제를 소홀하게 다루지 않는다. 그런데 제3세계 페미니즘은 복잡함과 모순성 자체의 규명과 차이의 인정이 중요하다고 봄으로써 반드시 추상적인, 여성이라는 공통 범주로의 환원으로 이어질 필요가 없다고 보는 것이며, 주류 여성주의에서는 모순성 규명과 차이가 인식되더라도 궁극적으로 여성의 범주로 환원할 수밖에 없다는 것이다. 제3세계 페미니즘은 "권력에 대한 지략적, 전략적 반응의 풍부한 자원으로서 차이를 고려함으로써 드러나는 갈등을 관리하고 있다. 기본적으로 차이를 긍정적으로 인식하는 것은 (여성 내의 연대를―인용자) 분리하는 것이 아니기 때문에 차이를 없애려고 할 필요가 없다"[51]라고 주장한다. 주장의 전제는 이러하다.

> 억압에 순위를 매기는 것은 위험하다. 억압을 순전히 이론 수위에서만 다루려는 것도 위험하다. 우리 자신이 겪는 억압의 원천을 감정과 진정성 없이 분석하고, 자신 내·외부에 있는 적을 호명하지 않은 상태에서 억압받는 사회집단 간의 비위계적이고 진정한 연대는 가능하지 않다.[52]

이처럼 제3세계 페미니즘의 핵심은 다양한 억압과 소외의 문제가 여성 억압으로 환원되는 문제점, 감정 없는 기계적 이론화/도식화, 여성 내부의 위계질서 비판으로 요약할 수 있다. 제3세계 페미니즘은 여성 내부에서 행해지는 특권과 차별에 대한 성찰이 이뤄졌을 때 비로소 진정으로 다양한 페미니즘의 공존과 연대가 가능하다고 본다. 또한 차이 자체가 비정상 혹은 열등을 뜻하거나, 분파적이고 파괴적인 힘이 아닌 창조성의 원동력으로 가능하다는 것이다.

부연할 것으로, 구체적으로 설명하지는 않았지만 제3세계 페미니즘은 억압을 설명하는 틀일뿐 아니라 '변혁의 비전'이기도 하다.[53] 또한 『다리』에는 사회과학의 학술논문만이 아닌 편지, 개인 비망록, 수필, 시 등의 다양한 형태로 전개되고 있는데 이 점은 글쓰기 양식 면에서도 시사하는 바가 있다. 이런 비학술적인 글은 "타자의 경험을 접하게 한다는 점에서 흥미로울 수 있으나 철학은 아니라는"[54] 평가를 받기도 한다. 그런데 생존의 욕구와 지식 생산의 관계에서 등장한 시, 증언, 수필, 편지, 비망록 등의 글쓰기 양식은 논리와 객관, 과학, 추상과 이론의 사회과학 학술논문의 한계를 생각해볼 계기가 될 수 있다.

페미니즘은, 여성학계 외부에서는 여성의 관점과 입장이라고 피상적으로 이해되고 있다. 그리고 내부에서는 여성이라는 공통 범주의 해체에 불안해하며, 가부장제에서 남성의 특권이 당연하게 여겨지는 것처럼 여성 내부에서 작동하는 위계질서와 특권에 둔감하다. 나는 여성학계 외부에서 여성의 입장으로 단일하게 이해되는 여성주의 이론'들'의 실재를 밝힘으로써, 지식 생산 자체가 배제와 특권을 포함한 끊임없는 긴장의 과정임을 확인하고, 이 과정에서 제3세계 페미니즘의 여러 문제 제기와 논의는 부차적인 문제라거나 묵인의 대상(묵인한다고 해도 큰 영향력이 없다고 여기기 때문에)으로서 근본적

인 성찰보다는 포용해야 할 대상으로 여기는 사고의 문제점도 살펴
고 싶었다.

> 이 사회가 허용하는 (정상적인—인용자) 여성 범위 밖에 있는 우리, 차
> 이의 고리에 놓인 우리는, 생존이 (단순히—인용자) 학문적 기술이 아니
> 라는 것을 알고 있다. 이는 홀로 서고, 그렇게 대중적이지도 않고 때
> 론 욕설 듣는 법을 배우는 것이다. 그리고 우리 모두가 번영할 수 있
> 는 세계가 어떤 곳인가를 찾고 추구하기 위해, 우리를 외부자라고 부
> 르는 이들과 공통의 대의를 만드는 방법을 익히는 것이다. 차이를 다
> 루고 그 차이를 힘으로 만드는 방법을 배우는 것이다. **왜냐하면 주인**
> **의 도구로는 결코 주인의 집을 부술 수 없기 때문이다.** 그 도구들은 우
> 리들이 남성의 게임에서 남성을 패배시키는 것을 일시적으로 허용하
> 지만, 진정한 변화를 만들도록 하지는 않는다. 여전히 주인의 집을 조
> 력의 유일한 자원으로 생각하는 이들에게 이는 위협적인 것이다(강조
> 는 원문).[55]

여성학계에서 자주 거론되는 위 인용문은 적지 않은 오해도 불
러일으킨, 미국 흑인 여성주의자 오드리 로드(Audre Lorde)의 「주인의
도구로는 결코 주인의 집을 허물 수 없다(The Master's Tools Will Never
Dismantle the Master's House)」의 일부이다. 이 논문은 언뜻 보이는 언술
의 과격성으로 비판과 환호를 동시에 받았는데, 가부장적 사회에서
규정된 외부자의 힘듦, 여성학계 안팎의 비판을 염두에 두고 이를 변

혁하고자 할 때 생기는 이중적 부담감, 그럼에도 변혁의 가능성을 여전히 고민하고 대안을 끌어내는 의지가 보인다. 그런데 이 인용문을 독해하는 데서 간과되는 한 지점이 있다. 글에서 주되게 비판하는 대상에는 가부장제뿐 아니라 계급·인종·민족 등의 변수에 의한 존재론적 공모를 통해 기존 체계 내에서 특권을 유지하는 백인 중산계층 여성들도 포함된다는 점이다.

여러 형태로 작동하는 남성 중심의 가부장제에 대한 비판뿐 아니라 주류 여성주의 내부 및 여성 간 특권과 배제를 분별하는 일이 중요한 이유는, 그러한 분별이 페미니즘이 어떤 가치를, 어떻게, 누구를 위해 도모할 것인가라는 근원적이며 논쟁적인 질문을 새롭게 설정하는 한 방향이 될 수 있기 때문이다.

4장
사회 분석의 범주, 젠더

정치학과 페미니즘

한국 학계에서 페미니즘은 더 이상 여성학 전공의 소수 여성학자들에 의해서만 진행되지 않는다. 역사학, 국문학, 인류학, 정치학, 사회학 등 여러 분과에서 젠더정치 연구자들이 급증했다. 연구자들은 자신의 전공 내 지적 전통과 갈등하거나 포섭되며, 혹은 저항 및 대안을 모색하면서 페미니즘의 내용을 심화하고 외연을 확장하고 있다. 정치학 내에서도 마찬가지인데 이때 다음과 같은 복잡한 상황들이 발생한다.

나는 젠더정치를 전공하지 않았는데 여자라고(과에서 유일하게 여성 교수자이기 때문에—인용자) 젠더정치를 강의해야 해요, 정말 하기 싫어요.

젠더가 무엇인지 모르는, 보편적 무지가 우리 젠더정치 연구자들이 하고 있는 연구에 대한 오해를 불러일으킨다. 많은 사람은 젠더를 공부한다는 것의 의미를 잘 모른다. 젠더라고 말하면 여성, 섹슈얼리티, 여성주의 이론, 인식론적 입장 또는 정치운동이라고 생각한다. 이런 잘못된 인식이 우리의 연구를 소외시키고 우리의 출판과 승진에 어려움을 초래한다.[1]

전자는 한국인 여성 정치학자와 나눈 대화의 일부이며, 후자는 말라 흐툰(Mala Htun)이라는 정치학자가 한 학술대회에서 미국 정치학계의 젠더정치[2] 연구 상황을 언급한 부분이다. 앞 대화에서는 정치학계에서 여성 정치학자가 페미니즘을 강의하는 것에 대한 두려움과 불만, 페미니즘 자체에 대한 경계심, 자신은 페미니스트가 아니라 정치학자이고자 하는 열망을 볼 수 있다. 더 나아가 '여성' 교수자라면 젠더정치 강의가 누구나 '특별한 노력 없이 자연스럽게' 가능할 것이라는 매우 조야한 젠더정치 인식도 읽을 수 있다. 그리고 후자의 젠더정치 연구를 둘러싼 열악한 상황은 한국 정치학계에서도 유사하게 나타난다. 한국에서 여성주의는 여성학과가 개설되고 관련 과목이 교양과목으로 강좌가 확대되는 등 제도적 안착이 이루어졌고 이론적 논의 또한 많은 발전을 이뤘지만, 정치학계에서 젠더정치 연구를 이해하는 수위가 조야하다는 점은 부인할 수 없다.[3]

기존 정치학은 제도적 수준에서의 통치 행위로 이해되고 예컨대 한국정치, 국제정치, 비교정치, 정치사상을 기본 틀로 하는 전통적 분과 양태가 제도화되어 있어서 젠더정치 자체를 상상하기 어렵다. 따라서 사회현상에 내재된 젠더 역학을 이해하는 것이 과연 정치, 정치학과 무슨 관계가 있는가라는 근본적인 회의가 팽배하다. 또 그 존재가 인정될 때, 젠더정치는 "성을 정치적 실존의 주요 변수로 하여 인간의 본성, 권력, 리더십, 정치의식과 문화, 정치사회화, 의사결정 과정, 정책, 정치체제, 이념, 국가의 발전, 국제관계 등의 정치적 개념들을 새로이 정립해가려는 학문"[4]으로 정의된다. 이런 정의를 바탕으로 나타나는 구체적인 연구 형태가 여성을 독립적 정치행위자로 설명하는 연구나 공적 영역의 장에서 이뤄지는 성차(gender gap)와 관련한 연구들이다. 그리고 젠더정치는 인식과 분석의 출발점이 성변수와 성 인지이며, 제반 정치적 영역과 개념에 여성의 지위나 여성주의 관점이 추가되어 정치학 지식의 지평을 확장했다고 평가된다. 그러나 이는 젠더정치를 매우 제한되게 인식하는 것이며, 대중적으로는 젠더정치에 대한 보편적인 오해와 용어 혼용이 지속되는 채로 젠더정치의 의미 규명과 방법에 관한 논의가 지극히 부족하다.

현재 여성학계에서든 정치학에서 논의되는 젠더정치 연구에서든 인식과 분석의 중심어는 '젠더(gender)'이다.[5] 사회과학계에서 '젠더'라는 용어는 1990년대 이래 여성이나 양성 간의 차이, 혹은 남녀에게 다르게 부과되는 사회질서를 뜻하면서 사회 분석의 범주로 인식되어 일상적으로 통용되기 시작했다.[6] 젠더를 사회현상의 분석 범주로서 확인한 선구적인 이가 미국의 여성주의 역사학자 조앤 W. 스콧(Joan W. Scott)이다. 스콧은 「젠더: 역사 분석의 유용한 범주(Gender: A Useful Category of Historical Analysis)」에서 젠더를 양성 간의 차이에 바탕을 둔 사회적 관계를 구성하는 요소로 정의하고 젠더가 역사 분석의 유용한 범주임을 역설한다. 스콧의 논문은 본래 1986년 저널 《미국 역사학 리뷰(The American Historical Review)》에 발표되었고, 그녀의 1999년 저서 『젠더와 역사의 정치학(Gender and the Politics of History)』에 포함되었다. 스콧은 그 글에서 젠더, 여성, 권력, 역사를 중심어로 어떻게 역사를 기록해야 하는가를 질문한다. 기존의 여성주의 역사 쓰기가 남성의 역사를 중심으로 여성의 역사를 첨가하는 수준에 머물러 있음을 비판하고, 역사학의 일반적 방법인 단순 서술이 아닌 설명과 이론을 추구해야 한다는 방법론적 제안을 했다.

그런데 사회과학계 전반에 걸쳐 젠더라는 용어가 일상적으로 통용되고 스콧의 그 주장이 국내외에서 적지 않은 영향력을 발휘하고 있지만, 여전히 '여성의 입장'과 혼용되면서 '사회관계를 구성하는 요소', '사회현상에 구조적으로 작동하는 젠더 위계', 방법 측면에서 '분석적 범주로서 젠더'의 의미가 타당하게 이해되고 있지 않다.[7] 젠더정치에 대한 뿌리 깊은 몰이해와 오해, 편견이 자리 잡고 있기 때문인데, 나는 그 원인과 함께 젠더정치 연구가 여성의 입장과 주장이라는 조야한 이해가 아닌 사회현상에 내재된 구조적으로 작동하는 젠더 역학을 밝히는 과정임을 명확히 하고자 한다. 아울러 젠더정치가 사회현상에 대한 변혁적 인식의 틀을 제공한 성과들을 구체적으로 소개함으로써 젠더정치의 성격과 특징을 살펴볼 것이다.

근본적인 질문:
'성 변수'로부터 피억압자의 경험과 지식으로

젠더정치는 성 변수, 성 인지, 여성의 입장/인식과 불가분의 관계에 있는가? 젠더정치는 어느 지점에서 여성의 관점이라는 기존의 여성주의 이해와 그 맥을 같이하고 어느 지점에서 달라지는가? 무엇보다도, 왜 그토록 젠더정치는 분석 범주라기보다 성 변수와 성 인지로 협소하게 이해되는가? 이를 명확히 하는 작업은 젠더 변수를 통한 분석의 의미와 방법에 대한 이해를 돕는 기본적 과정이라 할 수 있다. 또한 젠더정치는 사회 전반에 걸친 여성주의 폄하와 여성학계 내부에서의 이론적 긴장과도 관련이 있는 만큼 이를 규명하는 것이 필요하다.

나는 젠더 변수가 갖는 친밀함(intimacy)의 속성, 젠더 본질주의, 여성주의 지식의 주관성 문제를 차례로 설명하고, 더 나아가 젠더정치 인식의 근본적 질문을 '여성의 입장'에서 '피억압자의 경험과 지식'의 문제로 전환할 것을 제안한다. 이를 통해 젠더 변수를 사회관계와 정치 현상에서 피억압의 경험을 구성하는 중요한 '한' 특성으로 인식하되 궁극적 요소로 환원하지 않고, 지식 생산에서 피억압자의 경험이 왜 중요한가라는 인식론의 문제를 생각해보고자 한다.

먼저 젠더가 사회 분석의 범주로서 이해되지 않는 데는 다음의 세 원인이 동시에 작동하고 있다고 본다. 첫째, 젠더정치를 자연화된 생물학적 다름에 기인하는 성차 연구나 '(심리적) 정체성'에 관한 연구로 이해하는 경향 때문이다. 이는 여성주의에 대한 통념인데 여성과 젠더 연구를 부차적이고 제도적 수준과 무관한 것으로 인식하게 하는 원인 중 하나이다. 낸시 번스(Nancy Burns)는 이를 인종 개념과 비교해 설명한다.

젠더는 인종 개념보다 더 잘 보이는 것 같지만 동시에 더 안 보이는 개념이기도 하다. 대개 미국인들은 인종 문제보다는 젠더 문제에 대해 본질주의적 주장을 서슴지 않고 (그 주장에—인용자) 편안해한다. 성의 구분으로 이해되는 젠더가 인종보다 '자연스러운 개념으로' 생각되어 문제 제기를 덜 하기 때문이다. 또한 성의 위계가 직장, 가족, 학교, 종교 기관과 같은 다양한 제도적 공간에서 매우 작은 이익의 미묘한 축적을 통해 이뤄지기 때문에 잘 보이지 않는 것처럼 생각된다.[8]

이처럼 젠더의 자연화된 위계질서와 사회적 관계 및 제도에서 작동하는 젠더의 '친밀함'이 갖는 속성은 개인이 겪는 경험에서 드러나는 구조와의 필연적 연관성에 대한 분석을 어렵게 한다. 즉 "젠더 위계는, 다른 위계질서처럼 체계적 폭력으로 드러나기보다는 매우 미묘한 방식으로 작동한다. 심리적 위협, 강제, 순종 (……) 등으로 나타나는데 이런 위계의 성격이 (억압적—인용자) 경험을 사소한 것으로 만든다. 이 때문에 사람들은 젠더 위계를 (……) 거대 구조의 산물보다는 개인적·개별적 환경의 산물로 이해하려 한다."[9] 이 이해는 젠더를 개인 수준의 심리적 '정체성'으로 생각하는 경향과도 밀접한 관계가 있는데, 젠더는 개인의 생물학적 차이로 구성되는 정체성이 아니라 "일련의 사회 규범, 실천, 편견, 제도를 뜻하는 것으로 사회적 관계, 지위이자 사회구조의 문제이다."[10] 이는 젠더를 사회 분석의 범주로 이해하는 전제 사항이며, 사사로운 것으로 치부되는 경험의 구조적 속성을 파악하는 일이 젠더정치 연구자들의 중요한 과제임을 다시 한 번 상기시킨다.

둘째, 젠더정치가 젠더 본질주의로 환원되는 경향 때문이다. 젠더 본질주의는 젠더가 (사회적 구성물로 이해되든, 생물학적 성으로 이해되든, 혹은 양자의 결합으로 이해되든) 여성의 경험과 억압을 구성하는 가장 중요한 특징이자 여성에게 가해지는 억압과 차별의 근본적 원인이라는 주장이다. 또한 젠더가 인종·계급·민족 등 다른 사회적 관계의 구성요소보다 근본적이며 가장 중요하다는 주장을 내포하고 있다. 젠더정치가 젠더 본질주의로 이해되는 것 역시 기존 여성주의에 대한 대표적인 통념 중 하나인데, 이는 여성학계 외부의 몰이해뿐만 아니라 여성학계 내부의 상황에서도 그 원인을 찾을 수 있다. 즉 젠더정치가 매우 쉽게 젠더 본질주의로 이해되는 경향은 여성주의 이론의 역사에서 서구 백인 중산계층 여성 주도의 자유주의 페미니즘이 지배적이라는 상황과 무관하지 않다. 자유주의 페미니즘의 핵심은 여성도 자유롭고 이성적인 존재로서 남성과 동등한 권리와 자유를 획득해야 한다는 것이다. 3장에서 살펴본 것처럼, 여성학계 외부에서 여성주의는 성과 여성의 관점을 중심어로 한 단일한 이론으로 여겨지지만, 내부에서는 다양한 이론이 존재하며 각축을 벌이고 있다. 양성의 평등을 주장하는 자유주의 페미니즘 이외에도 계급의 중요성을 강조하는 마르크스주의 페미니즘, 여성적 가치의 우월성을 강조하는 급진적·문화적 페미니즘 등이 있다. 이 이론들은 각각 자유주의 페미니즘이 여성들을 인종과 계급 배경 등 다양성을 간과한 채 추상적 여성으로 그 범주를 단일화한다고 비판하고, 열등하게 여겨지는 여성적 가치가 실제로 우월하므로 여성과 남성의 동일시(평등의 요구)가 아닌 차이의 인정을 추구해야 한다고 주장하기도 한다.[11]

그럼에도 남녀의 성차나 양성 간의 평등과 여성의 권리 추구를 주장하는 자유주의 페미니즘이 여전히 보편적 여성주의 이론으로 이해되고 있다. 따라서 그 지배적 지위는 젠더정치를 성이나 성차를 중심어로 한 인식론으로 이해하는 경향과 젠더 본질주의로 환원케 하는 결과를 초래하고 있다. 다시 말해 젠더정치를 젠더가 일상적 수준과 제도적 수준의 정치 현상에서 호명·작동되는 원리를 밝히는 것이라기보다, 소외된 여성의 지위와 목소리나 여성에게 가해지는 폭력을 드러내고 남성과의 동등한 지위를 확보하기 위한 이론과 운동이라는 조야한 이해를 팽배케 하는 것이다. 그런데 젠더 본질주의는 여성학계 외부에서뿐 아니라 내부에서도 여러 비판에 직면하고 있다. 우선 성을 중심으로 하는 권력관계의 복잡한 과정 및 변화와 관련된 논의를 전개하지 못한다는 방법론적 비판을 면하기 어렵다. 또한 이미 이론적으로 제3세계 페미니즘이 자유주의 페미니즘과 젠더 본질주의를 서구 백인 중산계층 여성의 경험을 배경으로 하는 이론이라고 비판하며, 젠더는 여성의 경험을 규정하고 사회현상을 설명키 위한 본질적이고 근본적인 요소라기보다는 인종·계급·민족 등 다른 사회 권력 범주들과 불가분의 상호작용 속에서 작동한다고 주장한다(3장 참조). 젠더 본질주의는 이런 논쟁 속에서 이후 구체적으로 살펴볼 제3세계 페미니즘의 교차성 이론에 의해 극복되고 있다.[12]

셋째, 인식론의 문제로서 여성의 입장에 근거한 여성주의 지식은 객관적 지식 생산이 불가능하다는 근본적 회의와 불신을 들 수 있다. 이 회의와 불신에 대해 여성주의 연구자들은 주관과 객관의 이분법을 비판하거나 과학 개념 자체를 재규정하면서 대응한다.[13] 나는 이 문제를 다른 방식으로 접근하고자 하는데, '여성' 범주를 통한 인식론적 논쟁 자체보다 '피억압자, 억눌린 자'의 인식론과 방법론을 통해 설명하고자 한다. 이 접근이 여성주의 철학자들의 인식론 논쟁과 무관하다고 할 수 없지만 젠더정치 인식의 출발점을 '여성'이나 '여성의 관점'이 아닌 '피억압자의 경험'에 놓고 그 중심 개념을 전환시킴으로써, 앞서 살펴본 젠더 본질주의의 한계를 극복하는 또 다른 방법을 제공할 수 있기 때문이다. 기존 연구에서 경험과 지식 생산의 관계와 관련한 질문들은 다음과 같다. 여성의 부분적·주관적 경험이 사회과학의 객관적·보편적 지식을 생산할 수 있는가? 경험이 지식 생산의 자원이 되는가? 사회적 약자나 주변부 사회집단의 경험이 더욱 타당하고 옳은, 그리고 객관적 지식을 생산하는가?

여성학계에서 경험과 관련한 논의는 '객관적 지식으로 가정된' 남성 경험의 기술과 역사인 보편주의 지식을 비판하는 과정에서 발전했다. 즉 여성학이라는 학문이, 보편적 인간이 아닌 여성의 관점과 경험에서 출발한 것이기 때문에, 부분적·주관적·상대주의적 지식을 생산한다는 비판과 여성주의자들이 그것을 반론하는 과정으로 진행되어왔다. 대체로 여성주의 학자들은 기존의 보편적·절대적이라 주장해온 지식들을 '남성의' '주관적' 지식이라고 비판하면서 지식과 경험의 개념 자체에 문제를 제기하고 있다.[14] 논의의 핵심은 경험이 지식의 원천이 될 수 있는가, 경험론적 분석이 피억압자의 인식론적 특권을 전제로 더욱 진실하고 객관적일 수 있는가 등이다. 나는 일군의 연구자가 주장하는 것처럼, 본질적으로 주관적이기 때문에 객관적이고 보편적인 지식을 창출할 수 없다고 여겨지는 '경험'이 여성이라는 범주—'항상 계급 위계적이고 인종 위계적이며 각기 시공간에 걸친 투쟁과 권력관계를 통해 생산되는 범주'—를 어떻게 만들어가는가를 이해하는 한 방식으로서 지식 생산의 자원이 될 수 있다고 주장한다.[15] 나아가 종속된 처지와 지위가 더욱 타당한 지식의 자원 즉 피억압자의 인식론적 특권(the epistemological privilege of the oppressed)을 가진다고 본다. 구체적으로 경험과 지식 생산의 관계를 살펴보자.

경험은 개인적으로 어떤 특별한 사건이나 상황을 목도하거나, 마주하거나 혹은 겪는 것을 뜻한다. 이 정의에서 경험은 인정하건대 주관적이다. 경험들은 외부의 사건들이 아니다. 외부 사건들은 그저 단순하게 발생하는 게 아니라 우리에게 일어나는 것이다. 그리고 외부 사건을 '경험'으로 만드는 것은 그 사건에 대해 이론적으로 중재된 해석(theoretically mediated interpretation)이다. 우리 경험에 부여하는 의미들은 우리가 세계를 보는 이데올로기와 이론들에 의해 조건 지어진다. 다시 말해 개인의 경험은 한 사회에서 개인의 사회적 처지·위치에 의해 대체로 결정된다.[16]

경험이 본래 갖고 있는 이런 주관적 성격 때문에 여성/남성은 이미 여성으로서의/남성으로서의 사회적으로 구성된 다른 경험을 통해 자신(의 정체성)을 구성해간다. 따라서 보편성을 추구하는 연구자들이 아무리 이를 배제하고자 하더라도 이미 주관적 경험 세계에 따른 주관적 현상과 인식 및 해석을 배제할 수 없게 된다. 그런데 이 주관적 특성은 경험하는 사회에서 주체를 구성하는 차이를 '설명하는 한 방법'이라기보다 차이의 '증거'로만 간주되기도 한다.[17] 이 지점에서 경험이, 사건의 발생이나 개인의 주관 자체(이 또한 항상 유동적인 것인데)라기보다는 세계와 개인의 일상적·유동적 상호작용이며 일어난 일의 '이론적으로 중재된 해석'이라는 사실이 중요한 문제로 대두된다. 여성으로서 성차별을 겪기 때문에 여성이 다른 여성과의 동일시와 연계(association)를 통해 여성주의 의식을 갖거나 여성주의자가 되지 않는 것과 마찬가지로, 억압을 겪는다는 사실 자체가 더욱 타당한 지식, 지혜, 분석으로 '곧바로' 연결되는 것은 아니다. 따라서 어떤 입장과 주장을 견지하거나 특정 사회현상을 이해하기 위해 반드시 체험이 필요한 것은 아니다.

종속된 경험과 처지가 더 타당한 지식을 생산하고 인식론적 특권을 갖는다는 것 또한 같은 맥락에서 이해할 수 있다. 특정한 정체성을 가진 사회집단이 정치적으로 더욱 진보적일 수 있고 분석적으로 더욱 사실적일 수 있다는 주장은, 단순한 규범적 주장이 아니다.[18] 우선 이 주장은 한 사회에서 특정 사회집단의 종속적 경험과 처지가, 예를 들어 어떻게 인종·계급·젠더의 위계가 기존의 권력관계를 재/생산하는가를 이해할 수 있는 정보를 제공해준다는 의미를 내포하고 있다. 또한 인식론적 특권을 주장하는 것이 사회적 지위, 정체성과 지식 생산의 무조건적 연관성을 의미하는 것이 아니며, '경험의 해석'을 통해 역사적으로 다양하고 매개적인 연관성이 있음을 함의하고 있다.[19] 경험, 사회적 지위, 정체성, 지식 생산에 대한 도나 해러웨이(Donna Haraway)의 다음 언술이 이를 잘 설명해준다.

> 비록 여성들이 종속된 지식의 위대한 특성을 '자연적으로' 갖고 있다고 할지라도 아래로부터 본다는 것은 쉽게 배울 수 있다거나 논쟁의 여지가 전혀 없는 것이 아니다. 종속의 처지가 비판적 검토와 해체, 해석으로부터 자유로울 수는 없다. 종속은 존재(ontology)의 근거가 아니라 비전을 주는 단서이다. 비전은 비전의 도구를 필요로 하고 그 도구가 입장의 정치(the politics of position)이다. 비전의 도구들은 입장들을 숙고하게 한다. 종속의 입장으로부터 즉각적인 비전이란 있을 수 없다. 정체성은 과학을 생산하지 않는다. 비판적 지위가 과학을 생산하며 그것이 객관성이다.[20]

이때 비판적 지위/입장이 과학을 생산하며 비판적 지위/입장이 객관성을 갖는다는 인식론적 주장을 위해 분석과 경험 해석의 중요성이 다시 한 번 강조되어야 한다. 여성에 가해지는 억압을 폭로하고 여성의 역사를 추가하여 서술하는 것이 아닌 설명과 분석이 되기 위해서는, 예컨대 개인의 경험이 어떻게 구조적 속성에 의해 결정되는가라는 과정을 천착하는 것이 필요하고, 여성의 삶을 이해하고자 할 때 젠더·인종·계급 변수 등의 복잡함 및 모순과 관련한 설명이 뒷받침되어야 한다.

인식론 측면에서 젠더정치의 근본적 질문을 여성의 입장과 성인지가 아닌 피억압자의 경험과 인식론적 특권으로 전개할 것을 제안하는 것은, 젠더정치가 비단 성 변수의 문제가 아님을 밝혀줄 뿐 아니라 아래에서 살펴볼 교차성 이론을 이해하는 실마리가 되기도 한다.

분석 사례:
민족국가와 젠더, 억압과 저항, 교차성 이론

미국 정치학계에서 '여성과 정치'가 세부 전공으로 제도화된 것은 대략 30여 년 전이고, 초기 젠더정치 연구자들은 제도적 수준의 정치 체제를 주제로 한 경험적 연구(투표, 정당 선호도에서 나타나는 성차 연구 등)에 집중했으며 점차 기존 정치 개념과 담론을 비판, 재구성, 창조하는 작업을 진행해왔다.[21] 구체적으로 방법 면에서는 폭로, 끼위 넣기, 재구성의 방식으로 요약할 수 있고, 내용 면에서는 가장 대중적인 연구 경향으로서 여성의 억압적 상황을 폭로하거나 여성의 경험과 역사를 발굴해 남성의 역사와 견주는 경향을 들 수 있다. 또한 "남성과 여성에게 다르게 미치는 구조와 정책들의 영향들을 살피는 작업을 비롯해,"[22] 중립적·몰성적으로 이해되는 정치 현상들에 내재하는 젠더 위계의 속성을 파악하는 작업을 포함하고 있다. 각 세부 분과에서 많은 연구자가 이론의 발전을 도모해왔다. 예컨대 여성주의 사상가들은 1970년대 이래 권위적 사상가들의 사고나 저작이 어떻게 남성 중심적이며 남성의 역사를 보편적 역사로 규정하고 있는가를 밝히기 시작했다. 더 나아가 권력, 민주주의, 정의, 자유 등의 개념 자체를 재규정하는 작업을 전개하고 있다.[23]

그런데 이런 방법과 내용의 부침 속에서 젠더정치 연구가 양적·질적으로 성장했음에도, 여성을 독립적 정치행위자로 설명하는 연구나 공적 영역에서 나타나는 성차 연구로 젠더정치를 이해하는 경향이 여전히 지배적이고, 폭로와 끼워 넣기 방법이 주되게 활용되고 있다.[24] 언급했듯이 젠더는 "일련의 사회규범, 실천, 편견, 제도를 뜻하는 사회적 관계, 지위이자 사회구조의 문제이다."[25] 따라서 젠더정치 연구는 성 변수와 성 인지 자체, 성차 연구, 여성을 독립적인 정치 행위자로 등장시킨 연구들에 국한되지 않고 사회제도, 정치 현상, 행태들에서 사회적 관계로서 작동하는 젠더(위계)의 속성과 복잡함을 설명·분석하는 연구를 뜻한다. 젠더정치 연구가 성 인지나 성 변수가 아닌 사회적 관계로서 작동하는 젠더의 속성을 분석한다는 것의 의미와 젠더정치의 문제 제기 및 분석의 함의를 몇몇 이론적 성과를 통해 살펴보자.

우선 사회적 관계이자 분석의 범주로서 젠더의 의미와 방식을 효과적으로 살펴보기 위해 정치학자 캐런 베크위스(Karen Beckwith)의 정치운동 연구를 예시로 들고자 한다. 그녀는 「정치운동에서의 여성, 젠더, 비폭력(Women, Gender and Non-Violence in Political Movement)」에서 1989~1990년 미국의 광산회사인 피트슨 석탄회사(Pittson Coal Company)를 상대로 한 미국광산노동자연합(United Mine Workers of America, 이하 UMWA)의 파업을 사례로 들어 운동 과정에서 폭력/비폭력이 어떻게 젠더화하는가를 살피고 있다. UMWA는 장애인과 퇴직한 광부들에게 건강보험료 지급이 중단되는 등의 문제로 파업을 시작하게 되었다. 당시 파업에는 기존 파업 양상과 달리 여성 광부뿐만 아니라 광산 공동체 내 일반 여성들 또한 대거 참여했고, 비폭력 전략들이 전체 운동의 주요 방법으로 활용되었다. 즉 이전의 UMWA 지도부는 폭력적 방법을 사용하기도 했지만 1989년 파업 당시에는 일부 여성들에 의해 비폭력적으로 이루어진 본부 점거 농성의 성과 이래 연좌시위, 피케팅 등의 비폭력 전략을 적극적으로 수용하게 되었다.

비폭력 집단행동은 미국의 흑인 시민운동이나 인도 마하트마 간디(Mahatma Gandhi)의 사티아그라하(Satyāgraha, 진리의 힘)를 통한 민족주의 운동에서 볼 수 있는 것처럼, 여성의 정치운동에만 연관된 것이 아니다. 그럼에도 여성의 집단행동에서 수용되는 비폭력 전략은 여성적 가치로 본질화되어 이해되는 경향이 있다. 구체적으로 한편에서 여성은 남성에 비해 비폭력적으로 사회화되었고 이는 여성이 남성보다 정치적 폭력에 노출된 경험이 더욱 많았기 때문이라거나, 역사적으로 여성이 남성보다 비폭력 운동에 더 친화적이라는 주장이 있다. 다른 한편에서 여성은 강제와 폭력적 수단을 경계하는, 남성과 다른 도덕 발달 과정이 있고 여성적 가치(돌봄과 모성)가 여성으로 하여금 비폭력 전략을 선택하게 한다는 주장이 있다.[26] 베크위스는 이와 같은 사회운동, 젠더, 비/폭력적 집단행동에 대한 대표적인 이해, 즉 여성적 가치의 본질적 특성으로 비폭력 집단행동을 설명하는 연구들을 비판하고, 운동 지도부와 참여 구성원 등에 따른 파업 전반의 협상 과정, 동원, 전략 구사의 면에서 비폭력의 젠더화된 운동 양식이 활용됨을 주장한다. 베크위스는 UMWA 노동운동에서 비폭력 집단행동이 수행되었던 것은 파업 지도부가 강압적 수단을 반대했을 뿐 아니라 지도부들의 참가 구성원들에 대한 젠더화된 이해(여성과 자녀들을 보호하기 위한 전략으로서 비폭력적 수단을 선호)와 일반 여성들의 참여와 남녀 광부 모두를 동원하기 위한 전략이 결합된 것이라고 파악한다.

　　많은 연구 중에서 이 글을 예시하는 이유는, 우선 이 연구가 본질적인 여성적 가치로 정치 현상을 설명하는 생물학적 결정론과 젠더 본질주의를 재생산하는 연구 경향을 탈피하고 있기 때문이다. 또 다른 측면에서 이 연구는 여성만이 참여하고 주도하는 여성운동의 범위를 넓혀 정치운동의 장에서 젠더와 비폭력의 관계를 살펴봄으로써 사회과정으로서 젠더의 작동을 잘 설명하기 때문이다. 즉 이 연구는 여성 행위자만의 여성운동 역사와 경험을 드러내는 남녀 분리적 연구 경향을 벗어나 정치운동 일반의 물리적·담론적 수위에서 작동하는 젠더 관계 및 효과를 잘 밝히고 있다. 분석의 초점이 동일하지 않기 때문에 내가 분리적 연구라고 표현한 '여성 행위자만의 여성운동'의 경험과 역사 기록이 젠더정치 연구 범위에 속하지 않는다거나 제한적인 것이라고 비판할 수는 없다. 그러나 이 연구가 보여주듯, 여성 행위자만의 여성운동에 대한 연구가 여성과 젠더의 속성을 더욱 잘 볼 수 있다는 (혹은 보인다는) 일반적 인식과 달리, 실제로 여성들이 다양하게 참가하는 양성이 모두 참가한 정치운동으로 연구 범위를 확대한 경우 젠더 관계의 속성을 더욱 명료하게 파악할 수 있음을 알 수 있다.

이외에도 세부 전공과 연구자에 따라 젠더 변수의 분석적 함의를 보이는 연구들은 많이 찾아볼 수 있다. 나는 여기서 추상 수위를 한 단계 더 높여 정치 현상에 '근본적인 문제 제기'를 다루고 있는 이론적 쟁점 몇 가지를 살펴보고자 한다. 방법 면에서 여성의 경험과 역사를 드러내는 연구가 아닌 분석, 과정, 제도로서 젠더의 속성을 밝히거나 젠더 본질주의를 극복하고 있는 이론에 주목할 것이다. 이를 통해 젠더정치의 이론적 특징을 살피고자 하는데, 범위와 주제가 방대하기 때문에 언급할 가치가 높되 내게 익숙한 다음의 주제들 즉 민족국가와 젠더의 관계, 범주의 정치 중 억압과 저항의 이분법에 대한 문제 제기, 교차성 이론을 설명하고자 한다.

첫째, 여성학계에서 민족국가와 젠더의 연관성(가부장적 속성) 연구들은 1990년대 이래 활발하게 이뤄지고 있다. 이 주제와 관련한 기존의 연구는 양자의 상관성에 대한 이론적 탐색에서부터 운동으로서의 민족주의와 여성주의의 관계, 민족국가 재생산에서 여성의 역할 및 가부장적 성격을 비판하는 데까지 이르고 있다. 이를 중심으로 여러 국가의 사례연구가 풍부하게 제시되고 있다.[27]

한국의 경우 일레인 김과 최정무가 편집한 『위험한 여성: 젠더와 한국의 민족주의』에 여러 쟁점을 통해 민족주의와 젠더의 관계가 설명되어 있는데, 그중에서 양현아는 일제강점기 위안부 문제를 다루고 있다. 그녀는 「한국인 '군 위안부'를 기억한다는 것」에서 1990년대 초반 일본군 위안부 문제가 반세기의 침묵에서 깨어나자마자 어떻게 남성 중심의 민족주의 담론으로 포섭되었는가를 설명한다. 우선 오랜 기간 그 주제가 활발하게 다뤄지지 않았던 것은 일본 정부와 수치심에 기인한 여성들의 침묵에서 비롯했을 뿐 아니라 한국 정부의 체계적인 무관심 때문이었음을 지적하고, 한국 민족주의 담론이 일본과 한국의 정체성을 각각 가해자와 희생자로 확립해가는 과정에서 어떻게 가부장적 이데올로기가 전제·동원되고 있는가를 밝히고 있다. 그녀가 검토하는 신문들에서 등장하는 민족의 수치, 국민의 자존심, 순결, 정조 등의 대표적인 언술에서 알 수 있듯이, 민족과 국가로 표상되는 남성 주체와 한국 남성에게 소속되어야 하는 한국 여성의 성과 순결 이데올로기가 작동하고 있음을 분석한다. 이를 통해 그녀는 '군 위안부' 문제를 둘러싼 한국의 민족주의 담론은 결국 한국 남성 대 일본 남성 간의 대화이며 주체로서의 여성은 실종되었다고 비판한다. 한편 실라 미요시 야거(Sheila Miyoshi Jager)는 「여성, 저항, 그리고 분단국(Women, Resistance and the Divided Nation)」에서 1980년대 이후 한국의 대학생들과 진보 진영 지식인들에 의해 전개된 통일운동에서 어떻게 젠더 위계가 작동하는가를 설명하고 있다. 그녀는 '어머니 조국'과 같은 구호와 이성애적 결혼으로 표현되는 남북통일담론에 문제를 제기한다. 1980년 5 · 18광주민주항쟁 이후 새롭게 등장한 민족주의 담론은, 분단은 서구에 의해 강제된 부자연스러운 것으로서 한국 민족의 생존, 번영, 정체성을 위협한다는 인식을 토대로하는 통일 담론을 생산했다. 이때 통일은 남편과 아내의 관계로 비유되곤 했는데, 야거는 이런 표현은 유교 전통의 여성적 가치(결혼, 여기서 확장하여 민족 통일은 부재한 남편을 기다리고 다른 민족 구성원, 다른 남자의 접근에 저항하는 여성의 덕)가 재생산된 것이라고 분석한다. 자연스럽게 남녀의 결합, 남편과 아내의 결혼으로 비유된 통일 담론을 다룬 야거의 연구는 "가정 내에서 남성의 지배가 당연하다는 것이 국가적 위계질서 속으로 전이됨으로써 국가와 가족이 유기적 관계를 형성하는 과정"[28]을 잘 보여준 사례연구라고 할 수 있다.

민족국가의 젠더적 속성을 밝힌 연구들은 크게 두 함의가 있다. 하나는 중립적 개념인 민족국가 자체가 (담론 수준이든 물리적 수준이든) 젠더 위계, 가부장제 원리 속에서 작동하고 재생산되고 있음을 밝힘으로써 남성 중심의 민족국가 개념을 비판하고 있다는 점이다.[29] 다른 하나는 외부의 적을 상정한 민족이라는 집단적 정체성이 다른 사회적 모순이나 정체성보다 중요하고 근본적인 요소로 간주되면서 민족 내부의 다양한 모순들(계급, 젠더)이 간과되었음을 지적하고 있다는 점이다.

둘째, 범주의 정치에 대한 문제 제기이다. 범주의 정치는 사회생활에서 거의 무의식적으로 자연스럽게 받아들여지는 이분법적 사고와 행위라고 말할 수 있다. 개인적인 것과 정치적인 것의 구별에서부터, 식민과 피식민, 제1세계와 제3세계, 이론과 실천, 사적 영역과 공적 영역, 억압과 저항, 사회와 국가, 지역성과 지구화, 물질과 담론, 사실과 재현 등 사회적 삶의 중요한 축을 이루는 이분법들이다. 이는 사회과학에서 매우 익숙하고 논쟁이 깊은 이분법들이며, 각 주제에 따라 양자의 분리를 비판하거나 절충적 결합을 시도하는 노력들이 있다. 여성학계에서는 1970년대의 '개인적인 것은 정치적'이라는 언술이 바로 보여주듯이, 사적 영역과 공적 영역, 가정과 국가, 남녀 이분법을 해체하고 재구성하는 작업들을 전개해왔다.

이러한 이분법 도식 중에서 억압과 저항의 문제를 살펴보자. 이는, 피억압자의 경험과 지식으로 젠더정치 인식의 출발을 설정한 것에서도 알 수 있듯이, 대체로 열악한 지위, 소외, 차별, 고통, 피해, 억압, 착취 등의 언술로 구성되는 여성의 경험과 역사에 관한 이론은 행위성과 저항의 문제를 고민하지 않을 수 없기 때문이다. 즉 재현의 정치에서 희생자 이미지는 (주변부) 여성 집단에게 주어진 익숙하고 '허용되는' 양식이라 할 수 있는데, 이는 곧바로 다음의 질문들을 낳는다. 일상적·제도적 폭력과 억압적 상황이 일방적으로 그들을 의사,

결정, 선택 등의 행위성을 전혀 고려할 수 없는 희생자로 규정하는가? 특정 시기 어떤 폭력에 노출된 사실이 그들의 정체성을 영구적인 희생자로 만드는 것인가? 이에 대해 주류 여성주의 연구는 억압적 상황과 지위를 극복한 사례나 집단적 시위 등의 가시적 저항 양식을 통해 여성의 주체성과 행위성을 설명해왔다. 두 설명 모두 여성의 저항 양식과 관련한 대표적인 인식이다. 그런데 이 주장들에는 지배와 저항이라는 이분법 자체가 고정되어 있고, 분석의 초점은 집단적이고 잘 보이는 저항 행위에 국한되어 있다. 그런데 여성의 일상적 삶에 지배와 저항의 이분법적 도식이 그대로 적용되는가? 구체적으로 저항을 위한 자원의 동원이 쉽지 않은 주변부 사회집단이 보이는 저항 형태는 어떠한가?

　　나는 미군 캠프타운에서 일한 여성과 아메라시안(Amerasian)을 둘러싼 담론을 분석한 한 글[30]에서, 지배 담론들(민족주의 담론과 여성주의 담론 등)과 여성들의 자기 삶에 대한 인식을 검토했다. 나는 그 글에서 인류학자 비나 다스(Veena Das)의 통찰에 힘입어, 사회적 약자의 주체성 연구는 사람들이 사회 폭력을 영원히 잊거나 극적으로 탈출하는 식으로 대응하는 것이 아니라 어떻게 지속적인 일상생활의 관계를 통해 구현하는가, 극적이고 표현적인 저항 행위가 아니라 어떻게 한탄으로 폭력의 세계를 수용하는 법을 배우는가를 생각해야 한다고 주장했다. 다스는 1947년 인도와 파키스탄의 분리 투쟁 과정에서 삶의 변화를 겪게 된 한 여성의 일생을 추적하면서 억압과 저항의 이분법이 갖는 한계를 지적한 바 있다. 폭력과 주체성 연구는 폭력 자체뿐 아니라 일상적 관계에서 폭력이 재구성되는 방식 또한 살펴야 한다고 주장하는데, "주체가 된다는 것은 폭력이 발생한 원래 그 순간과 일상적 관계에 스며든 폭력과의 복잡한 교류에 의해 형성되는 것이어서 결코 (그 폭력의 경험을 극적으로—인용자) '밖으로' 몰아낼 수 있는 것이 아니기" 때문이라고 설명한다.[31] 억압과 저항이라는 이분법은 막강한 영향력을 행사하며 거의 무의식적으로 통용되지만, 여성들이 겪는 억압 자체와 폭력의 일상적이고 지속적인 특성 및 인간 행위의 복잡성을 설명하지 못하고 있음을 지적했다. 또한 억눌린 침묵을 깨는 행위 자체와 모임 형성이나 집단적 시위 같은 여성주의의 보편적인 저항 양식은 제한적이라고 보았다. 따라서 나는 사회적 지탄에 대한 성 산업 관련 여성들의 집단적이고 잘 드러나는 저항보다 '고통의 다스림(domestication of suffering)'이라는 표면적으로 수동적이고 소극적인 형태의 선택에 주목했다. 이 "개념은 표현 그대로 고통과 폭력을 마찰하거나 회피하지 않고 적극적으로 다스린다는 뜻이다. (……) 이때 고통은 항상 부정적이고 제거되어야 하는 것만이 아니라 그것을 기꺼이 수용하고 다스려갈 때 치유와 창조적 힘으로의 전환이 가능하다고 보았다."[32] 나는 그 분석을 통해 가시적, 집단적 저항 양식만으로는 여성의 주체성을 설명하는 데 한계가 있고 억압 대 저항의 이분법 도식을 통해서는 일상에 스며드는 구조적 폭력의 실상을 제대로 파악하지 못함을 강조하고자 했다. 이분법 도식에서 한쪽을 선택하는 것은 용이한 방법이지만 어떤 상황에서 무슨 이유로 억압이 발생하며 이를 어떻게 극복하는가라는 '구체적인' 질문들을 근본적으로 차단하고 있기 때문이다.

　사회현상의 다양한 수준에서 작동하는 범주의 정치와 이분법 도식이 문제가 되는 이유는, 대체로 양자의 관계가 불평등한 권력관계이고 분석 측면에서 복잡하고 '모순적인' 인간 행태 및 사회현상을 설명하는 데 한계가 있기 때문이다. 따라서 범주의 정치와 관련한 논의에서, 양자의 분리에 대한 비판을 넘어서서 '이분법이 자연적이고 탈역사적인 것이 아니라 정치적·상징적 지위에 따라 유동적인 경계들에 의해 생산되고 뚜렷해지는', 이분법 자체의 허구를 증명하는 문제가 관건이 된다.

　마지막으로 교차성 이론을 설명하고자 한다. 이 이론은 현대 젠더정치학의 '당위적, 경험적' 연구 패러다임으로서 다양한 수위에서 논의되고 있다.[33] 3장에서 언급한 것처럼, 이 개념은 1960년대 미국 여성학계에서 유색인종 여성주의 학자들에 의해 비롯되었다. 그리고 기존 백인 중산계층의 여성주의가 인종과 계급에 기인하는 차별과 억압에 노출되어 있는 자신들의 경험을 충분히 설명하지 못한다는 비판에서 출발했다. 예컨대 킹은 「다층적 위험과 다층적 의식 (Multiple Jeopardy, Multiple Consciousness)」에서 여성주의 이론과 운동 내에서 흑인 여성의 경험이 드러나지 않는다고 비판하고, 젠더 변수가 궁극적인 변수로서 인종과 계급의 문제는 부차적으로 '첨가되는 것이 아니라' 상호작용하고 있음을 역설한다. 훅스는 가부장제를 세계 수위로 확장하여 백인 중산계층 여성주의가 비판하는 가부장제는 백인 우월주의와 제국주의의 연관 속에서 이해되어야 하며, 가부장제라는 공통의 억압을 설정한 (추상적) 여성의 연대는 여성 내부의 차이를 인식하지 못하면 진정한 연대가 될 수 없다고 주장한다.[34] 이런 지적 배경 속에서 '교차성(intersectionality)'이라는 용어는 1980년대 말 흑인 여성주의 학자인 크렌쇼가 처음 사용했다. 다른 유색인종 여성주의 연구진이 제기한 것처럼, 성 변수나 인종 변수 하나만으로 설명할 수 없는 흑인 여성의 삶의 복잡함을 설명하기 위해 여러 변수가 구조적·정치적으로 교차되었다는 설명에서 비롯된 것이다.

한 인류학자의 사례연구를 통해 그 내용을 구체적으로 살펴보고자 한다. 인류학자이자 의사이기도 한 폴 파머(Paul Farmer)는 「고통과 구조적인 폭력(On Suffering and Structural Violence)」에서 아세피와 초초라는 아이티인 두 남녀의 사망을 서술하면서 개인의 고통이 어떻게 사회구조적인 것인가를 밝히고 있다. 그는 글에서 교차성이라는 언술을 사용하고 있지 않지만 '고통의 다층적 구조', '성이나 인종의 한 축으로는 아이티인들의 고통을 설명할 수 없다'고 지적하는 등 교차성 이론 분석과 그 맥을 같이하고 있다. 아세피는 댐 건설로 수몰된 지역의 가난한 가정에서 성장했는데, 성인이 되었을 무렵 경제적 이유로 근처 군부대에서 근무하던 한 군인과 짧은 기간 성적 파트너로 지내게 되었다(이후 그 군인은 에이즈로 추정되는 발열로 사망했다). 그녀는 그 군인과 결별하고 가정부로 일하며 한 아이티 청년과의 사이에서 아이를 출산하게 되지만 얼마 되지 않아 에이즈로 사망하고 만다. 한편 초초라는 청년의 사망은 1991년 아이티의 군부 쿠데타와 관련이 있다. 그는 도로 사정을 불평한 한마디가 쿠데타 비판으로 오해를 받게 되었고 결국 체포되어 고문으로 사망한다. 파머는 이들의 죽음이 아이티 식민의 역사와 군부 쿠데타와 같은 구조적 폭력에서 기인한 것이라고 설명하면서 개인의 삶과 사회구조의 연관성을 전제했다. 나아가 "개인과 집단의 극심한 인간적 고통에는 성별, 민족/인종, 사회경제적 지위를 포함한 여러 요소가" 작용하며, 다양한 사회적 축에 대한 고려가 동시에 이루어질 때 (그들에게 가해지는) 정치적·경제적 만행을 인식할 수 있다고 주장한다.[35] 즉 그들 사망의 원인은 동일하게 군인과의 접촉이었지만 에이즈와 고문이라는 성별화된 특성을 지녔고, 사망을 포함한 고통은 아이티인 모두에게 가해지는 것이 아니기 때문에 경제적 측면과 인종의 위계라는 사회경제적 지위의 문제를 또한 살펴야 한다고 강조한다. 현상을 하나의 가변적 요소로만 설명하다 보면 부당한 인과율에 이르게 되는 문제점을 타당하게 지적하고, "고통의 대상과 방식에 대한 논의뿐 아니라 권력과 특권에 대해서 더욱 정밀한 분석이 필요하다는 점" 또한 역설하고 있다.[36]

교차성 이론은, 미국의 유색인종 여성주의 학자들에 의해서 제기되고 발전된 배경에서 알 수 있듯이, (백인 중산계층 여성주의가 가정하는) 젠더 본질주의에 문제를 제기하고 "권력, 억압, 특권의 복잡한 성격을 보여주고 있다."[37] 이처럼 교차성 이론은 사회집단 간 차이 및 집단 내부의 차이를 이해하도록 돕고 무엇보다도 유색인종 여성들이 겪는 계급, 인종차별의 폭로에 그친 것이 아니라 다양한 경험과 현실을 '분석'하는 인식의 틀과 방법을 제공한다는 데에 이론적 의의가 있다.

스콧은 "(전쟁, 외교, 국제정치 등의—인용자) 고상한 정치가 항상 중요한 것으로 간주되고, 공적 권력을 획득하고 최고의 권위를 구가하는 것이 여성의 배제 속에서 이뤄진다는 면에서 정치 현상에는 언제나 젠더 위계가 내포되어 있다"[38]라고 지적한 바 있다. 따라서 '특정 사회현상, 상식, 담론이 어떻게 아무런 문제의식을 느끼지 못하도록 당연한 것으로 받아들여지고 재생산되면서, 특정 개인과 사회집단에 가해지는 억압의 정당성을 제공하고 지속시키는가'를 밝히는 것이 젠더정치 연구자들의 중요한 과제가 된다. 이러한 맥락에서 민족국가의 가부장적 속성을 밝히는 연구나 다양한 수준에서 작동하는 이분법 도식에 대한 비판은 지극히 '자연적 질서'로 이해되는 개념, 사회적 삶의 양식과 제도에 근본적인 문제를 제기한다는 점에서 의미 있는 작업들이다. 또한 앞서 언급한 것처럼, 교차성 이론은 젠더 본질주의를 비판적으로 점검하고 이론적·경험적 연구 성과를 도모하고 있어 젠더정치의 분석적 함의를 잘 보여준다.

정치학 내에서 젠더정치는 여성을 정치행위자로 등장시키거나 제도적 수준의 정치 영역에서 성차에 기반을 두고 여성의 지위와 특성을 살피는 것으로 이해된다. 나는 젠더정치 논의에서 성 인지나 성차 자체보다 젠더를 사회 분석의 범주로서 활용하여 분석과 과정으로 접근할 것을 강조했다. 다시 말해 젠더정치 연구는 여성이 정치행위자로 등장한 연구나 성차 연구를 뜻하는 것이 아니라 양성 간의 관계, 제도, 사회구조인 젠더가 어떻게 정치 과정에서 가시적·비가시적으로 작동하는가를 살펴야 한다고 보았다. 이는 젠더 변수를 통한 사회현상 분석이 반드시 여성주의를 표방하는 연구들만의 과제가 아님을 역설적으로 말해준다.

　나는 특히, 젠더정치가 사회현상을 성 변수나 성 인지에만 초점을 맞추고 모든 여성이 가부장제라는 공통의 억압을 겪는다는 젠더 본질주의로 환원되는 것을 경계한다. 젠더를 범주로 사회현상을 분석한다는 것은, 젠더의 위계가 자연화되어 당연하게 작동하고 있는 사회제도, 규범, 문화에 문제를 제기하고 밝히는 것이지만 젠더가 여성의 경험과 억압을 설명하는 가장 근본적인 변수라는 젠더 본질주의와는 구분되어야 한다. 실제로 이는 이론의 측면에서 성 변수로 환원할 수 없는 인종·계급 등의 변수가 상호작용하고 있음을 밝힌 교차성 이론을 통해 극복되고 있다. 젠더정치의 이론적 특성 및 성과를 살피기 위해 범주의 정치에 대한 문제 제기, 민족국가와 같은 중립적 정치 개념의 젠더 위계적 속성을 설명하는 연구들과 교차성 이론을 검토했다. 지식 생산의 맥락에서 젠더정치 연구의 의의는, 기존 인식과 달리 여성의 입장을 통해 정치학 지식을 확장했다는 점에서라기보다 사회현상에 대해 근본적으로 다른 질문·인식·분석의 틀을 제시하고 있다는 데 있다.

5장

또 다른 가부장적 시선:
한국 페미니즘은 서구 중심적인가

지적 식민성 논의와 페미니즘

1990년대 이래 일군의 연구자는 한국 사회과학의 지적 식민성을 고민해왔다.[1] 이 문제의식은 "주체적 자세로 한국의 문젯거리를 찾아내거나 한국 현실을 인식하고 분석하기보다는 서구의 눈이나 잣대로 한국을 보고 있는지 성찰해야"[2] 한다는 것이다. 이런 사회과학 지식의 식민화 문제와 맥을 같이하면서 한국의 페미니즘이 서구 의존적이라는 비판도 가시화되었다.

페미니즘은 서구의 백인 중산계층 여성의 경험을 토대로 형성된 것이라서 한국 현실에 적용하기는 부적절하다는 비판에서부터, 연구자의 문제의식 자체가 서구화되었다거나 페미니즘이 서구의 가치로서 비서구 국가의 문화를 비판하는 식민 의식의 전형이라는 비판도 있다. 이에 대한 여성학계의 대응은 그 비판을 검토하고 대안을 모색하는 방향으로 진행되는데, 크게 두 지적 지형이 눈에 띈다. 한국적 페미니즘의 언술과 맞물려 유교 페미니즘을 논하는 한 축이 있으며,[3] '아시아 여성주의(Asian feminism)', '토착적 여성주의(indigenous feminism)' 등의 언술을 통해 한국(아시아) '현장'의 구체성과 '토착'의 특수성을 구현하려는 한 축이 있다.[4] 두 흐름은 그 주창자 및 논의의 수위와 초점이 모두 다르지만 페미니즘이 서구 중심적이라서 문제가 있다는 판단을 공통으로 발견할 수 있다.

나는 한국 사회과학의 지적 식민성과 서구 중심적 페미니즘이라는 언술이 갖는 문제의식에 깊이 공감하고 지지한다. 1978년 발표된 에드워드 사이드(Edward Said)의 『오리엔탈리즘(Orientalism)』[5]을 필두로 하는 서구 중심주의 논의를 깊게 논하지 않더라도, 언어 자체만으로도 그것(서구 중심주의)이 담고 있는 문제의식에 공감하고 엄정한 자세로 그 문제의식을 실천하는 것이 중요하다고 본다. 다만 한국 페미니즘이 서구 중심적이라는 평가의 대안을 모색하는 과정에서, 그 비판에 내재된 '중요한 전제들'이 파악되지 못한 채로 서구 중심주의를 극복하는 대안이 사상적 수위와 당위적 차원에서 진행되고 있다고 생각한다.

나는 페미니즘이 서구 중심적이기 때문에 문제가 있다는 비판은, 페미니즘에 대한 전반적인 몰이해 및 평가절하와 함께 서구와의 긴장 관계에서 발생하는 가부장적 민족주의, 특히 엘리트 남성의 특권적 지위를 위협하는 여성의 사회 진출 및 지위 향상과 연결되어 있음을 설명하고자 한다. 그 비판이 실은 중산계층 여성주의 연구자들과 그들이 생산하는 지식에 향해 있음을 확인함으로써, 한국 기층 여성은 여성주의 의식이 부재하다는 전제를 내포한 엘리트주의가 반영되었다는 것도 밝히고자 한다. 이 엘리트주의는 여성학계 내부에서 지식의 계급성 문제를 포함한 '재현의 정치'와 관련 있는 문제인데, 이를 더불어 살펴봄으로써 페미니즘이 중산계층 여성의 학문이라는 비판 또한 점검하고자 한다.

서구 중심적 페미니즘에 대한 내·외부에서의 비판들

사회과학 지식의 서구 중심성은 "(한국 연구자가—인용자) 서구 역사는 꿰고 있으면서 한국사에 대해서는 무관심한 경향, 서구의 이론 틀에 한국 현실을 꿰맞추는 경향, 서구 사회에 대한 역사적 배경이나 이해 없이 서구 이론만을 가지고 와서 한국사회에 쏟아내는 경향 등"[6]이며, 이 같은 문제의식과 반성을 요구하는 목소리가 높아졌다. 그것을 극복하는 방법과 실천 방안을 둘러싸고 의견이 분분하지만 문제의식과 의도의 정당성 자체를 부인하기는 어렵다. 예컨대 대학 교원 임용 과정에서 영어 논문을 요구하거나 영어 강의 가능자를 우대하는 물리적 차원부터 해외의 권위 있는 이론/가에 의존하는 글쓰기에 이르기까지, 다양한 수위에서 작동하는 지적 식민성 문제의식은 연구자가 늘 긴장하면서 살펴야 할 문제라고 생각한다.

사회과학 전반의 지적 식민성 문제의식과 함께 여성학계 안팎에서도 페미니즘이 서구 중심적이라는 비판이 제기되었다. 페미니즘을 어떻게 인식하는가를 기준으로 하여 정반대되는 두 경향이 존재한다. 페미니즘에 동의하면서 페미니즘이 서구 중심적이라는 비판을 검토하고 대안을 구하려는 입장과,[7] 페미니즘은 서구에서 기인한 것이고 한국의 페미니즘은 서구 의존적이기 때문에 페미니즘을 부정적으로 평가하는 입장이 있다. 전자에 유교 페미니즘과 아시아 여성학을 화두로 하는 지적 흐름들이 포함되어 있다.

강남식과 오장미경은 「한국여성학의 발달과 서구(미국) 페미니즘」에서 페미니즘의 서구 중심성과 폐해들을 기술하고 있다. 그 연구는, 제목에서 바로 알 수 있듯이, 한국 여성학의 제도화 과정 및 시기별 (1980년대와 1990년대 여성운동과 여성학의 전개) 특징을 설명하면서, 여성학의 식민적 현상과 식민성이 여성학에 미치는 영향을 정리하고 있다. 식민성의 지표로는 제도화된 지식 생산 구조로서 연구자나 전임교수들이 학위를 취득하는 국가가 미국이라는 점을 들고, 식민지적 성격이 여성학에 미치는 영향을 다음과 같이 설명한다. 첫째, (특정 시기에 서구에서 수입된) 특별한 지식만 유통된다. 둘째, 자생적 창조력과 주체적 인식 능력이 쇠퇴한다. 셋째, 이론과 실천이 괴리된다.[8] 내용 비판으로는 서구 페미니즘은 성 변수만을 강조해 민족·인종·계급의 문제를 소홀히 다루고 있어서, 민족 문제가 부각되는 한국 현실에 적용하는 게 맞지 않다는 것이다. 이숙인은 「한국 여성(주의) 지식의 식민성 비판: 탈서구와 탈유교의 전략」에서, 페미니즘의 식민성 문제를 다루며 대안으로 회자되는 유교 페미니즘을 점검하고 있다. 그녀는 서구 중산층 여성의 경험과 현실을 위주로 하는 페미니즘은 비서구 여성의 현실과 역사를 배제하고 부정하는 결과를 가져왔다고 비판한다. 그녀에게 서구 페미니즘은 오리엔탈리즘 지식의 생산지로서, 이 속에서 제3세계 여성은 비주체적이거나 신비로운 존재로 설정되면서 궁극적으로 온정적 차별의 대상이 된다고 지적한다.[9] 백인 중산계층 배경의 여성주의 지식에서 흔히 나타나는, 제3세계 여성을 자국의 가부장제의 희생자로 재현하는 경우를 언급한 것이다.

위의 두 입장은 초점과 주장이 상이하다. 강남식과 오장미경은 서구 이론이 한국에서 적용될 때의 문제점을 지적하고 있으며, 이숙인은 서구 내부에서 유통되는 제3세계 여성에 대한 지식과 제국주의 지식의 공모를 지적하고 유교 페미니즘의 가치를 재구성하고자 한다. 그런데 양측의 주장이 다름에도 불구하고 공통의 전제를 발견할 수 있는데, 그들에게 페미니즘은 자유주의 페미니즘이라는 점이다. 3장과 4장에서 살핀 것처럼, 자유주의 페미니즘은 여성주의의 한 지적 지형으로서 여성학계 내부에서는 지식 생산 주체의 다양성에 바탕을 두어 흑인 페미니즘, 제3세계 페미니즘 등 '여러 여성주의 이론'이 '경합하고 있다'. 그럼에도 자유주의 페미니즘의 패권적 지위로 인해 페미니즘은 성 변수를 주축으로 하는 여성만을 위한 운동이나 이론으로 이해되고 있다. 강남식과 오장미경의 글에서 발견되는 또 다른 문제점은 페미니즘에 가해지는 일련의 비판이 모두 식민성에서 기인하는 것으로 환원되어 있다는 점이다. 그 글에서 언급되는 제도적 수위에서의 식민성(인적 자원 구성)과 서구 지식의 유통으로 지식 생산에서의 비주체적 사고와 창조력 쇠퇴의 문제는 비단 여성학계에만 적용되는 것이 아니다. 이는 사회과학계 전반에 걸친 문제이므로 큰 문제가 아니라기보다는 비판의 초점을 달리할 필요가 있다는 뜻이다. 그리고 언급되는 이론과 실천의 분리 문제는 지식의 식민성에서 기인하는 것이라기보다는 페미니즘의 개념과 역사에 관한, 한국 여성학계에서만 발생하는 것이 아니라 한국 페미니즘이 수입했다는 미국 여성학계 내에서도 논의되는 쟁점 중 하나이다.[10] 이 논쟁은 지식인을 둘러싼 고전적 논쟁 중 하나인 지행합일에 대한 고민의 연장선상에 있는 것으로, 여성학을 운동으로 정의할 것이냐 이론으로 정의할 것이냐 하는 개념 정의에서 비롯하는 논쟁이다. 따라서 이 이분법 관련 논의가 페미니즘의 식민성 때문이라는 주장은 식민성의 부정적 영향을 강조하는 과정에서 파생한 무리한 적용이라고 볼 수 있다.

이 연구들이 언급하는 페미니즘 비판 중에서 생각해봐야 할 사안은 페미니즘에서 성 변수만을 강조하는 젠더 본질주의이다. 이와 유사하게 서구와 비서구 프레임에서 이숙인은 서구 백인 여성주의가 제3세계 여성을 재현하는 특징으로서 온정적 차별을 언급하는데, 매우 타당한 지적이다. 즉 서구에서 제3세계 여성은 수동적 희생자로 재현되는데 이런 재현은 타자(제3세계 여성)의 행위성을 뺏고 자신의 주체성을 드러냄으로써 결국 가부장제와 제국주의 질서에 공모하기 때문이다. 그러나 이미 미국 여성학계에서도 1960년대 이래 흑인 및 유색인종 여성학자들이 여성 내부의 인종·계급·민족 차이로 인한 긴장을 가시화하면서 자유주의 페미니즘이 실제로 어떻게 인종과 계급 문제를 간과하고 엘리트주의적·제국주의적 지식을 생산하는지 비판해왔다. 즉 한국 페미니즘이 서구 중심적이라는 비판을 하는 연구자들의 주장과 마찬가지로 미국 여성학계 내부에서도 유색인종 여성학자들을 중심으로 자유주의 페미니즘은 서구, 백인, 중산계급의 이해가 반영된 이론으로서, 노동계급 및 유색인종 여성의 삶을 설명하는 데 한계가 있다고 비판받고 있다(3장과 4장 참조). 따라서 살펴본 연구자들이 제기하는 서구 중심성에 대한 문제의식과 젠더 본질주의에 제기하는 비판에 동의하지만, 여성학계 내부의 지적 지형에 대한 그들의 이해가 제한적이라는 점을 언급하지 않을 수 없다.

한편 페미니즘의 가치와 중요성을 그대로 둔 채 서구 중심적 부분을 검토하고 기능적 측면에서 대안을 제시한 연구자들이 있다. 대표적으로 조순경은 「한국 여성학 지식의 사회적 형성: 지적 식민성 논의를 넘어서」에서 페미니즘이 서구 중심적이라는 문제의식을 공유하지만 비판의 초점이 다르다고 밝히고, 대안을 제시한다. 그녀는 기존의 "지적 식민성에 대한 논의가 서구 이론을 비주체적으로 수용하거나 문제의식이 결여된 상태에서 무비판적으로 수용되는 문제들에 집중되어왔음을"[11] 지적한다. 그녀는 이보다 서구 중심주의를 접근하는 실제적 방식의 측면, 즉 제도적 수준과 개인 연구자가 서구 이론을 수용하는 지식 생산 과정을 주목하고 있다. 한국 여성학계에서 "서구의 논의를 선별적으로 수입해 수용해왔는데 이는 제도적 차원(여성학 관련 분야 학과의 전공, 소속 교수진의 전공 분야, 교육과정의 성격, 개설 교과목의 내용, 연구자 공동체의 관심 및 토론 문화, 학술지 및 출판사들의 정책과 출판 제도 등)에 의해 특정 이론들이 선별적으로 소개되고 수용되고" 있다는 것이다. 그녀는 페미니즘의 서구 중심성 비판에 공감하면서도 서구 이론 자체나 서구 이론 수용 자체에 문제가 있다고 보지 않는다. 역사적으로 서구의 틀이 한국의 현실을 읽는 데 기여했을뿐더러 사회 현상에 대한 설명이 "서구 중심적 여성주의 이론과 남성 중심적 '우리' 이론 가운데 이루어져야 하는 것이라면, 오히려 후자보다 전자가 한국 여성의 현실을 이해하는 데 더 적절할 수도 있다"[12]라고 설명한다. 성희롱, 성폭력, 강간, 노동시장에서의 가부장제를 설명하는 서구 페미니즘 이론이 우리의 현실을 드러내고 분석하는 데 더 적절한 도구와 틀이 될 수 있다고 주장한다.[13] 이런 입장은 많은 여성주의 연구자가 암묵적으로 공유하고 있는 것이기도 하다.[14] 조순경은 서구 이론을 의식적으로 선택하기 위한 노력으로서 사례 접근식 연구 방법을 대안으로 제시한다. 한국의 연구자들이 한국 현실에서 연구 문제를 먼저 구성하고 이론을 찾아보는 것으로서, 그녀는 이를 위해 여성운동과의 유기적이고 민주적인 관계를 형성하고 여성주의 역사 연구 방법을 통해 한국 여성의 경험을 구성하기를 제안한다.[15] 그녀가 서구 이론의 선택 자체가 아니라 개인 수준과 제도 수준에서의 서구 이론이 재생산되는 실질적 차원으로 초점을 전환한 것은, 후술하는 '지식 생산자와 이론 간의 공명'과 유사한 맥락으로서 유의미하다. 그리고 그녀의 사례 접근식 연구방법이라는 표현은 외부에 존재하는 서구의 이론과 사례연구로서의 한국 현실이라는 의도치 않은 해석을 낳을 수 있다는 점에서 타당한 용어라고 생각하지는 않지만, 연구자가 처한 현실에 문제의식을 갖고 이를 해결하는 과정에서 이론의 적용을 염두에 두어야 한다는 주장에는 이견이 없다.

서구 중심성과 페미니즘의 관계에 대한 기존의 논의를 정리하면 다음과 같다. 우선 비판의 핵심은 여성 문제는 단지 성 변수뿐 아니라 민족·계급·인종 등 다양한 요인이 작동하여 나타나는 것인데, 서구 (미국) 페미니즘은 성 요인만을 강조하는 경향을 띠며 한국의 페미니즘 또한 이 경향을 벗어나지 않는다는 것이다. 젠더 본질주의를 비판하는 것은 여성학계 내부에서도 자유주의 페미니즘이 주류인 측면을 고려할 때 매우 타당하며, 좁게는 "연구자들의 구체적인 문제의식에서 출발해 이론을 선택하는 것이 아니라, 이론 또는 이론가의 명성에 의해 선택되는 경향"[16] 또한 비판의 여지가 충분히 있다. 이는 자신의 사고와 경험을 언어로 구성하지 못할 때 (서구) 권위자의 이론과 명망을 빌려 설명하려는 연구자의 의식적·무의식적 의도로서, 권위자의 이론과 권위를 통해 연구자 자신의 권위를 높이려는 식민성을 바로 보여주는 것이기 때문이다. 한편 여성학계 내부에서 제기되는 비판은 페미니즘이 서구 중심적이라는 비판을 일면 인정하면서도 그것 자체의 유용성, 한국 여성의 삶을 설명하고 주장하는 페미니즘 이론과 운동의 역사를 부인하지 않는다. 즉 페미니즘의 지향과 실제 서구에서 수입된 페미니즘 이론 적용의 효용성을 부인하지 않으며, 다만 바로 앞서 언급한 조순경의 연구에서처럼 기술적 측면의 한계와 문제점을 지적하고 있다.

그런데 이렇게 전개된 페미니즘이 서구 중심적이라는 비판과 관련한 논의에는 몇 가지 중요한 쟁점이 생략되어 있다. 페미니즘이 서구에서 파생되어 자국의 현실에 적용하기가 부적절하다는 비판은 한국에서만 제기되는 것이 아니라는 점과, 페미니즘에 대한 대중적인 반감과 페미니즘이 서구 중심적이라는 비판의 대상은 제도적 장에서 지식을 생산하는 여성주의 연구자들이라는 사실이다. 첫 번째 쟁점과 관련해 비서구 사회에 '보편적으로' 존재하는 이 비판은 비서구 사회에서의 페미니즘이 서구와는 다른 맥락에 놓여 있다는 뜻인데, 나는 이를 서구와 비서구 사이의 긴장 관계에서 발생하는 엘리트 남성의 가부장적 시선과 연관되어 있음을 밝히고자 한다. 두 번째 쟁점은 '과연 서구적 페미니즘이 (제도권의 여성주의자들에 의해) 수입되기 이전에 한국의 여성들은 여성주의 의식이 부재했는가?'라는 질문에 답을 구하는 것으로 설명하고자 한다. 지식이 유통되는 장이 학계와 같은 제도적 수준의 장이라는 사실이 당연한 것으로 여겨지기 때문에 이 질문 자체가 불필요한 것으로 간주되지만, 이 질문은 두 측면에서 매우 중요하다. 하나는 그러한 질문의 부재가 바로 학계의 엘리트주의를 방증한다는 점이다. 다른 하나는 서구 중심성 논의는 중산계층 배경의 지식 생산자들을 당연시함으로써 여성학계 내부에 존재하는 여러 페미니즘의 경합이 간과되면서, '글쓰기'(지식)의 정치성[17]이 고려되지 않는다는 점이다. 이 점은 다른 사회과학 분야에도 동일하게 적용된다고 할 수 있는데, 지식의 주관성과 부분성을 전제로 하고[18] 윤리를 담보하고자 하는 페미니즘에서 재현의 정치는 타 분과에서보다 중요한 쟁점임에 틀림없다. 즉 중산계층 배경의 연구자들이 기층 여성의 여성주의 의식 및 삶을 포착하지 못하거나 왜곡하는 어려움이나 한계가 페미니즘이 서구 중심적이고 부르주아적이기 때문이라는 비판으로 가시화되곤 한다. 따라서 여성학계 내부에서 논의되는 경험과 지식 생산의 관계, 재현의 정치 문제를 밝혀 보면 서구 중심적 페미니즘에 대한 비판의 성격을 더욱 잘 알 수 있다.

반론과 대안적 논의들

잘 알려져 있지 않지만, 페미니즘이 서구적이며 이를 비서구 사회에 적용하기가 타당하지 않다는 비판은 한국에서만 행해지는 것이 아니다. 페미니즘은 서구에서는 반남성적, 개인주의적이며, 중산계층 여성의 학문이라고 비판받아왔고, 비서구 국가에서는 이 비판들과 함께 '자생적 발생이 아닌 서구로부터의 수입'이라는 비판이 더해졌다. 중국, 인도 등에서도 유사한 비판과 그에 상응하는 여성주의 연구자들의 논쟁이 진행되어왔는데 논쟁의 수위도 한국 학계와 유사하다.[19] 여성학계에서 서구 이론이나 논쟁이 확산되고 이에 대한 서구 중심성에 비판이 제기된 후, 어떻게 자국의 현실과 접합, 동화 혹은 이질화되는가 하는 문제를 살피는 방식이다.

앞에서 간략하게 언급했듯이, 한국에서 페미니즘이 서구 중심적이라는 비판을 고려하면서 나온 대표적인 흐름에 유교 페미니즘과 아시아 여성주의가 있다.

유교 페미니즘과 아시아 여성주의

유교 페미니즘 논의는 내용 연구에서부터 찬반 논쟁에 이르고 있으며, 이 논쟁은 여성학계 외부에서뿐 아니라 내부에서도 제기되고 있다.[20] 기능적 측면에서 유교 페미니즘 연구는 사상 전공자들에 의해 유교를 재해석하는 경향과 서구 중심적 지식에 가해지는 비판을 규명하는 과정에서 유교를 발굴하는 경향이 있다. 내용 면에서는 가부장제의 전형으로 알려진 유교 교리를 재해석하거나 왜곡되어 있는 유교 가치를 재발견함으로써 이와 페미니즘과의 긍정적 결합을 모색하는 절충적·보완적 입장이나, 페미니즘을 서구적인 것으로 규정하고 전통적·유교적 가치를 확인하고자 하는 노력이 있다. 나는 유교 내용에 대한 재해석이나 찬반 논쟁보다도, 페미니즘이 서구 중심적이라는 논의와 관련해 어떤 맥락에서 유교 페미니즘이 회자되는가에 관심이 있다. 기본적으로 페미니즘과 유교의 생산적 결합을 추구하는 논자들이 주장하는 것처럼, 왜곡되거나 역사적으로 변질된 유교의 도덕적 가치들의 재해석이나 복원을 부인할 필요는 없다. 그런데 내 관심은, 왜 물리적으로 작동하는 서구의 영향력을 고민하는 연구는 드물고 유교와 페미니즘의 '사상적 수위'에서의 조합이 서구 중심적 지식을 극복하려는 대항 담론으로 회자되는가라는 것이다. 예컨대 지식의 서구 중심성은 대학의 국제화(internationalization) 현상에서 극대화되는데,[21] 왜 그와 같은 실질적인 문제 제기가 지식의 서구 중심성 논의에서 드문가? 이런 현상에는 개별 연구자의 관심 차원 이상의 의미가 담겨 있다는 것을 유교 페미니즘의 두 문제점을 중심으로 설명하고자 한다.

유교와 페미니즘의 절충을 포함한, 페미니즘이 서구적이라는 비판의 대안으로 회자되는 유교 페미니즘에는 크게 두 문제점이 있다. 분석 수준이 추상적 수위에 머무른다는 점과, 내용에서 '문화 본질주의'[22] 혹은 '탈역사화된 토착주의'[23]로 표현되는 것으로 과거/전통의 복귀가 한국의 고유한 정체성을 구현한다는 전제이다. 두 문제점은 동전의 양면으로서 연관되어 있다.

먼저 분석 수위 면에서 유교 페미니즘은 물질적·실재적 수준에서 여성의 삶을 주조하고 영향을 끼치는 서구와 비서구 사회의 혼종적 현실에 대한 분석을 결여하고 있다. 언급한 것처럼 왜곡되어 있는 교리의 재해석과 발굴은, 그 자체로 의의가 있지만, 과연 양성의 구분과 분리를 통해 재생산되는 사회 현실을 어떻게 설명할 것인가라는 중요한 질문에 답을 할 수 없다. 유교 페미니즘의 지지자들 또한 (양성 관계의 동등한 지위를 보장하는 본래의 유교 교리가 변질되었든 아니든) 유교와 가부장제의 결합을 알고 있는데, 유교 페미니즘 연구자들은 양자의 '사상적 수위에서의 결합'을 설명하고 있기 때문에 물리적 세계에서 유교 논리가 어떻게 가부장제를 재생산하는가를 언급할 필요가 없다. 애초부터 분석의 수위가 다르기 때문이다. 그런데 한국 자본주의 경제 질서와 유교적 원리가 결합되어 있는 현실을 살피지 않고, 추상적 수위에서의 논리와 당위적 명분으로 서구에 반(反)하는 이론 생산이 가능한가? 나는 이 지점에서 추상적(사상적) 수위의 논의와 명분 차원을 넘어서는 방법과 인식의 개발이 요구되고, 물리적 수위에서 작동하는 유교 논리의 효과도 점검되어야 한다고 보는데, 예컨대 이수자는 오륜(五倫), 남녀유별, 사회적 신의의 출발점으로서의 효 등이 산업장에서의 신의와 순응, 지역성과 혈연 중심주의, 배려를 매개로 하는 권위의 관철, 조화 유지를 위한 암묵적 강요(위치와 역할의 성별 고정화) 등 이데올로기적으로 작용한다고 분석한 바 있다.[24] 한 가지 더 언급하고 싶은 것은, 서구 중심주의 논의가 진행되어 온 이런 '분석 수위'가 문제라는 점은 페미니즘이 유교뿐 아니라 불교나 기독교와 접합되는 데서도 잘 알 수 있다.[25] 즉 각 종교가 갖는 기본 교리와 한국에서의 접목 내용이 다름에도[26] 페미니즘과 공통점을 찾음으로써 그 종교들의 원리의 차이를 희석시키고 있다. 이 같은 결합은 얼핏 아무런 문제가 없어 보이지만, 페미니즘을 자체의 이론과 사상으로 파악하기보다 여느 종교적 가치와도 결합이 가능한 긍정적이기만 한 가치로 여기도록 하는 결과를 낳는다.

다음으로 사상적 수위에서의 유교 페미니즘이 서구적 페미니즘의 대안으로 제기되는 데는 정치사상 전공자들이 유교와 페미니즘에 갖는 개별적 관심의 결과일 수도 있지만,[27] 더욱 근본적으로는 서구와의 긴장에서 나타나는 엘리트 중심의 자국 전통과 문화를 부활시켜야 한다는 논리, 그리고 여기에 전제된 가부장제와 무관하지 않다. 이 점은 대체로 비서구 사회의 식민주의 역사와 서구 사회 사이의 긴장 관계에서 발생하는 민족주의의 젠더적 속성을 밝히는 여성주의 연구들에 의해 논의되어왔다.[28]

구체적으로 이숙인이 유사한 문제의식을 피력하고 있다. 그녀는 유교와 페미니즘 사이의 공통점과 차이점을 통해 한국적 페미니즘의 특수성을 논하려는 노력에서 드러나는 문제점을 잘 지적하고 있다. 그녀는 "제3세계 민족주의의 문화제국주의에 대한 저항으로서 민족 고유의 전통의 개발과 계승으로(계승이—인용자) 나타날 때, 여성은 지배 국가에 대항할 수 없는 피지배 민족의 문화를 보존하는 대행자로 자리매김되었다"라고 설명한다.[29] 이런 "탈역사화된 토착주의는 서구와 다른 것으로 정체성을 찾고자 하는 왜곡된 토착주의로서, 허구적 한국인, 허구적인 한국적인 것에 집착하게 할 뿐 구체적인 역사 현장을 매일 살아가는 현실로서의 한국인, 그 다층적이고 다중적으로 구성되는 정체성을 드러낼 수가 없다"라고 주장한다.[30] 앞에서 살핀 분석 수위의 문제점을 확인할 수 있고, 민족 고유의 전통과 개발과 계승으로 국한된 반서구의 민족주의의 문제점을 잘 지적하고 있다. 서구와의 긴장에서 발생하는 비서구 사회의 민족주의적 저항과 이것의 전형적인 대응으로 나타나는 고유한 전통과 문화의 부활, 그리고 이때 여성과 남성의 지위와 권리가 상이하다는 점은 보충 설명할 필요가 있다. 비서구 사회의 전통 및 문화의 부활과 이것의 젠더화된 성격이 유교 페미니즘 논의의 기저에 작동하고 있기 때문이다.

1990년대 후반 이래 많은 여성주의 연구자는, 역사적으로 "비서구 국가들의 남성 지배계급이 제국주의로부터 독립하기 위한 투쟁에서 서구 제국주의 지배의 정통성을 거부할 뿐 아니라 민족주의적, 정치적 정체성을 토착 문화와 고유한 가치를 통해 구성해갔음을"[31] 밝혀왔다. 이때 그들에게 식민의 역사는 국가의 자율적이고 자신들의 진정한 삶의 이야기에 일정 기간의 간섭으로 여겨지고, 따라서 자국의 문화와 역사는 부정적 함의보다는 긍정적 함의를 가진다. 그리고 여성은 자국의 고유하고 본질적인 문화와 전통으로 환원된다. 이것의 의미를 많은 연구자가 설명해왔는데,[32] 예컨대 인도의 탈식민주의 이론가인 파르타 채터지(Partha Chatterjee)는 이를 서구와의 긴장을 해결하려는 제 3세계 민족주의 전략의 일환이라고 설명한다. 그는 인도의 식민 역사를 연구하면서, 반식민 담론은 식민과 피식민의 긴장에서 전통과 근대, 서구와 비서구의 갈등을 지극히 젠더화되어 있는 공간적 지형을 통해 해결한다고 보았다. 제3세계 민족주의는 물질적 수준과 영적 수준의 구분을 통해 근대화라는 목적을 이룬다. 즉 피식민 국가는 물질적 측면에서 서구의 과학적·기술적·경제적·정치적 시스템의 우월성을 수용하면서 근대와 진보의 영역들을 전유한 반면, 정신적·영적 수준에서 자국의 문화적 자율성을 확보해 서구를 상대로 우월성을 보장하는 이중 전략으로 근대성을 추구한다는 것이다. 이 근대성은 지극히 젠더화된다. 물질적 영역은 타자, 공적, 남성적인 것으로 간주되고 내부, 국내, 영적 영역은 여성화되면서, 여성이 자국 문화의 고유하고 비서구적인 정체성을 담지하는 역할을 맡게 되는 것이다.[33] 잘 알려진 사실은 아닌데, 이 지점에서 흥미로운 점은 정신적 영역의 담지자로서 동원되는 여성은 모든 인도 여성을 의미하는 것이 아니라 정숙한 중산계층 여성이며, 하층 계급 여성은 민족문화, 정신적 영역의 대표가 될 수 없다는 것이다. 이렇게 (반식민) 민족주의는 여성에 대한 모순적, 이중적, 선택적 전략을 통해 서구와의 긴장을 해결하려고 한다.[34]

그리고 유교 페미니즘에 가부장적 민족주의가 작동하고 있다는 전제와 함께 기존 연구에서 쉽게 간과되는 흥미로운 쟁점이 있는데, 물리적인 장에서 구현되는 '전통·문화의 부활과 여성 지위의 실질적인 관계'가 그것이다. 즉 민족국가의 정체성을 확립하는 과정에서 전통과 문화의 부활은 단지 상징적·정신적·문화적 차원에서만 국한된 것이 아니다. 우마 나라얀(Uma Narayan)에 따르면, 전통과 문화의 부활은 전통의 담지자인 여성이 사적 영역으로 회귀해야 한다는 뜻으로서 근대 여성의 사회적 지위가 물리적으로 변화한 것과 밀접한 관련이 있다.[35] 다시 말해 전통을 부활시켜 여성의 역할을 사적 영역으로 제한하려는 가부장제는 여성의 공적 영역으로의 확대라는 물리적 변화의 방증이라는 것이다.

제3세계 국가에서 지난 수십 년간 가장 두드러진 사회 변화 중 하나는 많은 중산계층 여성이 기존에 남성의 영역으로 여겨진 직업, 즉 공적 삶으로 진입한 것이다. 이런 급속한 변화에서 생기는 불안감은 문화적 위협과 상실의 패러다임적 징후로서, 젠더 역할의 변화에 초점을 맞춘 반응들을 불러일으킨다. 이는 곧 여성을 전통적인 장소로 되돌리는 회귀, 전통적인 삶의 방식으로의 회귀를 요청하는 것으로 결론 난다. 과거에 남성의 직업적·정치적 영역으로 간주되던 영역들에 진입하는 중산계층 여성이 급속도로 늘어났고, 이들이 전통적 역할로 회귀하기보다는 국가의 다양한 영역에서 양성 평등과 여성의 참여 확대를 요구한다는 사실이 결합되어 그 여성들이 제시한 정치적 전망마저 서구화라는 악마의 전형으로 비판하는 일이 가속화되었다.[36]

나라얀은 "우리(여성주의자들—인용자)와 우리를 비판하는 이들이 구분되는 것은, 문화적 진정성이나 우리가 그 문화적 진성성이 부족하다는 점에서가 아니라 국가가 어떤 정치체가 되어야 하고 어떻게 사회 구성원을 대해야 하는가라는 윤리적·정치적 비전의 차이에 있다"[37]라고 결론짓는다. 이처럼 엘리트 남성이 고유한 민족국가 전통을 강조하는 데는 '실재적으로' 그동안 남성의 영역으로 간주된 공적 영역에 중산계층 여성들이 진입하게 된 현실적 요건이 작동하고 있음을 확인할 필요가 있다. 왜냐하면 중산계층 여성주의 연구자들에게 가해지는 서구 중심적 지식을 생산한다는 비판에는 그 여성들을 향한 엘리트 남성의 가부장적 시선과 그들이 남성 자신들과 동등한 사회적 지위를 확보하는 것에 대한 두려움이 있기 때문이다. 이 비과학적 용어처럼 들리는 '가부장적 시선'과 '두려움'의 실체는 무엇인가? 나라얀의 위 인용문에서는 "서구화라는 악마의 전형"이라는 비판으로 표현되었는데, 이는 자본주의적 산업 현장에서부터 일상에 이르기까지 다양하게 볼 수 있다. 제도적 영역에서의 여성의 저대 표성과 성차별적 문화로 확인되기도 하고 일상생활에서 성을 기준으로 한 차별로 나타나기도 하는 것이다.

이를 중산계층, 여성, 지식 생산자와 직접적으로 관련된 학계에서의 여성의 저대표성 문제를 통해 생각해보면, 한국 학계에서 지식의 지적 식민성을 보여주는 한 증거는 경쟁적인 대학 교원 임용 과정에서 해외 대학 박사학위 취득자가 선호된다는 것이다. 그런데 이 상황 또한 젠더 중립적인 것이 아니다. 학계에서의 성차 문제를 다루는 연구는 풍부하지는 않지만 몇몇 연구자가 꾸준히 수행해왔는데,[38] 이들의 연구는 학계에서 성을 기준으로 한 차별과 여성 연구자들이 겪는 어려움 등을 살피고 있다. 이 연구들의 논의를 바탕으로 내가 인터뷰한, 미국에서 한국 여성을 연구한 주제로 박사학위를 받은 한 여성 연구자의 사례를 덧붙이고자 한다.

강수희(가명, 미국 대학 박사학위 소지자, 2012년 1월 인터뷰)는 고도로 남성의 영역으로 여겨지는 학문의 전공자로서 나와 오랜 친분을 유지해온 연구자이다. 그녀는 학계 내부에서 젠더 연구에 대한 고정관념과 차별이 있다는 사실을 잘 인지하고 있었지만 이를 감수하고 젠더정치를 적극적으로 공부하게 되었다. 그런데 몇 년 전 학위를 받고 돌아와 연구자로서 한국 생활을 시작하면서 남성 연구자들이 젠더정치 연구자들/페미니스트들에게 갖는 편견과 차별이 여러 방면에서 작동하는 현실을 경험하게 되었다고 한다. 그녀가 이 현상에서 흥미롭다고 지적한 부분은 편견과 차별이 가시화된 시점이 유학 이후이고, 비판자들은 과거 친분이 있는 이들로서 자신의 유학 전후로 그들이 보인 태도가 크게 달라진 때문이었다.

그녀가 속한 학문 공동체의 남성 연구자들은 페미니즘 이해를 기준으로 크게 세 집단으로 나뉘는데, 페미니즘을 전혀 이해하지 못하고 페미니즘 자체를 학문으로 인정하지 않는 집단, 페미니즘에 무관심하지만 박사학위 소지자이자 연구자로서 자신들과의 동등한 지위를 인정하는 집단, 페미니즘에 대한 최소한의 이해(성 변수를 통한 차별을 지적하고 이를 개선하고자 하는 운동)를 갖고 있지만 첫 번째 몰이해자와 마찬가지로 젠더 연구를 폄하하는 집단이다. 그녀에게 흥미로운 분석 대상이 된 집단은 세 번째인데, 이들은 그녀가 유학을 가기 전부터 그녀를 알고 지낸 사람들로 그 태도가 가장 분명하게 변한 때문이라고 했다. 그녀 또한 페미니즘의 서구 중심성 문제를 오랫동안 생각해오고 있었는데, 그녀가 유학을 하면서부터 받게 된 일관된 비판이 그녀가 '서구식', 미국식으로 변했다는 것이었기 때문이다. 공부 내용도 비판받았는데, 그녀가 연구한 주변부 사회집단을 연구자인 그녀와 부러 동일시하면서 연구자로서의 능력을 무화시키려는 행태 또한 있었다고 한다. 그녀는 남성 연구자들의 이 같은 행동을, 연구 내용 자체보다는 그녀가 기존 제도의 위계질서에 제기하는 비판의식에 대한 낯섦에 그렇게 반응하는 것 같다며, 다음과 같이 해석했다.

그냥 남성인 자신들과 동등한 능력과 지위를 갖춘 여성에게 느끼는 위협감을 감추려는 불안이 아닌가. (……) 겉으로 드러나는 것(서구 중심적이라고 비판할 수 있게 하는 발화의 지배력—인용자)과 다르게 비판하는 자들의 정체성에 위기감을 느끼기 때문이죠. (……) 아무튼 여성을 연구자, 학자로서 인정하기도 싫고 인정하기도 '힘든' 자격지심을 여성 연구자나 페미니즘 같은 지식이 서구 중심적이라는 말로 표현하더라고요. (일면 자신들의 학문도 서구 중심적이라는 비판에서 자유로울 수 없다는 면에서—인용자) 자성은 없고 외부의 흠결에 민감한 마인드죠. 결국 (그런 것을 통해—인용자) 남성 학자로서의 위신을 세우고 자신의 학문을 옹호하고 더 낫다고 주장하고 싶은 심리 아닌가 싶어요.

그녀의 해석은 가부장제가 제도적 차원에서 "노동시장 진입에 있어서 여성이 받는 차별은 사회 내에서 핵심적이며 영향력을 행사할 수 있는 직종일수록 커지는 반면에, 주변적이고 상대적으로 영향력을 행사할 수 없는 직종일수록 작아진다"[39]는 사실을 상기하게 한다. 무엇보다도 심리적 차원에서 "자기 힘으로 딛고 설 수 없을 만큼 자아가 강하거나 능력이 뛰어난 여자를 만난 남자는 우리 고유의 미풍양속, 부덕, 그런 것과 결합해서라도 여자를 자기가 딛고 설 수 있도록 만만하게 길들이고야 마는"[40] 가부장제의 단면을 확인할 수 있다. 이런 단상은 학계에서도 동일하게 적용된다. 대개 제도교육의 수혜와 사회적 지위를 중산계층 남성과 동등하게 인정받는 중산계층 배경의 연구자가 여성이라는 사실에 가해지는 부덕의 조건에 학문의 열등성이 강조되고, 열등성의 한 요인으로서 서구 중심적이라는 내용이 포함되는 것이다. 이는 앞에서 설명한 문화 본질주의를 통한 한국 남성으로서의 정통성을 확인하려는 비판자들에게는 매우 자연스러운 과정이다. 이 때문에 여성학계 내부에서 유교 페미니즘을 지지하는 연구자는 이 같은 남성 중심적 사고에서 출발한 유교 페미니즘으로 환원되지 않도록 매우 신중해야 한다. 결국 이러한 양상은 '지배의 정치문화'[41]가 일상적으로나 제도적으로 팽배할 뿐 아니라, 남성과 동등한 능력을 지닌 여성에게 가해지는 억압과 차별의 핵심적 기제가 바로 가부장적 억압임을 보여준다. 나라얀이 적절하게 표현하듯이, 엘리트 남성에게 여성은 경쟁의 비교 대상으로 인식되지 않지만 막상 남성만의 영역이라고 독점적으로 향유하던 특권적 지위에 여성이 진입했을 때 그들은 가시적·비가시적인 가부장적 차별을 시도하는 것이다. 이것의 한 구체적인 형태가 여성주의 지식이 서구 중심적 지식을 생산한다는 비판이며 이는 결국 가부장적 권력 행사의 연장선에 있다.

여성주의 지식이 서구 중심적이라는 주장에 대한 이 같은 비판에는 또다시 다음 비판이 가능하다. 내가 투고한 저널의 심사자 논평 중 하나였는데, 서구 중심성 논의는 "여성학계에서 의미 있게 진행된 논쟁으로서 학계 남성들은 여성학의 서구 중심성 비판 자체에 그리 관심이 있지도 않고 반응을 보이지도 않는다. 왜냐하면 그들은 가진 것이 너무 많기 때문이다. 중산층 여성의 진입에 날카로운 반응을 보인 가부장적 남성들이 없는 것은 아니지만, 오히려 비주류(적은 수—인용자)일 것 같다. (……) 물론 개별 경쟁의 현장에서는 날카롭게 대립할 수 있지만 학계 논의에서는 별로 그렇지가 않다"는 것이다. 매우 타당한 지적이다. 그 무반응은 페미니즘 자체에 대한 무관심과 폄하에서 비롯된 것이며, 이 논의에 관심을 가진 남성 연구자보다 무관심한 남성 연구자가 훨씬 많은 것도 사실이라고 생각한다. 그런데 여기서 나는 그런 다수의 무관심 자체를 인식하되, 왜, 어떤 맥락에서 누구를 향해 서구 중심적이라는 비판이 개인의 차원과 학문 내용에서 가시화되는가에 초점을 두고 있음을 부언한다.

한편 유교 페미니즘과 함께 여성학계 내부에서 서구 중심주의의 적극적인 대안으로 등장한 것이 아시아 여성주의이다. 제도적 측면에서는 2005년부터 이화여자대학교 한국여성연구원의 한국연구재단 지원 대학중점연구소 프로젝트로 진행된 아시아 여성학 연구가 대표적이다.[42] 여성학계 내부에서 '초국가적 페미니즘(transnational feminism)',[43] '현장 여성주의(local feminism)', '아시아 여성주의'는 서구의 보편적, 남성 중심적 지식을 비판하는 것 이외에도 중산계층 백인 여성주의의 특권과 그들의 경험에 바탕을 둔 지식의 한계를 비판하고 비서구 사회의 구체성과 비서구 사회 여성의 주체성 문제를 강조한다는 공통점이 있다.[44] 현재 아시아 여성주의는 내부에서 아시아 개념 정의, 연구 대상, 방법과 관련한 논의가 활발하게 진행되고 있으며, 무엇보다도 서구 중심의 패권적 지식에 반하는 지역성과 토착성, 아래로부터의 현장을 강조하는 지식 생산을 염두에 두고 있다. 따라서 아시아 여성주의는 아시아 여러 국가를 대상으로 현장 조사를 수행하고 토착화와 본질화의 위험에 빠지지 않고 구체적인 현장, 아시아 여성과 관련된 대안적 지식의 창출을 목적으로 한다. 아시아 국가 여성학자들 간의 네트워크 형성, 여러 아시아 국가의 여성학 공동 교재 발간, 국제 학술대회를 통한 지적 교류 등이 활발하게 진행되고 있다.

그런데 아시아 여성주의는 다음과 같은 비판에 직면해 있기도 하다. 기존의 아시아 여성학은 여성주의 연구 방법론에 기반을 둔 실재 아시아 지역 여성 경험에 대한 연구가 빈약하고 추상적 수준에서의 방법론적 방향성 논의만 무성하다는 점, 초국가적 이동성이 증가하면서 여성들의 삶의 조건이 되는 아시아 지역 변동 구조를 분석하는 데서 국가 단위에 기초한 고전적, 역사적, 사회학적 비교 방법론을 적용할 수 없다는 점 등 여러 비판이 있다.[45] 이 비판들은 모두 연결되어 있는데, 경험적 연구의 부재와 지구화 현상에 따라 일국 이상을 연구 대상으로 삼아야 한다는 문제 등의 방법론적 한계를 가리킨다. 아시아 여성주의의 문제의식, 즉 아래로부터의 시각과 현장성을 강조하고 기존의 수동적이고 신비화됨으로써 타자화된 여성의 주체성과 행위성에 주목하는 것이 타당함에는 재론의 여지가 없는데, 문제는 그것을 어떻게 작업할 것인가 하는 방법론적 구현에 있음을 상기시키고 있다.

서구, 남성, 백인 중산계층의 여성주의 지식에 대항하는 담론으로서 현장성과 아시아 여성의 주체성에 주목하는 아시아 여성주의의 전제와 문제 제기는 많은 연구자에게 공감을 얻고 있는데, 나는 이 지점에서 어떻게 아래로부터의 현장성을 구현하는가라는 방법의 문제가 관건이라고 생각한다. 아시아 출신의 여성학자에 의한 아시아 여성과 아시아 국가와 관련된 지식이 반서구적 지식을 생산한다는 보장이 없으며, 그 의도만으로 지식의 타당성이 자연적으로 확보되는 것도 아니기 때문이다. 서구 중심주의에 대한 비판은, 그 대상이 삶의 양식이든 학문이든, 제1세계 중심주의에 대한 당위적 비판이나 제3세계의 '본질적으로 규정된' 고유한 특성을 되찾는 것이 아니라, 제1세계와 제3세계가 본질적으로 어떤 연관이 있고 어떤 형태로 발현이 되며, 연관성의 구체적 영향이 무엇인지를 밝혀 제1세계 대 제3세계와 같은 그 구분 자체의 허구와 억압성을 밝히는 작업이 중요하다. 식민주의, 제국주의의 역사와 무관한 식민국 고유의 역사를 발굴·복원하는 것이 아니라 서구의 주체가 종속된 타자와의 존재/결부에 의존함을 보이고 중심과 주변의 이분법을 해체하는 작업이 필요하다는 것이다.

　나는「지구화 시대 지역연구 지식의 재구성」에서 그와 같은 문제의식을 바탕으로 혼종적 현실의 구체화를 어떻게 도모할 것인가라는 문제와 관련해 '방법의 중요성'을 살폈다. 방법이 중요한 이유는 단순히 기능적인 면에서가 아니라 연구 방법이 이미 인식론과 연구자의 입장을 반영한 것이기 때문인데, 예컨대 서구적 페미니즘의 반테제(대안)로서 유교 페미니즘을 주장하는 것은 서구를 여전히 본 테제로 삼고 이것의 안티테제의 반사적 논리로서 토착, 비서구의 고유함을 찾는 접근이므로 이분법 자체를 벗어나지 못하는 한계가 있다. 따라서 이러한 프레임 자체를 극복하기 위해 '사실주의 분석(realistic analysis)'을 주장하고 이를 구현한 사례연구들을 제시한 바 있다. 원론적 의미에서 사실주의 분석은 지식의 권력적 속성(보편적, 객관적 지식에 대한 의구심) 및 보편화된 이분법의 패러다임을 비판하고 "구체성을 담보하여 특별한 장소와 위치에서 발생하고 있는 지구화의 경제적 지리학을 제공하는 분석"[46]을 뜻하는데, '아시아 여성주의'라는 기치를 내세우지 않더라도 아시아 여성의 삶을 연구한, 이와 같은 이론적 가치가 높은 사실주의 연구들은 이미 그렇게 드물지 않다. 이들 연구의 일반적인 특징은 첫째, 아시아 여성의 삶을 기술하되 수동적 희생자의 이미지에 가두게 되는 함정을 경계한다. 둘째, 서구와 비서구의 이분법 자체보다 혼종적 현실 자체에 주목한다. 셋째, 아래로부터 목격한 현실과 사실에 대한 천착을 설명의 자원으로 활용한다. 넷째, 기능적인 면에서 아시아 여성 연구에서 지식의 주체가 필연적으로 아시아 출신의 (여성) 학자여야 할 필요는 없다. 주관적 경험과 지식 생산은 밀접한 관계가 있지만 본질적으로 비례하는 관계는 아니기 때문이다.

지식의 계급성과 재현의 문제

한편 페미니즘이 서구 중심적이라는 비판의 한 형태이자 여성학계 내부에서 생각해봐야 할 문제는, 서구에서 유학한 경험이 있거나 중산계층 배경을 가진 여성학자가 서구 이론을 단순히 소개하거나 기층 여성의 삶과는 괴리된 추상적이고 어려운 지식을 생산한다는 비판이다. 이 비판은 페미니즘은 중산계층 배경의 여성학자만이 소유하는 것으로 이들이 기층 여성을 설명할 때는 계급적 차이로 인해 부정확한 지식을 생산한다는 전제를 포함하고 있다. 다른 측면에서 여성주의 교육에 접할 기회가 적은 기층 여성은 여성주의 의식이 부재하다는 전제 또한 있다. 이들 전제의 함의와 여성학계 내부에서 이 문제와 관련된 타자에 대한 '재현의 문제'를 살펴봄으로써, 페미니즘이 서구 중심적이어서 문제가 있다는 주장과 고등교육을 받은 중산계층 여성주의 연구자들이 타자를 재현할 때 발생하는 어려움은 구별되어야 함을 설명하고자 한다.

페미니즘이 서구에서 기인한 이론이라는 주장은 그 비판의 대상이 여성 지식인으로서, 애초에 기층 여성의 여성주의 의식 문제는 고려되지 않는다. 그런데 기층 여성의 여성주의 의식 문제를 고민하지 않는 것 자체가 가부장제의 산물이며 동시에 엘리트주의를 방증하는 것이다. 여성학계 내부에서 이 문제는 1990년대 여성 내부의 차이 문제가 대두되면서 중요하게 다뤄지고 있다. 이는 소외된 주변부 여성을 어떻게 재현할 것이가라는 문제로 집약된다.

최근 한국 학계에서 기층 여성의 여성주의 의식 문제와 지식 생산의 문제를 직접 언급한 이가 인류학자 윤택림이다. 그녀는 「여성은 스스로 말할 수 있는가?」에서, 스피박이 1988년에 쓴 논문 제목이자 질문인 「서발턴은 말할 수 있는가?(Can the Subaltern Speak?)」를 빌려 동일한 질문을 한다. 민중사 연구에서 민중의 다양한 목소리를 재현할 수 있는 방법론과 이론이 없기 때문에 민중은 스스로 말할 수 없다는 자신의 주장을 연장해, "아직은 아니라"라고 결론 내린다.[47] 그녀는 지난 10년 동안 한국에서 여성 구술 생애사 연구의 양적·질적 발전 속에서 소외된 여성과 피해자 여성 중심의 구술 생애사 연구를 통해 여성의 주관과 경험을 스스로 드러내고 있지만 사회적으로 큰 영향력을 행사하지 못했다고 진단한다. 그 이유는 구술 생애사 연구의 역사가 일천하기 때문이고, 여성 구술 생애사 연구가 역사학계에서 아직 실천되고 있지 않기 때문이라고 한다.[48] 그녀는 연구자의 자기 성찰적 질문과 반성을 촉구하고("우리가 인터뷰할 수 있는 여성들은 누구인가. 우리가 접근할 수 없고, 침묵하는 여성들을 우리는 어떻게 말하게 할 것인가. (……) 그들의 이야기를 잘 듣고 있는가."[49]) "여성 스스로가 자기 역사를 쓸 수 있을 때, 여성은 스스로 말할 수 있게 될 것이다" 라고 결론짓는다.

유사한 맥락에서 앞서 언급한 인도의 여성주의 학자 나라얀은 인도 페미니즘이 서구 중심적이라는 비판에 반론을 제기하는 과정에서 기층 여성의 여성주의 의식 문제를 다루고 있다. 그녀는 자신의 세대와 어머니 세대가 갖는 여성주의 의식의 차이점은 어머니 세대도 가부장제와 억압을 느끼지만 이를 개인만의 문제나 개인의 운으로 생각하는 반면, 자신의 세대 여성주의자는 그 억압의 원인과 상황을 구조적·체계적 속성으로 분석하는 것이라고 언급한다. 그녀는 억압에 내재하는 구조적 속성에 대한 분석을 여성주의 의식이라고 생각하고, 그런 분석을 통해 정치적 조직화와 동원화가 가능한 것 또한 자기 세대 여성주의 의식의 특징으로 보고 있다.[50]

이런 방식으로 여성주의 의식을 이해하는 것이 가장 보편적이고 상식적이다. 한국의 경우 1970년대 후반 이래 대학에서의 여성학 과목 개설 및 여성학과 설립, 여성 관련 법 개정, 집단적 여성운동 등 중산계층 배경 중심으로 전개된 여성주의 지식의 확산과 운동의 전 개가 현 한국 여성의 삶에 미친 영향과 중요성은 재론의 여지가 없 다. 여성운동과 여성이론의 확산 과정에서 젠더 문제를 주제로 한 정 치적 동원화와 여성학 교육의 여부 등이 여성주의 의식의 중요한 지 표가 된 것도 사실이다. 그리고 윤택림의 결론 즉 기층 여성 스스로 가 자신의 이야기를 쓰는 지식 생산은 아마도 가장 바람직하고 이상 적인 형태일 것이다. 자신의 경험을 구조적으로 사유할 능력과 이를 언어화할 수 있는 능력, 사회과학 논문 형태 외의 다양한 글쓰기가 보장되는 여건 등이 가능한 것만큼 바람직한 것은 없을 것이다. 그런 데 기층 여성 스스로가 자기 역사를 쓸 때에도, 자신이 구성하고 쓰 는 자신의 역사도 재구성된다는 측면에서 정치적 속성은 여전히 남 는다는 점과, '현실적으로' 구술 증언, 구술 생애자의 삶을 드러내고 지식을 생산하는 주체가 기층 여성 자신이라기보다는 소수의 연구 자들이라는 실질적 상황을 감안할 필요가 있다. 먼저 일기나 자서전 과 같은 개인적 글쓰기 또한 글의 사회적 성격을 생각하지 않을 수 없다. 그리고 연구 과정에서 정보 제공자, 증언자가 지식 생산에 기여 하는 것을 아무리 강조하더라도 글쓰기 형태의 지식 생산자는 소수 의 연구자들이다. 당연히 이 언술은 학계에 있는 지식 생산자만이 지 식을 생산한다는 주장이 아니다. 연구 참여자나 증언자 스스로는 두 말할 것 없이 동일한 지식 생산자인데 그 역할과 결이 다를 뿐이라는 사실을 기본 전제로 한다.[51] 이런 배경에서 구술 증언, 구술 생애자의 삶을 어떻게 구현하느냐, 그 현실과 괴리를 어떻게 조응하느냐가 여성학계 내부에서 귀 기울여야 할 '재현의 정치'로 부각되어왔다. 그런데 서구 중심주의 논쟁에서는 이 문제가 잘 다뤄지지 않는다.

　　타자에 대한 재현의 어려움과 왜곡의 가능성, 그리고 그것의 함의를 알아보기 위해 사회적 신화가 많은 성 산업 종사 여성에 관한 연구의 경우를 살펴보도록 한다. 성 산업과 성매매 연구는 법제 관련, 국가의 정책 등을 주제로 하는 제도적 수준 연구에서부터 성 산업 종사 여성 연구에 이르기까지 그 스펙트럼이 다양하고 역사 또한 매우 깊다.[52] 이를 종합적으로 살피기에는 무리가 있으나 일정한 패턴이 있는 것은 사실이다. 성매매라는 일을 자세히 기술하는 것을 바탕으로 하는 여성의 삶에 대한 이해가 많다. 특정 방법과 지식의 패러다임 자체가 정치적인 것으로서, 이런 유형화된 지식 자체가 계급적 속성을 띠는데, 성매매 연구만큼 일의 속성이 자세하게 묘사되는 경우가 드물고, 성 산업 관련 여성은 생애 전체 맥락에서 성매매가 설명되기보다는 성매매 자체가 여성의 일생을 압도하는 것으로 설명되어왔다. 이와 같은 인식을 바탕으로 전자의 경향을 강조하는 연구가 모색되기 시작했지만[53] 역사적으로 성매매 자체가 여성의 삶을 압도하는 설명 형태는 여전히 주류라고 할 수 있다. 따라서 최근 기존의 성매매 연구를 살핀 한 연구가 잘 지적하듯이, 성매매를 다루는 대다수의 양적 연구와 소수의 질적 연구는 다음의 문제점이 있다.

첫째, 성매매방지법으로 구체화된 한국의 성매매 근절주의와 이에 기초한 연구들이 성매매를 불법화하기 위한 근거로 기존의 가부장적인 지배 담론에 기대고 있다. 이 같은 연구들에서 중요한 것은 남성의 성과 달리 여성의 순결은 보호되어야 한다고 하는 보수적인 성 담론이나 일부일처제 결혼에 의한 정상가족의 틀 속에서 보호되어야 한다는 여성의 성이라는 성차별 의식을 무비판적으로 차용하고 있다는 점이다. 둘째, 성매매에 연관되어 있는 억압과 착취, 그리고 감금과 폭력을 성매매와 등치시킴으로써 성매매가 갖는 다양한 젠더 권력관계를 단순화시킨다. 셋째, 성매매를 범죄 행위로 규정함으로 모든 성매매 관련 여성을 범죄 행위의 피해 여성으로 정의하게 된다. 결국 의도하지 않게 가부장적 지배 담론의 해체가 아니라 암묵적으로 고착화시키는 경향을 보인다. 뿐만 아니라 성매매와 관련된 여성들을 '스스로 타락한 여자'로 바라보는 가부장적 상식을 공유함으로써 이들에게 강제된 낙인과 도덕적인 비난을 성찰하지 못하고 오히려 강화하는 듯한 태도를 보이고 있다.[54]

분명 기존의 성매매 연구는 성 산업과 성매매, 성 산업 종사 여성에 대한 인식을 바꾸고 양성 평등에 일조하기 위한 연구를 지향한다. 그럼에도 그러한 지식의 의도하지 않은 이데올로기적 결과는 연구자가 지식 생산에서 타자의 어려움을 밝힘으로써 사회구조적 문제를 비판하고자 하는 선한 의지만으로는 충분하지 않다는 것을 보여준다.

무엇보다도 그와 같이 선한 의도에도 불구하고, 왜 타자, 타 계급 여성을 왜곡하는 재현이 발생하는가를 질문할 수 있다. 이는 타자를 정확하게 재현하는 일이 원초적으로 가능한가라는 인식론적 질문을 필연적으로 수반하면서, 경험과 지식 생산의 관계를 둘러싼 질문으로 돌아간다. 나는 이를 글쓰기의 기능적 수준에서의 문제라기보다는 경험과 인식의 차이에서 비롯하는 '자아/타자 이해'의 어려움이 매우 중요한 요인이라고 생각한다.[55] 이와 같은 문제의식을 젊은 여성주의자들이 왜, 어떻게 기층 여성의 삶을 이해하지 못하는가라는 질문에 대해 박완서의 문학 비평을 고찰하면서 논한 조(한)혜정의 글(1992)에서 찾아볼 수 있다. 박완서는 사실주의 작가로서, 그녀의 작품들은 '이해받지 못하고', '파악되지 못하는' 지식인 여성들의 연구 대상으로 등장하는 기층·주변부 여성의 삶에 관한 지식과 그들의 실제 삶의 괴리를 설명하는 좋은 예가 된다.

조혜정은 박완서의 문학 세계가 어떻게 남성 비평가들에 의해 폄하되고 제한적으로 이해되고 있는지를 먼저 밝히고 있다. 박완서의 작품에 대한 많은 비평에서 그녀가 작가라기보다는 여성으로 비하, 오독되고 그녀의 글쓰기 방법과 내용은 탈역사성 혹은 생리적 감수성 등으로 폄하된다고 잘 지적하고 있다. 더욱 흥미로운 분석은 여성학계 내부에서도 박완서의 작품들이 왜, 타당하게 이해되고 분석되지 않는가를 설명하는 부분에 있다. "여성의 체험을 애써 외면하는 '여성해방문학비평'" 제목의 소장에서 젊은 여성 비평가들이 어떻게 박완서 소설의 내용과 의도를 오독하고 있는가를 언급한다.

예컨대 박완서의 소설 『서 있는 여자』에서, 주인공 여성이 양성평등을 구현하는 결혼생활을 노력하나 결국 이혼을 결정하고 혼자만의 글쓰기 공간을 확보한다는 결말[56]에 대해, 박완서가 주인공의 한계를 지적하지 못했다고 한 여성 비평가들을 이와 같이 평한다.

나는 이 소설에서 작가가 말하고자 하는 것이 바로 그 점, 남녀평등이 그리 쉽게 이루어지는 것이 아니라는 사실을 모르는 지금 시대의 '똑똑한 여자의 중대한 착오'에 대한 것이었으며 이 작품의 클라이막스는 바로 주인공 연지가 많은 방황과 고심 끝에 그 사실을 깨닫는 부분에 있다고 본다. (……) 평자들은 대개 20대 후반의 대학원생들로 존재 조건상 연지와 가장 비슷한 상황에서 살고 있다. 이들이 연지의 깨달음이 더 잘난 남자를 만나지 못한 후회의 수준에 머무르고 있다고 읽은 것이나 연지가 '확실한 내 영역을 지니고' 싶어 하는 절규를 바로 남자가 되고 싶어 하는 절규로 파악한 것은 의미심장하다. 그들은 연지가 아버지 영역의 협소함과 배타성에 혐오를 느끼는 부분이 던지는 중요한 암시를 놓치고 있다. (……) (『그대 아직도 꿈꾸고 있는가』에서도 나타나는 젊은 여성 비평가들의 유사한 반응을 해석하며—인용자) 평자들은 현실에서 여성이 받는 억압의 체험을 느끼지 못하거나 느끼기를 스스로 거부하기 때문에(그들의 이론대로라면 중산층 여성으로서 살 기반을 가진 그들이기에 그럴 수밖에 없다) 현실 체험을 바탕으로 뭔가를 말하고 있는 박완서의 작품들을 제대로 읽어낼 수가 없고 그래서 부당한 평을 할 수밖에 없다. (……) 가부장제에 길들여진 '약은' 여성들은 이 점을 잘 알고 있다고 박완서도 그의 작품을 통해 이미 그려낸 바 있다. 가부장적 음모는 그토록 뿌리 깊고 엄청난 것이다.[57]

이 인용문은 가부장제가 뿌리 깊고 엄혹해 이에 대한 기층 여성의 저항이 주류 여성주의 지식이 가정하고 주장하는 것처럼, 눈에 잘 드러나거나 남성 중심의 가부장제에 동화하려는 노력이 아닌 반복적이며 일상적인 형태로 수반되는 과정이고 비가시적 형태의 전략들을 구사하고 있음을 암시하고 있다. 따라서 조혜정은 동화나 즉자적 거부라는 저항 전략에 익숙한 전도유망한 젊은 여성주의 비평가들이 그런 점을 이해하지 못하고 있음을 지적하고 있는데, 그 이유로는 억압을 체험하지 못하거나 느끼기를 거부하는 계급적 배경과 경험의 부재를 들고 있다. 조혜정은 페미니즘의 중요한 화두의 하나인 경험이라는 언술을 통해 이해와 공감의 근간에 접근하고자 했다. 즉 조혜정의 분석은 억압적 경험의 공유, 계급적 배경의 차이 등 여성주의 지식에서 중요한 주제어를 중심으로, 어떻게 계급적·연령적 차이가 타 계급 여성에 대한 몰이해와 오해를 낳는지를 잘 설명하고 있다.

기층 여성을 재현하는 데 보이는 왜곡, 이해의 어려움은 여성주의 교육의 부재와 제도화된 여성주의 언어의 미사용이 여성주의 의식이 부재로 설명될 수는 없다는 주장의 중요한 근거가 된다. 즉 앞서 나온 나라얀의 여성주의 의식을 이해하는 방식이 매우 보편적임에도 불구하고, 그녀가 놓치고 있는 것은 어머니 세대의 여성들이 자신의 운명에 가해지는 사회로부터의 강제를 구조적으로 분석하지 못하더라도 여성들은 고유한 삶의 방식과 양식 및 저항 방식을 구축한다는 사실이다. 다만 예컨대 저항 양식들이 정치적 조직화와 동원화 같은, 드러나거나 즉자적이지 않는 경우가 많고 제도적 수위의 여성주의의 언술과 용어들로 표현되지 않은 경우가 많아 파악하기가 용이하지 않다는 것이 문제이다. 나라얀이 파악하고 있는 여성주의 의식과 제도적 수준의 동원화는 이미 계급적 속성을 내포하고 있으며(집단적·정치적 동원화 등은 자원 활용이 힘든 기층 여성에게는 어렵기 때문이다), 실제 많은 여성은 제도 수위의 전략보다 눈에 잘 띄지 않는 레퍼토리를 활용하는 경우가 많다.[58] 또한 많은 기층 여성에게서 나타나는, 나라얀의 어머니 세대에서 보인다고 한 운명주의(fatalism)와 같은, 현대 여성주의자가 보기에는 패배와 수동성, 억압의 체현과 같은 양식일지라도 그 결을 해석하는 것 또한 연구자의 중요한 과제가 된다. 문제는 관심을 둔 연구자가 어떻게 이를 파악하고 새로운 언어로 표현하고 발굴하는가 하는 것인데, 물론 쉬운 작업은 아니다. 게다가 연구자가 아무리 연구 대상자를 객관적으로 서술한다고 하더라도 위 성 산업 연구 검토에서 나타난 것처럼, 연구자의 '부분적 시각'으로부터 자유로울 수 없다.

그러나 그런 어려움에도, 각 분과의 많은 연구자는 타자화와 같은 인식론적 폭력을 피하기 위한 방법을 꾸준히 개발하고 있다. 한국 학계에서는 2000년대 들어 역사적 피해자나 주변부 집단 여성을 기술할 때 어떤 방식의 지식을 생산할 것인가라는 문제가 인류학, 사회학, 여성학, 구술사 연구 등에서 꾸준히 논의되어왔다. 일본군 성

노예 여성 증언자들의 증언이 구성되는 과정에서 연구자와 증언자가 이미 도식화된 프레임 속에서 생산되는 지식에 문제 제기가 이뤄지기도 하고,[59] 성 산업 종사 여성에 관한 연구에서도 앞서 비판한 여성의 생활과 삶을 성매매로 환원하는 지식을 벗어나기 위한, 예컨대 생애사적 재구성 방법론과 같은 방법론적 제안도 속속 등장하고 있다.[60] 이미 언급한 아시아 여성주의의 문제의식과 그것의 방법론적 강화도 좋은 예이다.

경험 공유의 불가능성, 차이에 기반을 둔 타자 이해의 어려움 등 여러 이유로 여성주의 지식은 일반적·보편적·객관적 지식 추구를 목적으로 하지 않으며 또 가능하다고 주장하지도 않는다. 그럼에도 타자의 왜곡된 이해와 재현은 늘 여성 내부의 위계와 차별, 특권의 문제를 야기하기 때문에 이를 상쇄하는 지식 생산을 도모해왔다. 총체적이고 피상적인 (자유주의) 페미니즘이 서구 중심적이어서 문제가 있다는 비판은, 먼저 기층 여성이 여성주의 의식이 부재하다고 전제하고 있으므로 엘리트주의적이다. 또한 경험의 구속성으로 인해 중산계층 배경의 연구자가 타자를 왜곡되게 재현하는 한계 및 어려움과 페미니즘 자체가 중산계층의 학문으로서 한계가 있다는 비판은 등치될 수 없다. 전자의 '경험의 구속성'은 여느 연구자에게나 해당하는 것으로, 지식 자체가 갖는 정치적 성격을 배제한 채 중산계층 배경을 지닌 연구자만의 페미니즘이라는 주장은 페미니즘을 향한 가부장적 반감과 엘리트주의의 또 다른 형태라고 할 수 있다.

이러한 여성학계 내부의 정황을 고려하고 이 장의 본래 질문으로 돌아가면, 나는 서구의 이론을 한국의 사례에 적용하는 것 자체가 문제가 되지는 않는다고 본다. 그보다 누가, 무엇을, 어떤 맥락에서 설명하고자 했는가가 중요한 문제라고 생각한다. 이때 중요한 것이 "그 이론이 사회 전체의 맥락에서 전개될 기반이 마련되었다는 측면뿐 아니라"[61] 이의 주체인 연구자와의 공명이 중요한 문제로 대두된다고 판단한다. 기본적으로 지식 시장에서 전 세계적으로 유통되는 서구 사상의 영향 또한 부인할 수 없는 본질적 사실이라는 점을 인식해야 한다.[62] 이는 선후나 우열의 개념이라기보다 양자의 양적·질적 결합의 양상이 그렇다는 의미이다. 이 같은 사실을 간과하고 있기 때문에 예컨대, 추상적·이론적 수위에서 서구의 사상에 대한 대안으로서 동양 사상 연구가 서구 중심적 지식을 극복하는 대안이라는 결론이 나오기도 하는 것이다. 그리고 특정 연구자의 특정 이론과의 공명은 서구에서 기인한 이론과 특정 이론가를 수용하는 데서 서구의 것을 본(本)으로 삼고 특정 서구 이론이 한국 사회와 현상을 더욱 잘 설명할 수 있다면 아무런 문제가 없다는 말이 아니다. 또한 서구 사회와 한국사회의 특수성을 고려하지 않은 인간의 보편적 경험과 그를 바탕으로 하는 이론이 가능하다고 생각하는 것도 아니다.

중요한 것은 특정 시대의 연구자와 특정 이론의 공명은 그 자체로 '매우 정치적인 행위'라는 점이다. 특정 이론/이론가의 선택·적용·적합 등은 무(無)에서 이뤄지는 것이 아니며, 그것 자체가 연구자의 방법·주장·사상을 내포하고 있는 것이므로 이미 연구자의 입장을 반영하는 것이다. 따라서 이때 공명되는 이론에서는 동서양의 근원에 대한 문제가 그다지 중요하지 않다. 이는 결국 지식 생산 주체가 어떤 이론과 공명했는가가 '수입'이라고 일컬어지는 현상의 중요한 요인이 되기 때문이다. 서구 중심주의 논의의 비판 지점으로서 연구자 자신의 문제의식을 바탕으로 서구 이론을 수입해야 한다는 조순경의 주장도 같은 맥락이라고 할 수 있다. 다만 이론의 수입이라기보다 위에 설명한 본질적 의미에서 공명이 더욱 타당하다고 보는데, 인적 교류가 활발해지고 과학기술의 발달로 현재 지식 생산의 장에서 이미 경합하는 새로운 이론들이 시공간을 초월해 교환되는 상황에서 이 공명이라는 표현이 더욱 적합하다고 본다.

한편 제도 수위에서뿐 아니라 권위자에게 의존하고 서구의 유명 이론을 그대로 소개하는 등의 내용/글쓰기에서의 지적 식민성은 마땅히 경계되어야 한다. 현 여성학계에서 지구적 여성주의(global feminism)의 또 다른 언술인 '초국가적 페미니즘'이 그 언술만으로 마치 만병통치인 것처럼 회자되는 현상이 한 예이다.[63] 왜 초국가적 페미니즘의 소개가 중요하고 그 이론을 적용해 설명하고자 하는 현재의 '사회 문제'가 왜 중요한지, 무엇보다도 그 초국가적 현실에 대한 설명력이 실제로 담보되고 있는지 심사숙고되어야 하는데, 언술 자체로 회자하면서 지식의 권위를 높이고자 하는 일련의 흐름이 있는 것도 사실이다. 이런 맥락에서 앞의, 아시아 여성주의를 논하는 장에서 그 이론이 아래 현장의 수준으로부터 어떻게 구현되고 있는가를 염두에 둔 사실주의적 연구의 생산이 중요함을 강조한 바 있다.

'서구에서 수입한 페미니즘'이라는 언술에서, 수입된 페미니즘과 유명 이론의 정체는 불분명하거나 '총체적인 무엇'으로 간주되며 대개는 자유주의 페미니즘임을 알 수 있다. 서구 및 비서구 사회에서 주류 여성주의는 여전히 자유주의 페미니즘이기 때문에 여성학계 외부에서 그런 비판이 제기되는 것은 이해할 만하지만, 페미니즘을 이해하기 위한 노력이 부재한 것 또한 사실이다. 서구 중심적 페미니즘의 대안들을 검토하면서, 담론 수위에서 서구에 반하는 우리 전통으로의 회귀 및 복구와 같은 대응에는 문화 본질주의와 함께 중산계층 여성들이 공적 영역으로 진입하는 물리적 상황과 관련된 엘리트 남성들의 가부장적 반감이 동시에 작동하고 있다고 설명했다.

　그리고 페미니즘이 서구 중심적이라는 비판의 논의에서 기층 여성의 여성주의 의식의 문제가 제외되어왔다는 점에 주목하면서, 그 비판에 내재된 엘리트주의를 상기했다. 더 나아가 여성학계 내부에서 논의되는 재현의 문제를 통해, 지식의 정치적 속성으로 인한 (타자) 재현의 어려움이, 페미니즘이 서구 중산계급 여성의 전유물이라는 비판 및 가부장적 반감이 전제된 비판과 혼동되어 있음을 지적했다. 달리 말해, 지식의 식민성에 기인하여 서구의 이론/권위자를 표피적으로 언급하는 것과, 기층 여성의 다양한 방식과 형식의 삶을 포착하지 못하고 이를 언어화하는 데 어려움이 있는 주류 여성주의의 한계에 대한 비판은 구분되어야 한다. 따라서 (연구자의 입장에서) 페미니즘 이론의 기원이나 장소를 문제 삼기보다는, 특정 이론과 연구자 간에 공명이 이뤄지는 방식, 각 주제가 그 방식에 의해 구체화되는 과정과 구현 정도가 관건이라고 주장했다.

역사적으로 페미니즘에 제기되는 비판은 한결같지 않고 새로운 사회 환경에 따라 형식, 내용, 수위가 늘 변화한다. 그중 하나인 페미니즘이 서구 중심적이라는 언술이 담고 있는 가부장적 속성과 엘리트주의를 드러내고 그에 대한 페미니스트 대응의 초점을 분명히하는 데 기여함으로써, 학계 및 사회 전반에 걸친 여성주의 지식에 대한 자연화된 폄하가 조금이나마 재고될 수 있기를 바란다.

6장

공감, 정체성, 그리고 탈동일시
(Disidentification)

사회적 덕으로 소비되는 고통과 공감

페미니즘 논의뿐 아니라 인권과 차별에 관한 공론장에서 공통적으로 발견되는 현상이 하나 있다. 사회적 약자나 피해자의 상황을 자세히 기술하면 이를 접하는 이가 자연스럽게 그들을 이해하고 공감할 것이라는 전제이다. 공감이 그렇게 수월하게 언급되거나 전제될 수 있는 가치일까?

정치 폭력, 인종 학살, 차별과 같은 사회문제를 다루는 대학의 인문사회과학 강좌에서 학생들이 보이는 반응에는 일정한 유형이 있다. 예를 들면 미국의 대학 강좌에서 인종차별 논의를 할 때, 어떤 백인 학생들은 노예제라는 역사적 사실을 처음으로 알게 되어 당황스러워하고, 어떤 학생들은 노예제가 과거의 일이며 자신과 상관없다는 무관심을 보인다. 또 흑인에게 막연한 연민을 느끼는 학생들도 있다. 반면 흑인 학생들은 그 역사적 사건의 정당성을 담보한다는 우월의식을 보이는 경향이 있다.[1] 2장에서 살핀 것처럼 양성 차별을 다루는 여성주의 강좌에서도 이런 반응은 유사하게 나타난다. 남학생은 일상과 제도 수위에서 편재하는 가부장적 차별을 인식하지 못하는 데서 불편함을 느끼거나, 다른 한편으로는 과거와 달리 현재는 양성 평등이 진일보되었다고 생각하고 남성이 역차별을 겪는다고 주장하기도 한다. 여학생은 남학생보다 성별 차이에서 기인하는 불편함을 더욱 잘 느끼고 있으며, 흑인 학생들의 사례처럼, 여성이기 때문에 여성주의의 참지식을 알고 있다는 자부심을 보이기도 한다.

이와 같은 사례에서 알 수 있듯이 학생들의 반응은 자신의 '입장', 다시 말해 성별·인종·국적·계급과 같은 사회적 정체성에 기반을 두고 있다. 사회적으로 구조화된 특권 집단은 주변부 사회집단이 겪는 일상적·제도적 차별에 당황함을 넘어선 이해와 인식이 가능할까? 그들 자신의 특권을 자각하는 것이 가능한가? 가능하다면 어떻게 가능한가? 대체로 특권 집단은 자신이 주변부 지위에 처하게 될 때 그 부당함을 이해하고 공감할 가능성이 커지는데, 이 경우에 공감은 어느 정도의 진정성을 가질까?

논의를 진전시키기 전에 개인적으로나 사회적으로 합의하기가 어려운 공감과 고통의 개념을 정리하고자 한다. 먼저 공감은 동감, 동정, 연민, 자비 등의 개념으로 혼용되고 있다. 영어로 공감은 'sympathy'로서 감정을 공유한다는 뜻이며, 'compassion' 또한 공감으로 번역되기도 한다. 동감은 'empathy'로 같이 느낌이라는 뜻이며, 연민은 'pity'로 가엾게 여기는 마음이다. 언어학적으로 연민은 양자의 불균형적 권력관계가 내포된 개념은 아니지만, 대개 타자를 불쌍하게 생각하고 시혜의 대상으로 여긴다는 뜻을 내포하는 것으로 이해되고 있다. 내가 의도하는 공감은 영어로 'compassion'이며, 동일한 감정을 느낀다는 의미를 넘어선 '자비(慈悲)'를 의미한다. 자비는 불교의 'karuna'인데 metta(慈, 자애), karuna(悲, 자비)가 핵심으로서 이롭지 않은 것과 괴로움을 제거하고 이로운 것과 행복을 가져오려는 의도와 행동[2]을 뜻하기 때문에, 타자의 고통을 해소하기 위한 노력을 포함한다. 즉 여기서 공감은 타인의 고통을 감정적으로 공유하고 사회적 불공정함을 인지할 뿐 아니라 고통을 제거하려는 노력까지 포함한다. 따라서 불교 연구에서 compassion이 대체로 '자비'로 번역되고 나 또한 이를 선호하지만, 사회적 맥락을 고려해 기존에 sympathy로도 통용되는 '공감'을 선택했다.

고통 또한 합의하기가 무척 어려운 개념 중 하나로서 합의하려는 시도 자체가 무리일 것이다. 고통은 가난, 사고, 육체적 질병, 차별 등을 포함해 가시적·비가시적, 물리적·심리적, 일시적·장기적, 미시적·구조적 형태 등을 고려할 수 있다. 그런데 여기서는 고통의 강도, 내용, 형태, 해석의 문제보다 고통에 내재된 불공정함 때문에 수난자가 억울함이라는 감정을 느낀다는 것이 전제되어 있다.

대개 타인의 고통을 인식하고 공감하는 문제는 주로 종교와 윤리 문제로 설명되어왔다. 서로 다른 종교이더라도 자비, 사랑, 공감

등은 절대적인 도덕적 가치로 논의된다. 이는 또한 사회 재생산을 위해, 즉 타자를 공감하는 것이 가능할 때 조화로운 공동체를 이룰 수 있다는 맥락에서 강조되곤 한다. 그리고 나의 문제의식인 정체성을 기반으로 하는 사회운동 차원에서도 논의된다. 정체성을 바탕으로 하는 소속감은 주변부 사회집단의 인식론적·물리적 특징이고 외부로부터의 공감이 그 집단을 지지하고 연대를 가능케 하는 핵심적 자원이기 때문이다.

나는 타자의 고통을 화두로 한 공감의 문제가 '감상주의'로 왜곡되고 공감에 이르는 방법을 다룬 논의가 부재한 채 규범적 주장으로 논의되는 것을 경계한다. 그리고 공감이 왜, 얼마나 어려운가를 현실적으로 인식하는 것이 매우 중요한 과정이라고 주장한다. 감상적 동정심은 갖기 쉽지만 주변부 사회집단에 대한 '이해'에 바탕을 둔 공감과 경쟁 관계에 있는 타자를 공감하기가 얼마나 어려운가는 일상적·제도적 수위에서 빈번하게 목격되는 폭력에서 확인할 수 있다. 타자에 대한 공감이 어려운 데는 무수한 요인이 작동한다. 개인의 성품, 부당함이 발생하는 사회구조에 대한 개인적·제도적 무지, 자신과 이해관계가 없다는 무관심으로부터 공유 자체가 어려운 고통 자체의 속성도 있다. 요인마다 방대한 작업이 필요한데, 나는 특히 미경험자는 피억압자가 겪는 억압에 따르는 감정적 상태를 이해하기 어렵다는 점에 주목한다.

더 나아가 나는 공감이 실천하기 어려운 것이지만 지레 포기해야 하는 가치가 아니라는 점 또한 밝힐 것이다. 정반대로 나는 공감이 당위나 규범이 아닌 긴급하고 중요한, '의식적인 노동'이 필요한 사회적 실천이라는 점을 설명하고자 한다. 다만 기존에 상식적으로 논의되는 상상력, 감정이입, 역지사지, 동일시의 논리가 아닌 사회적 안전망으로서의 정체성을 벗어나는 동시에 새로운 자아를 구성하는 탈동일시(탈정체화, disidentification)를 한 방법으로 제시하려고 한다.

공감 실천이 어려운 이유와 그 현실적 인식

2000년대 중반 이래 한국의 인문사회과학계에서 공감, 도덕 교육 등의 언술을 중심으로 감성과 타자의 고통에 관한 문제가 활발하게 연구되고 있다. 윤리 교육, 종교, 정치철학을 다루는 연구자들이 논의했는데 두드러진 주장은 다음과 같다.

첫째, 감성 문제가 이성 중심의 사유 세계를 비판하는 과정에서 제기된 것으로, 감성이 사람의 인식과 행동에 중요한 역할을 한다는 주장이다. 둘째, 공감이나 도덕 등의 언술이 일종의 상식이자 규범으로서 개인과 공동체의 윤리 강령으로 언급된다. 여러 사회문제 해결책으로서 타자를 이해하고 도덕적 실천을 해야 한다는 주장이다. 셋째, 종교 분야에서 논의되는 것인데 불교의 자비, 유교의 측은지심과 충서(忠恕), 개신교의 산상수훈(山上垂訓), 서구 사상에서 논의되는 공감이 실제로 일맥상통한다는 주장이다. 넷째, 공감을 어떻게 구현할 것인가라는 문제에서 감정이입, 역지사지, 몰입(engrossment,

감정이입을 넘어 다른 사람과 함께 보고 느끼는 감수를 포함), 동일시[3] 등이 대표적 방법으로 제시된다.[4]

대중적으로나 학계에서도 공감에 관한 주장은 긍정적이고 당위적인 어떤 것으로, 실천이 가능하다는 전제가 있다. 그리고 타자를 이해하고 공감하는 것은 자비, 감정이입, 측은지심, 역지사지, 동일시 등의 언술로 표현되고 있는데, 표현이 다르더라도 언술들의 핵심을 반대하는 이는 없을 것이다. 그런데 문제는 종교에서의 도덕적 가치와 공감을 둘러싼 긍정적 합의가 현실에서는 립서비스 차원에 머무는 경향이 있다는 점이다. 종교적 가치나 '과정이 생략된' 당위가 전제된 공감은, 한편에서는 '현실에서 실천하기 어렵다는 회의'와 무책임이 내포되어 있고 다른 한편에서는 낭만적 서사로 폄하되는 경향이 있다.

공감의 내용과 실천 가능성을 고민한 대표적인 연구자가 미국의 정치사상가 마사 누스바움(Martha Nussbaum)이다. 공감에 관한 중요한 논문으로 1996년에 발표한 「공감: 기본적인 사회적 감정(Compassion: The Basic Social Emotion)」이 있다. 공감이 왜 중요한 문제인가를 철학적 관점에서 살피고 있는데, 공감과 이성의 관계를 설명한 후 공감이 중요한 세 이유를 들고 있다. 첫째, 공감은 철학 전통에서 개인과 공동체를 연결하는 중심적 가교이다. 공감은 타자 이해를 가능케 하는 것으로 개인의 이익보다 타자의 이익을 살피는 한 방법이다. 둘째, 공감은 흔히 비이성적인 것으로 간주되지만 실제로 이성과 평가가 개입되는 중요한 감정이다. 셋째, 공감은 타자의 복지에 대한 일종의 사고·추론이라고 할 수 있다.[5] 따라서 누스바움은 공감을 "타자가 느끼는 고통과 관련된, 타자의 복지가 부재하다는 감정"으로 정의한다. 그리고 공감이 가능하기 위해서는 다음의 상황들이 필요하다고 설명한다. 첫째, 고통과 피해가 사소하지 않고 심각할 때, 둘째, 그 피해가 마땅히 받아야 할 응보가 아닌 억울한 경우일 때, 셋째, 그런 상황이 자신에게도 닥칠 수 있다는 판단이 작용할 때 공감을 느낀다고 했다.[6]

누스바움의 설명에서 공감이 직관이나 비이성적인 쓸모없는 감정이 아니라 사고, 판단 및 사회적 감정이라는 데에는 이견이 없다. 이 때문에 최근 감성 개념이 새롭게 조명되면서 다양한 분야에서 활발하게 논의되고 있다.[7] 그러나 우리는 규모가 크고 명백하게 억울한 상황에도 공감을 통한 지지가 부재한 사례들이 많다는 것을 잘 알고 있다. 대표적으로 나치의 유대인 대학살 시 독일인의 무관심(유대인 정책을 지지한다는 뜻은 아니었지만 자신들과 직접적 관련이 없다는 판단에서 나오는 무관심)[8]이나, 앞에서 언급한, 대학 강의에서 맞닥뜨리게 되는 학생들의 반감과 부인, 무관심, 당황, 사과의 어조를 포함한 감상주의 등에서도 억울한 상황을 이해하고 지지하기가 얼마나 어려운지 확인할 수 있다. 그리고 누스바움의 공감을 위한 세 번째 요건, 타인에게 발생하는 상황이 나에게도 일어날 수 있다는 상상력을 동원한 이해는 감정이입, 역지사지, 몰입, 감응 등의 언술로 회자된다. 그런데 이 경우에도 그런 방법으로 고통을 이해하려는 노력과 막상 고통과 억압을 자신이 경험했을 때의 차이를 인정하지 않을 수 없다.

박완서의 단편소설 「사람의 일기」에는 타자의 고통에 공감하더라도 이 공감은 자신이 직접 불행을 겪었을 때 느끼는 극단적 절망감과는 비교할 수 없다는 현실이 잘 나와 있다. 두 사건이 주축이 된다. 작가인 여자 주인공의 친구가 자신의 딸과 전망이 없는 운동권 예비 사윗감과의 결혼을 하소연하고 그나마 소양이 있는 작가인 자신에게 와서 지지를 바란다. 주인공은 별다른 의견을 표하지 않으면서 당시 심정을 다음과 같이 표현한다.

> 내 솔직한 심정은 어떤 입장에서고 비켜나 있고 싶은 거였다. 비열한 짓인 줄은 아나 명확한 의견을 가진 자리는 피하고 싶었다. 그러면서도 비열의 속성인 거짓을 들키지 않으려고 요령껏 어물쩍거렸다. 친구가 외로움을 덜고 갔는지 더 큰 외로움을 안고 갔는지 헤아릴 겨를도 없었다. 행여 영향을 끼칠 말이나 책임질 말을 했을까 봐 돌이켜 보면서 문득 자신에 대해 매우 비위가 상했다.[9]

또 한 사건은 자기 막내딸의 교통사고이다. 병원에서 환자들과 조금씩 회복해가는 딸을 보면서 주인공은 또 다른 깨달음을 얻는다. 작가로서 자신이 다루어온 자신보다 못난 사람들, 짓눌리고 학대받고 신음하는 사람들에 대한 관심이 다만 이야기를 꾸미기 위한 관심이었다는 것, 관심만 있고 사랑이 없었다고 기록한다.

> 가난하고 억눌린 이웃이란 소설뿐 아니라 같잖은 우월감의 소재일 뿐 그들에게 해줄 수 있는 건 아무것도 없었다. (……) 이웃을 네 몸과

같이 사랑하라는 그리스도의 말씀들은 황홀하도록 감동적이었다. 그러나 나보다 못한 사람을 보고 느끼는 위안과 행복감보다는 덜 황홀했다. (……) 딸에게 일어난 재난을 통해 주님의 은총을 깨달은 줄 알았는데 그게 아니었다. 내 이웃 사랑의 허위를 폭로당한 것이었다. 이웃 사랑이란 쉬운 일이 아니었다.[10]

게다가 공감의 내용이 자신의 안도와 우위가 설정된 상태에서 느끼는 동정인 경우 또한 드물지 않기 때문에, '불행을 공감하는 것'은 쉽지만 타인의 행운과 기쁨에는 얼마나 동감하기 힘든가라는 문제 또한 생각해볼 수 있다. 양성이 경쟁 구도에 있지 않을 때 남성은 여성에게 호의적이거나 관대할 수 있으나 막상 여성이 남성인 자신과 동등한 능력으로 경쟁 구도에 진입할 때 성을 기준으로 여성에게 차별을 가하고, 동성일지라도 경쟁자에게 질투를 느끼고 시기하는 등 부정한 감정은 많은 일상적이고 제도적인 폭력을 양산한다.

나는 타자의 고통을 공감하는 문제가 인간의 선천적 선한 의지나 도덕적·종교적 가치로 이해되면서 이 행위가 얼마나 실천하기 어려운가를 망각하게 만든다고 생각한다. 따라서 공감은 복잡한 층위의 의식적·사회적 노력이자 실천이며, 공감이 왜, 어떻게 불완전할 수밖에 없는지 혹은 얼마나 배신의 가능성이 높은지를 살펴볼 필요가 있다고 주장한다. 앞 장에서 언급한, 인도 페미니즘과 서구 중심성 문제를 다룬 나라얀이 이 문제를 정확하게 포착하고 있다. 나라얀의 문제의식은 사람들이 주변부 사회집단에 공감해야 한다는 당위를 전제하고 있지 않다. 그녀는 여성 내부의 (인종·계급·민족 등의) 차이에서 기인하는 연대의 어려움을 지적하면서, 왜 사회정의에 관심 있는 사람들이 무관심한 이들보다 더 깊은 상처를 주고 연대를 어렵게 하는지 고민했다. 그녀는 사회적 약자에 관심 있는 운동가나 연구자들이 자주 저지르는 실수는, 억압과 고통으로 인해 피억압자들이 느끼는 '감정'을 공유하기 어렵기 때문이라고 설명한다. 즉 공감이 어려운 이유는 피억압자가 억압적 상황에서 느끼는 감정적 반응이 인식론적 특권을 갖기 때문이라는 것이다.[11]

역사적으로 인문사회과학계에서 감정의 중요성은 잘 논의되지 않았는데, 정치 폭력의 문제를 다룰 때도 수난자가 겪는 억울함, 불공정함에 대한 분노 등으로 표현되는 '감정의 결'은 잘 드러나지 않는다. 대체로 폭력이 낳는 눈에 띄고 즉자적인 결과에만 초점이 맞춰지기 때문이다. 나라얀은 억압과 수난의 경험자를 내부자(경험자)로, 이를 이해하려고 하지만 직접적으로 경험하지 않는 이들을 외부자(미경험자)로 구분한다. 외부자는 일반인이 아니라 (정체성 차이에 기반을 둔 구조적) 억압에 노출되어 있지는 않지만 사회적 약자에 공감하고 연대하려는 이들을 칭하며, 이들이 비교 대상이 되는 까닭은 사회적 약자에 공감하고 고통을 약화시키고자 애쓰는 이들이 내부자에게 더욱 큰 배신감을 주기 때문이다. 나라얀은 억압을 '느끼지는' 않지만 '이해하려고' 하는 미경험자가 타자의 억압을 이해하는 방식을 이렇게 설명한다.

첫째, 피억압자에게 공감하는 외부자는 인종차별이나 성차별을 겪지 않을지라도 지적·감정적으로 반응할 수는 있다. 그러나 내부자가 느끼는 감정적 반응들이 자신들보다 훨씬 복잡하다는 것을 자각하지 못한다. 피해자는 가해자를 향한 분노, 깊은 모욕, 그 사건으로 인한 '짓밟힌 느낌', 가해자가 귀속된 전체 집단에 느끼는 증오, 그런 태도를 낳고 지속시키는 역사에 대한 분노, 복수하지 못하는 자신의 무기력으로 인한 수치, 같은 문제를 겪는 사람들과의 강한 연대 의식, 가해자의 우둔함에 동정마저 느낀다. 둘째, 외부자는 노골적이지 않고 교묘한 방식으로 행해지는 억압을 인식하지 못한다. 억압을 직접 겪지 않고 배우는 외부자는 억압을 일반적이고 상식적인 방식과 수준에서 이해한다. 셋째, 억압을 새로운 맥락에서 보는 것에 실패하거나 (구조적·미시적으로—인용자) 연결되어 있는 억압을 이해하지 못한다. 외부자는 억압이 존재하는 광범위하고 평범한 맥락을 잘 알고 있지만, 새롭거나 익숙하지 않은 현상에서 억압을 보았을 때 그것이 억압임을 자각하지 못한다.[12]

이런 차이 속에서 경험자는 억압의 정도와 교묘한 형태의 차별을 외부자보다 더 잘 알게 된다는 것이다. 나라얀은 억압의 극단을 경험하지 않은 미경험자는 수난자에게 가해지는 억압과 부당함의 효과를 온전하게 파악하지 못하기 때문에 억압을 제거하려는 정의를 실현하는 데도 실패한다고 주장한다.

언급된 고통의 느낌들을 짚어보면, 미경험자가 수난자에게 공감하기가 얼마나 어려운가를 절감할 수 있다. "분노, 모욕감, 가해자가 속한 전체 집단을 향한 증오와 복수심, 당장 복수하지 못하는 무기력, 수치감, 가해자의 우매함에 대한 동정." 덧붙이자면 수난에는 마땅한 이유가 있을 것이라거나 피해자가 동기를 제공했을 것이라는 주변으로부터의 2차 피해, 위로받지 못하는 수난자의 절망, 가해자가 정당하게 처벌받지 않는 구조에 느끼는 분노, 사리분별의 부재로 인한 허탈감, 가해자의 변명과 합리화에 대한 혐오감, 그 혐오감에 수난자 자신마저 부패되는 느낌도 있다. 그리고 폭력 행위 자체는 순간적일지라도 폭력의 효과는 오랜 시간에 걸쳐 영향을 끼치고 일상생활에서 재구성되는 것을 염두에 둔다면, 타자의 고통을 이해하고 공감하기가 얼마나 어려운가를 재차 확인할 수 있다. 결국 경험자의 감정에 공감하지 못하는 외부자는 "수난자의 감정적 반응을 어리석고 비이성적인 것이라고 무시하거나, 경험자들이 어떤 목적을 위해 감정적 반응을 도구적으로 활용한다고 비난하기도 한다."[13] 그리고 이와 같은 외부 시선의 대중적 연쇄 반응들이, 결국 자신은 불행을 겪지 않았다는 안도감을 느끼도록 하고 고통의 해결을 개인의 문제로 사사화하는 데 일조한다.

　나는 이렇게 실천하기 어려운 배려, 공감, 연대 등의 언술이 규범적으로 회자되면서 그것의 중요성이 역설적으로 약화되는 경향을 막기 위해, '공감이 얼마나 실천하기가 어려운가를 바로 인식하는 것'이 자아 및 타자를 향한 공감과 연대의 문제를 위한 현실적 질문이라고 생각한다. 공감을 실천하는 것이 어렵다는 판단이 공감이 기여하는 사회적 역할과 중요성을 간과하고 있거나, 실천이 어렵기 때문에 그 가능성을 생각해볼 여지가 없다고 말하는 것은 아니다. 정반대로 공감을 실천하기 위해 이 행위가 회자되는 만큼 그렇게 쉽게 실천할 수 있는 개념이 아니라는 판단이, 오히려 실천 방안을 모색하는 데 더 도움이 될 것이다.

정체성 정치와 탈동일시

타자를 이해하고 공감하는 것이 일상생활에서부터 제도적 수준에 이르기까지 쉽지 않은 실천이라고 보는데, 왜냐하면 감상주의라는 함정에 빠지기 쉽고 동일시, 감정이입, 역지사지가 아무리 그 논리를 정교하게 하더라도, 나라얀이 제기한 감성의 문제로 인한 한계가 있기 때문이다. 그렇다고 이를 포기하거나 공감의 가능성을 원천적으로 부정하는 것은 아니다. 다만 나는 타자의 고통을 공감하는 문제는 '내가 누구이며 나와 타인을 어떻게 대하는가'라는 '정체성'의 문제가 핵심이라는 것과 이를 위해 정체성에서 기인하는 배제와 특권을 벗어나는 탈동일시[14]를 제안하고자 한다. 공감, 정체성, 탈동일시를 둘러싼 논의는 개인 수위에서의 정체성, 사회운동, 그리고 나를 구성하는 정체성이 무엇인가라는 추상 수위가 높은 질문에 이르기까지 무척 다양한데, 개념 논리와 이론의 핵심인 정체성 문제를 중심으로 살펴보고자 한다.

개념과 논리

'탈동일시하다'는 영어로 'disidentify'이며 개인이나 특정 집단의 특징을 규정짓는 정체성에서 벗어난다는 뜻으로서, 정체성 문제라는 것을 바로 알 수 있다. 타자, 특정 대상에게 자신의 정체성을 동일시하기(identification), 반동일시하기(counter-identification)라는 용례로 사용된다. 따라서 심리학과 밀접한 관계가 있는데 동일시한다는 것은, "주체가 타자의 어떤 양상·특징·속성에 동화하려는 심리적 과정이고, 타자가 어떤 모델을 제공한 이후에 전체적으로 혹은 부분적으로 변화하는 것이다. 이 동일시라는 일련의 과정에 의해 개인의 성격이 주조되고 구체화된다."[15] 탈동일시는 이 과정의 실패나 거부를 뜻한다.

탈동일시에 관한 유의미한 논의의 계보를 살펴보면, 루이 알튀세르(Louis Pierre Althusser) 연구자이자 언어학자인 미셸 페쇠(Michel Pêcheux)가 1982년에 쓴 『언어, 의미론, 이데올로기(Language, Semantics, and Ideology)』에 탈동일시라는 용어가 사용된 것을 알 수 있다. 그는 알튀세르의 지배 이데올로기의 호명을 대하는 세 주체의 반응을 다음과 같이 설명한다. 하나는 좋은 주체로서 기존의 이데올로기에 동화하는 이들이다. 다음으로, 나쁜 주체는 지배 이데올로기가 제공하는 이미지에 동일시나 동화를 거부한다. 그리고 탈동일시 주체는 구조적 변화를 염두에 두지만 동시에 저항의 일상적 투쟁을 위해, 지배 이데올로기의 압력에 굴하거나 그것에서 벗어나려 하지 않고 내부로부터 문화적 논리를 변화시키려는 대항 전략을 구사한다.[16] 무엇보다도 탈동일시 주체는 반동일시의 문제점을 지적하는데, 반동일시는 지배 이데올로기로의 동화와 동질화를 거부해서 언뜻 저항으로 보이지만 실제로 그렇게 저항적이지 않다고 비판한다. 나쁜 주체가 자신을 호명하는 주체가 아니라고 '반응함으로써'('호명하는 X가 아니다'), 즉 호명의 프레임을 통해 자아를 형성함으로써 지배 이데올로기를 실제로 재생산하기 때문이다. 반동일시 전략은 자아를 자신의 특정 부분을 정체성으로 규정함으로써 정체성에서 기인하는 구분과 위계 자체를 재생산하는 문제가 있다는 것이다.

탈동일시는 이런 연쇄적 고리를 거부하는 제3의 반응이다. 이를 더욱 대중화한 이가 1999년 『탈동일시(Disidentifications)』를 쓴 문화 이론가 호세 에스테반 무뇨스(José Esteban Muñoz)이다. 그는 인종과 성적 측면에서 소수자(주로 유색 퀴어)인 행위예술가, 문화인, 활동가들이 지배 담론과 협상하면서 자신들의 소수자성을 통해 사회와 소통하고 변혁을 실천하는 문화 양식을 설명한다. 무뇨스에게 "탈동일시는 끊임없이 규범적 시민권의 환상(phantasm)에 순응하지 않는 혐오 주체들의 존재를 지우고 벌하려는 주류 공적 영역과 협상하기 위해, 소수 주체가 실천하는 생존 전략이다."[17] 구체적으로 이론적 과정을 이처럼 언급한다.

(개념적으로—인용자) 탈동일시한다는 것은 자아와 자신의 삶의 서사를 일구는 것이다. (……) 동일시에서 나오는 어떤 것을 골라서 선택하는 것도 아니고, 정치적으로 모호하고 부끄러운 요소들을 일부러 버리

는 것도 아니다. (주변부적—인용자) 정체성의 해로운 요소들을 버리지 않은 채 이런 에너지를 재작업하는 것이다. (……) 따라서 탈동일시는 주류의 코드를 부수는 것 이상의 단계인데, 지배 문화에 의해 무력화된 정체성과 사회적 지위에 있는 사람들을 재현하는 실 재료로 사용하는 것이다."[18]

탈동일시는 부정적으로 호명된 정체성을 거부하거나 그렇다고 주류에 동화하지도 않으면서 창조적으로 작업하는 것인데, 대체로 혼성적(hybrid) 정체성을 가진 이들이 용이하게 실천할 수 있는 작업으로 파악하고 있다. 사회에서 주어진 호명 자체가 자신을 설명하지 못하고 현실적으로는 혼성적 존재 자체로 인한 새로움의 창조가 용이하기 때문이다.[19]

사실 탈동일시 연구는 연구자에 따라 맥락, 내용, 수위가 다르다. 무뇨스에게 탈동일시는 제3의 정체성 형태로서 사회에서 부여한 주변부적 정체성을 긍정적이고 창조적으로 재작업하는 것을 뜻하고, 페르난데스는 이를 성별·계급·민족·인종 등의 사회적 정체성에서 자아 개념을 분리해 새로운 자아를 창조하는 것으로 규정한다. 그녀는 인간의 참 자아는 사회적 정체성으로 구성된 것이 아니라 영적 존재인 만큼 그런 외피적 정체성이 자아를 구성하는 습관을 버려야 한다고 주장한다. 그와 같은 분리 작업과 함께, 특정 정체성과 무관하게 부당함을 인지하고 분석하는 능력이 사회 변화의 가능성을 마련할 수 있다고 주장한다.[20]

그러나 탈동일시는, 어느 수위에서 논의되든, 모두 정체성 및 사회 변혁의 전략과 연관되어 있다. 내가 주목하는 부분은 정체성, 공감, 변혁의 문제인데, 마르크스주의 페미니즘 이론가 로즈메리 헤네시(Rosemary Hennessy)와 정치학자 페르난데스가 이 지점을 다루고 있다. 한국 인문학에서는 진은영이 이를 탈정체화로 번역해 시론적으로 접근하고 있다. 진은영의 연구 주제어는 소통으로서, 자아와 타자의 소통 가능성을 주장하면서 탈정체화의 문제를 결론 부분에서 언급하고 있다. 탈정체화가 핵심어는 아니지만 정체성 정치의 한계를 지적하고 탈정체화의 의의를 잘 지적했다.[21] 이 연구자들의 논의를 검토하면서 탈동일시의 특징과 함의를 구체적으로 살펴보고자 한다.

정체성 정치의 한계와 탈동일시 실천

탈동일시의 기본 개념과 핵심은 정체성이다. 정체성이 공감과 사회 변혁 문제에서 논의되는 이유는 동일한 경험과 정체성, 이를 바탕으로 하는 연대를 통해 공감과 소수자 사회운동이 가능하다고 보기 때문이다. 정체성은 논자에 따라 개념이 다양하지만 대개 개인을 특징짓는 내적·사회적 기준이자 '안전망'으로서 성별·인종·국적·계급 등을 포함한다. 무엇보다도 정체성은 자연화된 개념으로 이해된다. 정체성 자체의 역사성·유동성·다층성이 논의되고 있지만,[22] 본질적이고 고정된 것이라는 이해가 여전히 대중적이다. 예컨대 가족은 생물학적 특징뿐 아니라 정치적 특성에 따라 가족 형태의 다양성이 인정되어야 하고 가족 내부의 위계 등이 포착되어야 하는데도 가

족이라는 규정 자체가 이미 불변의 본질적인 정체성이 되었다.[23]

기본적으로 정체성 문제가 부각되는 중요한 까닭은, 정체성이 소속·무소속으로 표현되기도 하고 물질적·심리적 보호망으로 표현될 수 있는 사회적 안전망으로 기능하기 때문이다. 특정 정체성이 얼마나 중요한가는 성별, 인종, 계급, 가족, 출신 학교, 출신 지역, 사회적 지위, 국적, 특정 집단에의 소속 및 소속감이 사회생활에 미치는 효과를 생각해보면 바로 알 수 있다. 따라서 페르난데스가 잘 지적하듯 주류 집단은 소수 집단을 동화시키려 하고 소수 집단은 정체성을 통해 집단의식을 구성해 지배 이데올로기에 맞서는 저항의 자원으로 활용하려고 한다.[24] 즉 헤게모니 질서에 주어진 사회적 호명에 특권적 집단은 동일시(백인은 백인다움, 남성은 남성다움 등으로)를 통해 특권을 재생산하려 하고, 주변부 집단은 반동일시 전략(흑인은 흑인다움, 여성은 여성다움 등으로)을 통해 차별과 특권을 비판한다.

이와 같은 속성을 배경으로 하는 정체성 정치는 한국사회에서 1990년대 이래 인권운동, 차이의 인정, 다양성 등의 언술을 화두로 소수자 인권운동을 대변해왔다. 그런데 곧 다음과 같은 비판들에 직면했다. 첫째, 소수 정체성 집단의 다양성 때문에 근본적 응집력이 있는 연대운동이 어려워졌다는 것이다. 사회운동의 근거가 인종·성별·민족·계급 등의 정체성인데, 이 정체성에 바탕을 둔 운동은 '보편적'이지 않고 특정 소수의 이익을 반영한다는 비판과 함께 그런 정체성의 기준이 끝없이 나열된다면 어떻게 연대를 이룰 것인가라는 상대주의 문제가 제기되었다. 둘째, 정체성 정치는 물질적·실질적 요구가 아닌 '문화적 요구'라거나 사회문제를 구조적으로 파악하지 못하고 개인화하는 경향이 있다는 비판이다. 여성주의 운동, 동성애 운동, 환경 운동 등의 대표적인 정체성 정치가 집단적·보편적·정치적이라기보다 소수 집단의 '문화운동'이라는 것이다.[25] 이는 노동운동이 보편화, 남성화되어 있는 경향과 비교해보면 그런 해석 자체가 정치적이라는 것을 어렵지 않게 알 수 있다. 셋째, 정체성 정치가 정치적 판단에서라기보다는 '분노'로 이해되면서, 소수자와 수난자의 고통이 일종의 사회적 덕으로 간주되고[26] 고통 받지 않는 사람들을 비난하는 방식으로 고통이 특권화되었다는 것이다. 정체성 정치는 물리적 차별을 분석하는 정치적 해석에서가 아니라, 기존 지배 담론과 구조를 비판하는 단순한 반사적 작용으로서 주류 집단을 향한 '도덕적 비난과 형벌의 형태'에 불과하다는 것이다.[27] 이 같은 비판들은 수위가 다르지만 모두 연결되어 있다.

나는 탈동일시 논의를 통해 정체성 정치의 한계를 비판하고자 하지만 정체성 정치에 제기되는 비판들이 왜곡되었다는 점을 동시에 지적하고자 한다. 주변부 사회집단의 인정 투쟁이 단순히 문화적인 것이며 사사로운 것인가? 먼저 이 비판은 물질적·제도적·구조적 억압의 속성을 간과하고[28] 마치 상부구조만이 존재하는 것처럼 주변부 사회집단이 직면한 어려움과 억압의 속성을 탈구하는 것이다. 또한 근본적이고 중요한 폭력과 억압이 따로 존재하고 사소하고 부차적인 폭력과 억압이 따로 있는 듯한 착각을 불러일으킨다. 정체성 정치가 해석과 분석이 없는 분노로 읽히는 것도 마찬가지인데, 부당함에 표출하는 '정당한' 분노를 감정적이고 사소한 문제로 치부하며 경시하려는 의도가 있다. 다만 정당한 분노의 느낌이 분석되지 않으면 규범적 주장에 불과한 것 또한 사실이기 때문에, 이는 후술하는 헤네시의 '비판 담론(critical discourse)'으로서의 여성주의 이해를 점검하면서 보충하고자 한다. 이처럼 정체성 정치에는 동일 정체성 집단의 공감의 문제, 연대의 문제 등이 복잡하게 얽혀 있다.

바로 이 지점에서 탈동일시 논의가 출발한다. 첫째, 탈동일시 주체는 헤게모니 질서에 대한 저항의 준거점을 자신의 소수자 정체성에서 찾지 않는다. 정체성은 개인의 삶과 그 삶들이 모인 공동체를 작동시키는 중요한 원리로서 공존과 더불어 갈등의 원인이 된다. 이 때문에 주변부 사회집단뿐 아니라 특권적 사회집단도 이 정체성을 중심으로 하는 구별과 배제를 만든다. 탈동일시 주체는 정체성 정치가 갖는 사회적·정치적 함의(저항성과 정당성)를 잘 알고 있지만 정체성 정치의 한계 또한 인지하고 있다. 정체성을 바탕으로 하는 운동들이, 단기적인 물질적·정치적 성과를 얻는 데에는 효과적일 수 있지만 불가피하게 암묵적으로나 명시적으로 적대적 구별(oppositional distinction)에 기반을 두는 '동일시의 형태'에 의존한다고 지적한다. 즉 정체성 정치를 통해 사회정의를 고민하는 이들은 특권 집단이 생산하는 경계와 배제를 비판하지만, 자신을 배제 대상으로 규정함으로써 기존 헤게모니를 변화시키지 못한다는 것이다. 정체성 정치는 정체성에 근거하는 차별과 억압을 비판하고자 하는 이들이 문제 삼는 배타성을 근거로 하기 때문에, 단기적으로 정치적 동원의 대상이 되어 요구가 성취되었다 할지라도 장기적 사회정의 실현을 염두에 두었을 때에는 그 운동이 성공했다고 말할 수 없다.[29] 더불어 소수 집단 내부에 존재하는 다양성 및 위계의 문제는 정체성 정치가 갖는 또 다른 문제점이다. 다시 여성주의의 예를 들면, 생물학적으로 여성이라고 해서 여성주의 의식을 필연적으로 갖는 것도 아니고, 다양한 차이를 통한 위계 문제가 여성이라는 공통의 거대 범주 속에서 평면화될 수도 없다. 외부로 향한 가부장제 비판 때문에 여성들 내부에서의 위계와 긴장이 비가시화되는 상황은 잘 파악되지 못하고 중요하게 생각되지 않는다

둘째, 그렇다면 구체적으로 탈동일시를 통한 공감과 연대는 어떤 형태인가? 나는 이를 두 수위에서 설명하는데, 하나는 폭력과 억압으로 나타나는 사회 불평등을 '분석하는 측면'과 자아 개념의 재해석을 통한 '윤리적 실천의 측면'이다. 앞에서 정체성에 기반을 두는 사회운동을 분석이 아닌 분노와 감정의 문제로 폄하 혹은 활용하면서 정체성 정치가 갖는 사회적·경제적 배제와 차별을 무화시키는 경향을 비판했는데, 이 분석의 측면은 그런 경향을 극복하는 한 대안이기도 하다. 3장에서 젠더가 사회 분석의 범주가 되는 것의 의미를 재확인한 작업도 궁극적으로 이 같은 맥락인데, 탈동일시 문제와 관련하여 보다 직접적으로 헤네시가 여성주의 시각이 단순히 분노로 읽히거나 여성만의 여성주의로 해석되는 것을 비판하면서, 탈동일시 주체는 '고통과 억압이 구성되는 역사적 체계'를 질문하고 분석하는 것이라고 지적한 바 있다.[30] 그녀는, 단순히 여성이라는 조건으로 여

성주의 의식을 갖는다는 본질주의적 개념에 문제를 제기하고, 여성주의는 과거의 의식 고양과 유사한 반헤게모니 담론으로서 '자본주의적 가부장제에 대한 비판적 담론'이라고 주장한다.

> 탈동일시 주체는 집단 정체성이 아니라 이론적 프레임워크와 목적을 생산하는 반헤게모니 집단 주체의 위치를 통해 주장이 나온다. 이때 장소(주체의 위치—인용자)는 경험이라기보다는 역사적 과정에서 나오는 '위치의 연결 시스템(articulated system of position)이다.'[31] (예컨대—인용자) 여성주의 관점을 가진 집단 주체는 (여성이라는 생물학적 집단의 정체성에서 나온 정치가 아니라—인용자) 비판적 담론 혹은 분석의 산물이다. 이는 구조화된 차이 체계의 역사성을 폭로함으로써 (……) 개인과 집단 정체성을 넘어서는 분석을 하는 것이다. (……) 반헤게모니 이데올로기 비판의 집단 주체는 사회적 상상력과 정치경제적 구조의 재조정을 요청하는 담론에서 나온다.[32]

헤네시는 배타성과 이분법이 재생산되는 것을 경계하면서 역사적·사회적으로 구성되는 경험을 바탕으로, 집단 정체성을 넘어서는 '분석'의 중요성을 강조하고 있다. 그녀는 여성주의를 본질주의적 개념으로부터 분석과 (주관적) 과학의 개념으로 변화시키는 데 중요한 역할을 했고, '여성주의의 비판적 담론'의 의의는 매우 타당한 지적이라고 할 수 있다.

이는 다른 정체성 변수를 통한 소수자 운동의 경우에도 동일하게 적용될 수 있다. 그런데 헤네시의 인식에는, 분석과 본질화된 개념인 여성이라는 범주의 관계를 설명하는 과정이 생략되어 있다. 자본주의적 가부장제를 대상으로 한 비판적 담론이라는 여성주의 개념 정의에는 여성과 남성 모두 페미니스트로서의 주체가 가능하다는 것인데, 이는 그것이 그렇게 용이한 작업인가라는 질문을 낳는다. 인종차별 문제에서 문제 제기 자체가 백인을 향한 비판이고, 여성주의 문제에서 문제 제기 자체가 남성을 향한 비판이 되기 쉬운 상황에서, 어떻게 개별 남성과 개별 백인을 대상으로 한 공격이 아닌 제도적·비제도적 인종차별과 가부장적 차별에 대한 비판을 설득시킬 수 있는가라는 질문이 그것이다.

페르난데스는 이 지점으로부터 운동이자 개념으로서 탈동일시를 활용하고 있다. 그녀는 앞에서 살펴본 정체성 정치가 갖는 한계를 지적하고 탈동일시를 두 수위에서 사유하고 있다. 한 수위는 대중적 사회 정체성과 자아의 분리이며, 또 다른 수위는 더욱 본질적인 차원으로서 영적 수위에서 탈동일시된 자아로의 변화이다. 그녀의 문제의식은 어떻게 정체성에 기반을 둔 긴장과 특권의 문제를 해결할 것인가, 어떻게 정체성을 벗어난 연대를 도모할 것인가이다. 따라서 그녀는 '정체성에 바탕을 두는 모든 특권과 배척을 삼가는 끝없는 도전과 탈동일시에 근거하는 정치적 실천'을 제안한다.

탈동일시를 향한 운동은 시간이 매우 걸리고 공력이 들어가는 여행이다. 이는 다양한 형태의 권력, 특권, 안전함의 느낌, 자기 이익과 같은 다양한 형태의 집착의 결들을 끝없이 버리려고 하는 것을 뜻한다. (그 집착의 결들은—인용자) 사회적 정체성이라 여겨온 인종, 국가, 계급, 민족, 성, 카스트, 젠더, 종교와 같은 것들이다. 정체성들로부터 벗어나려면 이중의 과정이 필요하다. 한 수위에서 이런 정체성들에서 얻을 수 있는 개인적 특권을 포함하여 정체성의 실제 결과들(특권과 이익—인용자)에 도전하는 것이 필수적이다. 다른 한 수위에서는 외부적으로 강제되고 자기가 규정해놓은 정체성에서 자아 개념을 떼어내는 것이 필요하다. 모순적 과정처럼 들리지만 내가 믿는 바로 이것이 권력, 특권, 정체성의 실제 문제들을 도전하고 뛰어넘을 수 있는 유일한 방법이다.[33]

페르난데스는 미국의 다문화 교육 현장에서 겪는 어려움을 토로하면서, 인종차별을 논할 때 백인 학생이 죄책감을 느끼거나 저항하지 않고 인종차별에 문제의식을 갖는 반면, 흑인 학생은 흑인이기 때문에 자신이 인종차별에 관한 참지식을 안다고 주장하는 방어적 태도를 경계하기 위해, 그들의 개인적 삶과 공동체에 불러일으키는 소외와 특권을 동시에 학생들이 마주할 수 있도록 해야 한다고 주장한다. 자신의 특권이 그들 삶의 가장 친밀한 부분을 형성하고 있다는 사실을 분석하고 책임지기 위해, 학생들은 반드시 자신의 특권으로부터 탈동일시를 이뤄내야 한다는 것이다. 차이와 특권과 같은 쟁점에 처음 노출된 학생들은 그들의 정체성이 '물리적 특권'을 부여한다는 것도, 그들에게 주어진 정체성을 동일시할 필요가 없다는 것도 인식하기가 매우 어렵다. 그럼에도 인종적 특권 문제를 다루는 백인 학생들을 위한 한 전략은, 학생들로 하여금 스스로를 백인이라는 특권적 개념에 의존하지 않는 자아로 인식하게 하면서 미국 현대사회에서 백인성과 관련된 권력과 특권의 사회적·경제적 형태를 인식하고 설명할 수 있도록 해야 한다는 것이다.[34] 마찬가지로 미국 정부 정책의 부정적 효과를 비판하고자 하는 미국인은 미국이라는 헤게모니 국가의 국민이라는 것으로부터 자신을 탈동일시할 수 있어야 미국 정책에 대한 판단과 분석이 가능하다.[35] 이렇게 사회적 정체성과 자아의 분리 및 비판적 담론 능력이 가능한 탈동일시를 통해 죄책감, 저항, (자신이 소수자이기 때문에 당연하게 가질 것이라는) 진실을 둘러싼 허구적 자부심을 피할 수 있다.

이 논의를 남성이 페미니스트가 될 수 있는가라는 고전적이지만 어려운 질문으로도 확대할 수 있다. 여성주의는 생물학적으로 여성인 집단의 정체성이 중요한 변수로 여겨지기에 개인적인 것이며 보편적이지 않은 학문으로 간주된다. 그러나 비판적 담론을 적용해보면 남성 또한 여성주의자로의 변화 가능성이 부재한 것은 아니다. 성차별이 실재한다는 자각, 그리고 그 조건으로 인해 특권이 존재하다는 자각이 여성주의 의식 고양의 기본 과정이다.[36] 이 같은 탈동일시 논리는 다른 예에서도 찾을 수 있다. 프랑스 철학자 자크 랑시에르(Jacques Rancière)가 이 탈동일시를 통해 1961년 10월 알제리 식민지 해방 투쟁에 동조한 프랑스 지식인의 정치적 주체화 과정을 설명했다. 당시 야만적 방식으로 진압된 알제리 시위 과정에서 정치적 주체화가 발생했는데, 다음의 세 과정을 거쳤다고 분석한다. 첫째, 프랑스 국가(진압 경찰)로부터의 탈정체화로서 타자가 고정해놓은 정체성을 거부하기, (기존의) 어떤 자기와 단절하기, 둘째, 타자에게 전달하는 증명, 어떤 (방)해로 정의되는 공동체를 구성하는 증명(공동체의 부정에 대한 존재론적 증명으로 이해된다), 셋째, 불가능한 동일시로서 우리(프랑스 지식인)가 동시에 동일시할 수 없는 타자(알제리인)와 동일시하는 것이다.[37]

이 모든 예가 보여주는 것은, 정체성에 기반을 두는 운동의 주체가 동일한 처지에서가 아니라 동일한 비판 의식/비판적 담론을 형성할 때 주체들의 연대가 가능하며, 같은 정체성을 가진 집단 내부에 존재하는 동질성의 환상으로부터도 자유로울 수 있다는 점이다. 당연히 정체성, 경험과 자아의 분리는 쉬운 과정이 아니다. 예컨대 남성 페미니스트가 자신이 페미니스트라고 자기규정을 했을 때 생물학적으로 여성이라는 동일한 정체성에서 비롯해 수월하게 형성된 연대감보다는 회의와 오해를 불러일으키기도 하고, 주체 스스로가 한계가 있다고 자각하기도 한다.[38] 그럼에도 그 '의식적인' 노력이 개입될 때 최소한의 이해와 공감이 가능하다는 것이다. 무엇보다도 이는 시혜자나 관조자의 입장에서 사회적 약자로서의 여성을 이해해야 한다는 입장보다, 나는 누구이며 어떤 삶을 선택할 것인가라는 자신의 문제의식에서 출발할 때 더욱 효과적일 것이다.

탈동일시 주체의 새로운 자아

페르난데스가 주장하는, 또 다른 형태의 탈동일시 주체는 추상
수위가 높지만 가장 근원적이라고 할 수 있다. 그녀는 사회적 정체성
과 자아를 분리한다면 궁극적으로 추구하는 대안적 상이 무엇인가
라는 문제 또한 고민한다. 그녀에게 탈동일시는 정체성에서 자아를
분리하는 과정인 동시에 '새로운 자아를 형성하는 노력'으로서, 영적
자아로의 변화이자 특권에 대한 문제의식이 내재된 윤리적 실천이
다. 그녀는 자아를 영적인 결(몸, 마음, 영혼)로 규정하고 이 영적 자아
는 모든 개인에게 귀속된 보편적 개념('우리 모두에게 존재하는, 세계를 깨
달을 수 있는 가능성')으로서, 존재의 연결성, 상호의존성을 염두에 두고
있다. 이때 영혼, 영적 자아라는 개념이 물리적 세계 및 물질성과 괴
리되는 것을 염려하고 있다. 영성이라는 개념이 종교적인, 혹은 (여성
주의자들 사이에서도) 물질성이 거세된 채 신비한 어떤 것이나 규범으
로 활용되기 때문이다.[39] 그런 위험을 무릅쓰고 페르난데스는 탈동
일시된 자아를 이해하기 위해서 '영혼은 정체성의 한계 안에서 제한
되는 것이 아니기 때문에' 보편적이라고 강조한다. 바로 이러한 영성
의 보편적 특성 때문에 제한적인 사회적 정체성을 기반으로 하는 연
대의 한계를 극복할 수 있다는 것이다.

강조하건대 페르난데스는 정체성 정치가 갖는 효과를 간과하
지도 그리고 영적 자아로의 변혁이 저절로 사회 변혁을 이끈다고도
생각하지 않는다. 그럼에도 만약 사회로부터의 인정, 성공, 우월감과
같은 에고(ego) 추동의 동일시에 도전하는, 영적 자아로의 변혁이 일

상생활에서 실천되지 않는다면 장기적 사회 변혁은 불가능하다고 본다. 그녀가 잘 지적하는 것처럼, 모든 형태의 불평등과 지배 형태 중에서 권력을 향한 개인적 집착은 변화시키기가 가장 어렵다. "모든 형태의 변혁 정치는 스스로가 정치적으로나 영적으로 얼마나 계몽되었다고 생각하든 간에, 우리 내부에 존재하는 권력과 동일시하려는 에고 중심의 행동을 추동하는 자신으로부터 출발해야 한다."[40] 따라서 이를 실천하는 탈동일시 주체는 정치적 갈등과 투쟁의 한가운데 있어도 어느 누구로부터도 반대에 서 있지 않다는 중요한 주장을 하고 있다.

페르난데스의 주장에서 흥미로운 부분은 탈동일시 주체로의 변화가 사회정의를 고민하는 활동가와 연구자에게도 적용된다는 점이다. 이들은 외부 권력에는 민감하지만 변화시키고자 하는 권력 구조에 자신이 공모하는 현실을 마주하기가 쉽지 않다. 탈동일시 실천은 외적인 사회 정체성뿐 아니라 보이지 않는, 예컨대 사회로부터의 인정, 지적·이데올로기적 우월감과 같은 에고 중심의 집착 또한 버리는 과정을 의미한다.[41] 그런데 사회정의를 고민하는 이들은 대체로 외부로부터의 비난과 장애에 직면하면서 자신의 지식과 헌신을 개성에 '본질적인 것'으로 생각하기 시작한다. 사회로부터 받는 많은 비난과 비판이 소수자성으로 인한 우월감을 초래하기가 쉽고 사회정의에 헌신한다는 '낭만화된 자기 이미지'에서 벗어나기가 어렵다는 것이다.[42] 그 결과는 지식과 정의가 자아 개념과 관계되는 동일시 과정을 거치는데, 이때 동일시는 매우 쉽게 조직과 의제를 장악하고 명성, 지위, 지도자의 위치 등을 포함한 물질적 이익과도 관계된다. 따라서 탈동일시 노력은 정직하고 겸손하며 때로는 불편한 자기인정에서 시작해야 하는데, 이것이 그렇게 쉬운 과정이 아니다. 이와 같이 페르난데스는 특권적 지위에 있는 이들의 탈동일시 문제보다 사회운동을 고민하는 '반사적 특권 의식'이 매우 위험하고 경계해야 하는 것임을 잘 지적하고 있다. 특권이 낳는 위선과 폭력뿐 아니라 그 특권을 비판하는 주변부 집단 또한 반사적 특권 의식을 갖기 쉽고, 내부의 위계와 차별을 정당화시키기 때문에 더욱 위선적이고 교묘한 형태의 폭력을 재생산한다. 앞에서 언급한 나라얀의 글에서 나타난 외부자의 반응들은 바로 이런 영적 변혁에 실패한 한 단면이라고 할 수 있다.

한편 페르난데스의 탈동일시 주체는 그 자체로 낯설고 상상하기 어려워서 종교적 차원이나 신비주의로 읽힐 수 있는데, 탈동일시 실천이 유토피아적 개념이 아니라는 것을 마하트마 간디의 다음의 실천에서도 확인할 수 있다.

개혁자는 그가 개혁시키려는 그 사람과 친숙해질 수가 없다. 참된 우의란 혼과 하나 됨인데, 그것은 이 세상에서는 좀처럼 보기 어려운 것 같다. 오직 같은 성격 사이에서만 우정은 온전히 가치 있는 것이 될 수 있고 또 오래갈 수 있다. 친구는 서로 영향을 주는 것이다. 그러므로 친구 사이에는 개혁의 여지는 거의 없다. 나는 모든 배타적인 친밀은 피해야 한다고 생각한다. 사람이란 선보다는 악을 훨씬 더 쉽게 받

아들이는 법이기 때문이다. 그래서 하느님(원 번역서에는 하나님—인용자)
과 친구가 되려는 사람은 홀로 남아 있든지, 그렇지 않으면 온 세계를
제 친구로 삼든지 하지 않으면 안 된다.[43]

이 인용문은 간디가 어렸을 때 친구와의 관계를 고민하며 적은
부분으로 선보다는 악을 훨씬 더 흉내 내기 쉽다는 점을 지적하고
있는데, 그 과정에서 배타를 전제로 하는 친밀성 같은 일체의 동일
시를 부인함으로써 궁극적으로 한 존재가 하느님이나 온 세계와 친
구가 되는 원리를 설명하고 있다. 탈동일시라는 언어를 쓰고 있지
않지만 정체성의 원리가 배타성을 전제로 하고 있으며 장기적으로 이
배타성의 극복만이 개인 수준에서뿐 아니라 사회정의의 대안이 될
수 있다는 점을 잘 짚고 있다. 탈동일시를 구현하고 있는 자아, "개혁
자는 그가 개혁시키려는 사람과 친숙해질 수가 없다", "하느님과 친
구가 되려는 사람은 홀로 남아 있든지, 그렇지 않으면 온 세계를 제
친구로 삼아야 한다"는 탈동일시의 논리와 특징을 잘 보여주고 있다.
즉 표현 자체로는 배타적 사회관계로 읽히는데, 제한적 정체성으로
구성된 자아 및 '우리 의식'으로 인한 단결과 결속감은 외부자에게
불안과 배타를 초래한다는 점에서 폭력적이며 장기적 비전이 될 수
없다는 것이다.

유사한 맥락에서 신영복은 2012년 한 강연회에서 한국에서 대
중적으로 사용되는 톨레랑스(tolerance, 관용)와 공존을 뜻하는 화(和)
는 변화할 화(化)로 바뀔 필요가 있다고 언급했다. 톨레랑스의 낭만

적 서사를 비판한 것인데, 기존의 톨레랑스는 공존의 화를 주장하지만 이는 소수자의 차별을 그대로 유지하는 것을 뜻하기 때문에, 타자를 인정하는 것을 넘어서서 '자신의 변화에 대한 초점'으로의 전환을 제안한다. 신영복 또한 탈동일시 개념을 사용하지 않았지만 그 맥을 같이하고, 기존 연구에서 차이의 존중이나 연대라는 주장이 갖는 한계를 잘 지적하고 있다. 즉 주류 집단이 주장하는 차이의 존중과 연대는 자신의 특권을 점검하고 성찰하는 과정이 없는 상태이기 때문에 기존 이데올로기와 위계적 제도를 재생산하는 한계가 있다. 문성훈 또한 유사하게 인정 투쟁을 비평한 바 있다. "사회적 인정 질서는 개인에게 성공적 자기실현을 보장한다는 점에서 복종을 유도하며, 여기에서 전제된 특정한 가치관에 맞지 않는 사람을 사회적 인정에서 배제하는 무시의 질서이다."[44]

정체성은 일상생활과 제도적 수준에 이르기까지 우리의 삶을 직간접적으로 규정한다. 개인은 사회적 안전망을 구축하는 크고 작은 정체성들로 지배와 권력을 (재)생산하고 특권, 배제, 차별을 끊임없이 만들어간다. 자신, 자신의 인종, 자국의 순수성을 확보한다는 이데올로기를 전제로 타자, 타 인종, 타국을 무화시키거나 소수자로 만드는 '약탈적 정체성(predatory identity)',[45] 혹은 '자기 존재의 배타적 강화'[46]를 통해 물리적·심리적 이득을 취하고 생존한다. 정체성 정치가 특수한 집단의 불만이라서 보편적이지 않고 문화적 수위에 머문다는 비판은, 정치경제적 불평등을 사사로운 것으로 만들고 추상화시키는 전략이므로 부당한 것이 사실이다. 그렇지만 이런 정체성을 기반으로 하는 사회 변혁에는 근본적으로 한계가 있다. 정체성의 정치는 소수자를 인정하고 주변부 집단의 소수성 자체가 작동하는 역학을 살피지 않을 뿐 아니라 소수 대 다수의 배타성과 구분이 전제되어 있기 때문이다. 이를 벗어나고자 하는 탈동일시 전략은 '나는 흑인이다', '나는 노동자이다', '나는 여성이다' 등과 같은 주변부적/이분법적 정체성을 인정하는 언술의 한계를 잘 인식하고 있다.

이와 같은 정체성 정치의 한계가 파악되더라도 특권 집단과 주변부 집단 모두 정체성을 내려놓기는 쉽지 않다. 전자는 자신의 특권을 사회구조적 속성 속에서 파악하기보다 당연한 권리로 여기고, 후자는 소수자 정체성을 바탕으로 연대를 형성해야 하는 까닭이다. 결국 정체성은 성별·인종·국적·학력·지연 등으로 이해되고 자신을 구성하는 '본질적 요소'로 여겨지면서, 양쪽 모두 그로부터 자유롭기가 어렵다. 그리고 '소수자를 인정하자'라는 상식으로 들리는 언술이 권력 구조를 재생산한다는 인식 또한 쉽지 않다. 무엇보다도 현실에서 탈동일시 주체는 존재 양식과 자기 재현 방식이 낯설어서 주변으로부터 소외당하기 쉬운데, 이들은 주류에 동화되지 않고 반사적 저항을 하지도 않으면서 두 방식을 조절하고 존재를 구현하기 때문에 대개 소속과 정체성으로의 선택을 강요받거나 아니면 배척당한다. 친밀성을 가정한 집단의 안전망 혹은 정반대의 배타성이 사회를 작동시키는 주류의 힘이기 때문이다. 그러나 탈동일시 주체의 실천은 드물기는 하지만 부재한 것이 아니고, 상상하지 못한다고 해서 존재하지 않는 것도 아니다. 그리고 실천이 드물다고 해서 중요성이 약화되는 것은 더더욱 아니다.

　탈동일시 실천은 자아, 나와 타자의 관계인 정체성의 문제에서 출발하며 탈동일시 주체들의 연대 속에서 비로소 비위계적이고 평등한 연대가 가능하다고 본다. 탈동일시 과정에서 중요한 것은 사회적으로 용인된 정체성에 기반을 두는 특권과 배제에서 의식적으로 벗어나는 것이다. 자아와 정체성이 혼동되고 구분이 모호한 것도 사실이지만, "정체성은 특별한 사물이나 사람을 설명하는 일련의 특징을 말한다. 한편 자아는 사회적 관계들의 복잡한 매트릭스에서 여러 층위의 정체성을 통해 사회적으로 타당하다고 인정된 감정, 생각, 태도를 갖는 물리적·심리적 존재를 뜻한다."[47] 따라서 탈동일시에서 정체성을 벗어난다는 것은 "성별, 나이, 국적, 계급, 학력 등의 정체성이라는 '잠정적 안전망'에 호소할 필요가 없으며 그 안전망을 벗어나서 새롭게 창조해야 할 자아는 '일상적으로 윤리적 실천을 하는 영적 자아'이다."[48] 강조하건대 이는 결코 쉬운 실천이 아니다. 실제로 "강제된(귀속적인) 정체성의 형태가 의문시될 때 그 효과는 인지적 충격일 뿐 아니라 감정적 충격이기도 하다. 이 익숙한 근거를 흔든다는 것은 공포, 분노, 좌절을 불러일으킨다."[49] 그럼에도 페르난데스가 잘 지적하는 것처럼, 만약 이런 영적 자아의 보편성에 기반을 두는 존재와 세계의 상호의존성을 이해하고 탈동일시 자아로의 변혁이 기초하지 않는다면 어떤 사회 변혁의 비전도 단기적이며 한계가 있다.

　한국 인문사회과학계에서 정체성, 타자 이해, 공감, 사회 변화는 동체자비(同體慈悲), 공감을 위한 타자와의 동일시라는 감정의 수준과 개인의 수준에서 이해되고 있다. 그리고 미국 사회과학계에서는 문화 이론, 사회운동, 여성주의에서 이 문제를 다루고 있다. 주류의 이데올로기와 문화에 동질화하려고도 하지 않고 그에 대해 반사적으로 탈피하려고도 하지 않는 제3의 저항 양식으로서, 사회적 정체성이 생산하는 경계와 배타를 넘어섬으로써 타자와의 조화와 연대가 가능한 담론이 탈동일시이다. 나는 감정이입, 동일시 등으로 나와 타자의 구분이 없는 전일적 자아로의 변형보다는 자기 자신의 윤리적 일관성에서 나오는 타자로의 이해/공감[50]이 중요하다고 본다. 언뜻 진부한 이 언술은, 그 출발점을 타자를 향한 공감을 호소하면서도 예컨대 자신의 언행불일치는 사유하지 않고 비윤리적 행위를 합리화하는 경향을 경계하는 것으로 삼는다. 또한 페르난데스가 잘 설명한, 에고 집착의 동일시 전략을 벗어난 탈동일시 주체의 영적 변혁이라는 힘든 과정을 바탕으로 한다. 이를 통해 관계적, 이타적, 상호의존성에 기반을 둔 도덕적 강박이나 타자의 권리를 위한다는 윤리성의 호소보다 자신이 귀속된 정체성이 누리는 특권이 사회적·개인적 수준에서 얼마나 많은 억압과 차별을 양산하는가를 살펴봐야 한다는 것이다.

내 문제의식은 공감의 문제가 규범적으로만 읽히고 부당한 억압과 수난에 처한 이들을 이해하려는 고상한 인간애가 드물다는 현실이었다. 공감이 자신의 특권에 안도하고 동정으로 둔감하거나 도덕적 우월감인 위선이나 감상주의에 머물기도 한다. 수난 받는 데는 그럴 만한 이유가 있다는 궤변이나, 수난을 가하는 자가 갖고 있다고 여겨지는 지배력을 동경하는 경향도 있다.

공감이 어려운 여러 이유 중에서 미경험자는 고통과 억압이 일으키는 감정적 반응을 이해하기 어렵다는 사실을 강조했다. 미경험자는 부당함으로 인한 억울함, 가해자의 우매함과 무지(특권 의식과 지배력으로부터 나오는 무지와 무례)[51]에 대한 분노와 같은 감정적 요소들을 이해하기가 어렵기 때문이다. 이 설명은 자신의 정체성이 타자와 관계되는 태도를 설명하는 중요한 요인임을 알려주는데, 대개 자아를 지탱하는 성별·인종·계급·국적 등의 사회 정체성은 배제와 구분을 만듦으로써 그런 실천을 어렵게 한다.

공감이 실천하기 어렵다는 사실을 인식하는 것은 윤리적 언술을 사치로 치부하는 현실에 무기력하게 대처하자는 것이 아니다. 공감은 도덕적·종교적 수위나 타자의 고통과 어려움으로부터의 논의가 아닌, '나와 타인을 어떻게 대하는가'라는 정체성 문제에서 출발해야 한다고 보고, 대중적으로 논의되는 감정이입, 역지사지, 동일시가 아닌 탈동일시를 제안했다. 특히 나는 정체성 정치와 변혁 문제를 고민한 헤네시와 페르난데스의 탈동일시 전략에 깊이 공감하고 이들의 논의를 비판적으로 수용했다. 두 특징이 대두되는데, 하나는 저항의 근거가 정체성 자체가 아니라 정체성을 규정하는 역사 구조 분석(헤네시의 표현으로 비판적 담론)이라는 것이고, 또 다른 하나는 자신의 특권과 사회적 안전망이 되는 정체성을 탈피해 새로운 자아를 만든다는 것이다.

공감을 위해 탈동일시를 해야 한다는 주장은 모순과 역설로 들린다. 개인 수준에서든 사회운동 수준에서든, 타자를 이해하기 위해서는 감정이입이나 역지사지 등의 동일시 작업을 해야 한다는 것이 정설이다. 그러나 그런 과정은 한계가 있다. 실제로 피억압자가 처한 공유하기 어려운 감정의 문제 때문에 동일시와 공감 작업 자체가 결코 쉬운 실천이 아니다. 그렇다고 탈동일시 개념이 공감 자체를 부정하는 것은 아니며, 반대로 억압과 차별을 파악하는 구조적 인식과 공감과 이해를 도모하는 한 방법으로서 자신의 사회적 안전망으로서의 정체성을 벗어나 자아와 외피적 정체성을 분리하고, 특권과 안전함으로 나타나는 구조적 억압과 차별에 가담하는 자신의 공모 여부를 파악하자는 것이다.

배려, 소통, 자비, 공감, 연대, 정의 등은 말해질 수 있고 활자로도 적힐 수 있지만, 그렇게 흔하고 수월하게 언급될 수 있는 언술들이 아니다. 자기 낭만화나 자기 현시에 빠지지 않고 외피적 정체성을 벗어나는 일상적 실천이 어렵다는 점을 환기하는 작업은, 사회정의를 고민하는 공동체에서 윤리적 언술이 과잉되면서 실천을 회의하는 무책임이 양산되는 경향을 줄이는 최소한의 요건은 될 것이다.

후기

성은 현재 우리 사회에서 논의되는 것보다 훨씬 더 중요하면서도, 동시에 훨씬 덜 중요하다.
더 중요한 까닭은 성은 가장 좋은 상태로 발현될 때 의미, 신비, 감정적 힘을 갖기 때문이고,
덜 중요한 까닭은 우리의 삶과 사랑에서 가장 중요한 요소는 아니기 때문이다.
― 진 킬보른

앎/지식의 정치적 속성은 동일한 사안도 다양한 입장을 만들고 상이한 해석을 이끈다. 페미니즘, 젠더정치가 대표적이다. 여성에 관한 논의로 이해되는 페미니즘을 둘러싼 대중적 담론은 자본주의적 가부장제에서 발생하는 가시적 폭력과 배제뿐 아니라 훨씬 더 교묘하고 비가시적으로 작동하는 위계와 불공정에 대한 이해를 가로막고, 남성과 여성이라는 이분법적 사고를 자연화하며, 사회 구성원들의 대안적 공동체에 대한 상상도 가로막는다.

'복잡한' 가부장제와 젠더의 역학이 이 책의 논점 중 하나였다. 젠더가 사회적으로 구성된다는 개념이 널리 이해되고 있음에도 불구하고, 생물학적 차이에 근거한 이분법과 남성은 가해자이며 여성은 피해자라는 도식이 지속되고 있다. 그 이분법적 전제, 사회 전반

에 걸친 성을 둘러싼 센세이셔널리즘(sensationalism)은 예를 들어, 다양한 남성성/여성성에 대한 상상의 부재를 낳고, 모든 이가 성의 구분뿐 아니라 다른 변수들로 인한 상황이 동시에 작동하면서 사회적 존재로서의 삶에 많은 제약을 받고, 비단 여성만이 아니라 주체를 가리지 않고 처하게 되는 여러 형태의 폭력을 바로 보지 못하게 한다.

기본적으로 자본주의적 가부장제를 뒷받침하는 모든 위계가 문제가 되는 이유는 노골적 폭력뿐 아니라 예컨대 법적 평등이 보장되었음에도 능력주의가 제대로 구현되지 않으며, 구조적 특권을 누리는 이들의 자유와 권리가 대개 그렇지 않은 이들의 부당하고 인정받지 못하는 희생을 통해 이뤄지는 것이라는 점도 확인할 필요가 있다. 그런 희생에는 타자의 물리적 소멸, 기회 박탈, 도구적 활용, 타자의 능력과 존엄의 끊임없는 무화와 왜곡 등이 있다. 이 때문에 가부장제에서 가해자나 특권을 누리는 이가 아무런 해가 없고 더 많은 자유와 권리를 누리는 것같이 보이지만, 그들은 피해자와는 다른 결의 영혼의 소외를 겪는다. 잘 알려진 알제리 학자 프란츠 파농(Franz Fanon)이 피식민자와 식민자의 심리를 연구하면서 흑인은 열등감의 신경증을 앓고 백인은 우월감의 신경증을 앓는다고 말한 것처럼,[1] 가해자는 개인·공동체·세계의 본질적 상호의존성과 그에 대한 책임을 간과함으로써 부당함을 재생산하는 영혼의 소외를 겪는다. 자신의 존재·사고·행위 일체가 모든 관계 및 공동체에 의존하고 상호영향을 끼치기 때문에 생명이자 사회 구성원으로서 자신과 사회에 갖는 도덕적, 사회적 책무를 확인하고 충실해야 하는, 보편적 세계 구성 원리를 간과한 데서 이기(利己), 부패, 차별, 위선을 낳는다는 것이다.

또 다른 논점으로서, 왜 우리는 (특정 사안과 현상에서) 가해자를 분명하게 비판하기보다는 피해자의 고통이나 억압을 논하는 것에 더욱 편안함을 느끼는가라는 문제를 염두에 두었다. 많은 이유가 있다. 그중에서 이 책에서는 여성 및 주변부 사회그룹을 중심으로 한 재현의 정치와 공감의 문제를 통해, 제도화된 지식 자체가 인종·계급·젠더 위계적으로 구성되며 타자를 위한다는 명분 속에서 타자의 고통이 소비되는 상황을 살펴보았다. 그 고통의 이면을 구조적 수위에서 보면, 스페인 철학자 호세 오르테가 이 가세트(José Ortega y Gasset)의 표현으로, "위계적 형제애, 경쟁적이고 개인주의적인 과시, 패거리 문화, 차단과 충성을 바탕으로 하는 제도적 조직화"[2]로 생각할 수 있다. 다른 차원에서 가해자의 무지, 두려움, 열등감, 자신의 능력을 넘어선 탐욕, 위선과 위악 또한 덧붙일 수 있을 것이다. 다시 한 번 지식의 정치적 속성을 확인할 필요가 있으며, 수난자나 피해자를 상세하게 기술할 뿐만 아니라 정확하게 누가 어떤 피해를 가하는지 또한 분별되어야 한다.

위선과 정직을 구별하기가 녹록치 않고 보편 대 특수, 객관 대 주관, 이성 대 감성, 남성 대 여성, 담론 대 물질, 제1세계 대 제3세계 같은 범주의 정치가 공고한 상황에서 어떻게 현실을 가꾸고 어떤 미래를 기대할 수 있을까? 큰 질문인데, 몇 가지 가능한 답안인 제도 개선, 사회 구성원들의 의식 변화, 연대·공감 등이 무맥하게 느껴지는 까닭은, 현시대 양육강식의 일상적 폭력, 무사유가 제도화되어 있기 때문일 것이다. 애초에 획일적인 정답이 있는 것은 아니며, 그 질문의 답은 답을 구하는 이의 위치와 맥락에 따라 달라진다.

이 책 전반에 걸쳐 무엇을 어떻게 볼 것인가라는 분석의 문제를 강조했는데, 위 질문을 통해 다시 한 번 일개인의 모든 행위가 얼마나 중요한가를 짚고 싶다. 페미니즘이나 사회정의를 고민하는 공동체에서 타자, 외부를 향해 왜곡되고 박탈당한 권리를 요구하는 것은 필연적이고 중요하다. 그런데 그와 같은 물질적 수위의 정치적·경제적 요구와 함께 병행해야 하는 것이, "보이지 않는 것의 힘, 수 세기가 순간이라는 것을 파악하는 역사에 대한 이해를 바탕으로 한 비폭력의 영적 실천"이다.[3] 이는 개인·자연·세계의 상호의존성을 바탕으로 자아를 영적인 존재로 이해하고, 나를 포함한 모든 이가 이 세계에서 (타자가 아닌) 이방인이라는,[4] 생물학적·사회적 존재로서의 숭고함을 확인하며, 일상의 작은 선한 행동이 사회 변화에 보이지 않는 큰 영향을 끼친다는 믿음 등을 전제한다.

또 다른 수위에서, 예컨대 리더십을 명예·성취·업적이라기보다 서비스와 노동으로 이해하고, 부당한 특권을 문제 제기 하고, 정치적·사회적·경제적 요구가 영적 변혁의 요구와 분리되지 않으며, 정직과 순리(順理)를 통한 사회운동과 실천에서 나타나는 단기적 실패를 비가시적 사회 변화의 궁극적 힘을 가로막는 장애물로 보지 않는 통찰 등을 포함한다.[5] 본래 "진실(integrity)과 정직을 기반으로 하는 위대한 운동들은 기존의 물질적 세계에서 대체로 '성공적인' 결과를 낳지 못한다. 반면에 (겉으로나 단기적으로—인용자) '성공적인' 사회 운동과 활동이 그들 내부에서 억압, 차별, 배제를 낳는"[6] 경우가 더 많다. 이 같은 통찰과 실천은 당연히 시간, 자아, 범주의 정치, 보편적 진리 등을 재사유하려는 '의식적이고 의도적인 노동'이 필요하기 때문에 한결같이 어려운 일들이고, 목격하기도 힘들다. 그럼에도 그런 가능성을 버리지 않는 것 또한 내가 익히고 견지하는 페미니즘의 일부이다.

기술화된 지식체계에서 이 책의 구절, 내용, 주장이 누구에 의해 어떻게, 어떤 방식으로 소용 닿을지 짐작하기 어렵다. 이 책은 궁극에 나의 공부(工夫)를 기록한 것이지만, 한국사회에서 직관의 지혜, 공정함, 용기와 부끄러움의 미덕이 공유되는 데 작은 기여라도 할 수 있기를 바란다. 인터뷰에 응해주신 선생님, 강좌를 통해 소통한 학생들, 이 책의 마무리를 도와주신 현실문화연구 출판사에 고마운 마음을 전한다. 선생님께 깊은 감사의 말씀을 드리며, 이 책을 부모님께 바친다.

미주

1장

1 Leela Fernandes, *Transforming Feminist Practice*, 2003, 제4장 참조.
2 따라서 어떤 주의주장이나 이론이 주류 혹은 비주류가 되는 것은, 보편적·객관적·과학적·합리적 지식이 실은 끊임없이 문제 제기 하고 새롭게 사유하며 다른 해석을 이끌어내야 할 논쟁의 장이라는 것을 방증한다. 지식은 공동체의 발전 정도, 시대적 배경, 생산자의 정체성 등 여러 상황 및 권력과 밀접한 관계가 있다. '오리엔탈리즘', '탈식민주의 이론', '남성 중심적 지식', '페미니즘', '제3세계 페미니즘', '보편적 자유주의 이론'의 은폐된 전제인 인종계약(racial contract) 및 성적계약(sexual contract)과 같은 언술들이 그러한 '앎/지식의 정치적 속성'을 잘 드러낸다. 인종계약에 대해서는 찰스 W. 밀스(Charles W. Mills)의 『인종계약(Racial Contract)』, 2006을, 성적계약에 대해서는 캐럴 페이트먼(Carole Pateman)의 *The Sexual Contract*, 1988을 참조. 이들은 각각 근대 유럽의 자유주의 이론의 발전과 실제 역사 전개가 어떻게 인종 위계와 성별 위계를 통해 자리 잡았는가를 살폈다.
3 박완서, 『우리를 두렵게 하는 것들』, 1986, 24쪽을 재구성. 본래 구절은 "여자를 억누르는 쾌감보다 여자와 손잡는 즐거움에 눈뜨라"이다.
4 Fernandes, *Transforming Feminist Practice*, 2003을 참조.
5 이에 대해서는 Nirmal Puwar, *Space Invaders*, 2004를 참조.
6 박완서, 「저문 날의 삽화 2」, 1999, 50쪽에서 인용.
7 Fernandes, *Transforming Feminist Practice*, 2003을 참조.

2장

1 김혜경 외, 「지역에서의 여성학 교육의 현재와 역사적 특성」, 2009; 전승혜,

「남학생과 페미니즘 문학교육」, 1999; 허민숙, 「"내가 페미니스트였어?" 그
러니까 여성학은 계속되어야 한다」, 2013; Amie A. Macdonald and Susan
Sánchez-Casal, *Twenty-First-Century Feminist Classrooms*, 2002; Chavella T.
Pittman, "Race and Gender Oppression in the Classroom," 2010; Debra Gu-
ckenheimer and Jack Kaida Schmidt, "Contradictions Within the Classroom,"
2013; Deborah Jane Orr, "Toward a Critical Rethinking of Feminist Pedagogical
Praxis and Resistant Male Students," 1993; Angela T. Haddad and Leonard Li-
eberman, "From Student Resistance to Embracing the Sociological Imagination,"
2002; Magda Lewis, "Interrupting Patriarchy," 1990; Peter Alilunas, "The (In)
visible People in the Room," 2011; Renate Duelli Klein, "The 'Men-problem' in
Women's Studies," 1983; Sue Jackson, "To Be or Not to Be? The Place of Wom-
en's Studies in the Lives of its Students," 2000; Victoria Kannen, "These are not
'Regular Places'," 2014 참조.

2 Orr, "Toward a Critical Rethinking of Feminist Pedagogical Praxis and Resistant
   Male Students," 1993, p. 242에서 인용.

3 예컨대 Haddad and Lieberman, "From Student Resistance to Embracing the
   Sociological Imagination," 2002 등이 있다.

4 예외적으로 Orr, "Toward a Critical Rethinking of Feminist Pedagogical Praxis
   and Resistant Male Students," 1993; Klein, "The 'Men-problem' in Women's
   Studies," 1983; Lewis, "Interrupting Patriarchy," 1990 등의 연구가 있고, 한국
   학계에서는 공군사관학교에서의 강좌 경험을 토대로 쓴 전승혜의 「남학생과
   페미니즘 문학교육」, 1999의 연구가 거의 유일무이하다. 그리고 김혜경 외,
   「지역에서의 여성학 교육의 현재와 역사적 특성」(2009)과 허민숙, 「"내가 페
   미니스트였어?" 그러니까 여성학은 계속되어야 한다」(2013)에서처럼 여성주
   의 교육의 함의를 연구한 글에서 남학생들의 반응을 언급한 소수의 경우가
   있다.

5 제도화 과정에 대해서는 김영선, 「한국 여성학 제도화의 궤적과 과제」, 2010;
   김은실, 「한국 대학에서의 여성학 교육 개관」, 1998 참조.

6 Klein, "The 'Men-problem' in Women's Studies," 1983; Orr, "Toward a Critical
   Rethinking of Feminist Pedagogical Praxis and Resistant Male Students," 1993;
   Lewis, "Interrupting Patriarchy," 1990; 전승혜, 「남학생과 페미니즘 문학교육」,
   1999; 허민숙, 「"내가 페미니스트였어?" 그러니까 여성학은 계속되어야 한

다」, 2013 참조.

7   전승혜, 위의 글, 45쪽에서 인용.

8   Hedley Mark and Linda Markowitz, "Avoiding Moral Dichotomies," 2001, Haddad and Lieberman, "From Student Resistance to Embracing the Sociological Imagination," 2002, p. 331에서 재인용.

9   Alilunas, "The (In)visible People in the Room," 2011, p. 213에서 인용.

10   Klein, "The 'Men-problem' in Women's Studies," 1983, pp. 415~416에서 인용.

11   전승혜, 「남학생과 페미니즘 문학교육」, 1999, 33쪽에서 인용.

12   Klein, "The 'Men-problem' in Women's Studies," 1983, p. 416에서 인용.

13   위의 글, p. 417에서 인용.

14   위의 글, p. 418에서 인용.

15   위의 글, p. 420에서 인용.

16   예컨대 Orr, "Toward a Critical Rethinking of Feminist Pedagogical Praxis and Resistant Male Students," 1993; Guckenheimer and Schmidt, "Contradictions Within the Classroom," 2013 등이 있다.

17   남성학 문제는 남성학을 하나의 분과로 만들 것인가라는 문제와 남성학과 여성학의 관계에 대한 문제로 요약된다. 내 문제의식은 학문분과로서의 남성학이나 남성성 자체라기보다는 성별의 사회적 구성, 그것을 바탕으로 한 사회 현실을 분석하는 여성주의 강좌 내부에서 이를 어떻게 다룰 것인가라는 문제이다. 남성학에 대해서는 정채기, 「젠더연구의 교육 과정화에 대한 연구」, 2006; 조정문, 「남성학의 등장과 남성학과 여성학간의 관계」, 1998; Beth Berila et al., "His Story·Her Story," 2005; Vicki Sommer, "Men's Studies and Women's Studies," 2000 참조.

18   허민숙, 「"내가 페미니스트였어?" 그러니까 여성학은 계속되어야 한다」, 2013, 117쪽에서 인용.

19   위의 글, 118쪽에서 인용.

20   전승혜는 공감 전략이 실패한 원인으로 두 가지를 꼽는다. "하나는 교육 방식의 문제점이 그대로 노출되어 있다. 여성의 관점에서 분명히 설명하는데 학생들은 결론이 같다는 사실을 더 중요하게 생각한다. 문제를 제기하는 방식과 관점을 제시하는 과정이 중요함에도 결과만을 중시한다. 또 하나는 페미니즘 자체가 갖는 특성, 여성해방을 지향하는 목적지향적인 요소가 있기 때문에 어느 분야에서 접근하더라도 언젠간 같은 결론으로 나아갈 여지가

있다"(1999, 29~30쪽). 결과 중시라는 한국 교육 방식의 문제점과 실천 지향적이라는 여성주의의 특징에서 그 원인을 찾았는데, 나는 피억압자가 받는 억압의 느낌을 공유하기 힘들고 패권적 남성으로의 동일시에 기인하는 특권에서 비롯되는 자각의 어려움 때문이라고 생각한다(Uma Narayan, "Working Together Across Difference," 1988과 이 책의 6장 참조).

21 전승혜, 「남학생과 페미니즘 문학교육」, 1999, 30~37쪽에서 인용.

22 부연할 내용은 사례들이 한국의 '대학생'이라는 특수한 사회적 지위에 국한된 경험에서 나왔다는 점이다. 대학생활과 현재까지의 생애에서 느낀 내용으로 다른 직업군이 느낄 수 있는 제도적 수위에서의 문제점은 적었다. 예컨대 임금 차이, 직장 내 성적 차별, 유리천장 등의 노동현장에 나타나는 성별 분화의 문제는 거의 없었다.

23 bell hooks, *The Will to Change*, 2004, p. 18에서 인용.

24 위의 책, p. 27에서 인용.

25 예를 들면 "남학생들은 학교가 여학생을 위한 편의시설과 생리 공결제 등을 배려하는 것이 성차별적이라고 생각한다. 또한 같은 성희롱 행동을 해도 남학생이 하는 행동만 성희롱으로 간주된다고 문제를 제기한다. 대학 시설, 학생회 등 학교 환경과 조직이 남성 중심적이기 때문에 여학생 시설이나 여학생회를 별도로 만들었다고 생각하지 않고 단순히 남녀평등에 반하는 역차별로 간주한다"(안상수 외, 『성평등 실천 국민실태조사 및 장애요인 연구 III』, 2011, viii쪽).

26 조희원, 「한국여성의 정치적 대표성 증가와 여성정치할당제의 제도화」, 2011; 김민정 외, 『여성 정치 할당제』, 2011 참조.

27 Fernandes, *Transforming Feminist Practice*, 2003, 2장 참조.

28 강인화, 「한국사회의 병역거부 운동을 통해 본 남성성 연구」, 2007; 권오분, 「군대경험의 의미화 과정을 통해서 본 군사주의 성별정치학」, 2000; 권인숙, 『대한민국은 군대다』, 2005; 김현영, 「병역의무와 근대적 국민정체성의 성별정치학」, 2002; 이동흔, 「군대문화의 남성중심성과 양성평등교육」, 2002; 임재성, 『삼켜야 했던 평화의 언어』, 2011 참조.

29 이에 대한 이론적 입장에 대해서는 오미영, 「군대/군가산점제, 무엇으로 소통할 것인가」, 2010과 안상수, 「군가산점제 부활 논쟁과 남성의 의식」, 2007의 연구를 참고할 수 있다. 오미영은 군 가산점 문제를 피해와 보상의 틀, 성 대결의 차별과 평등의 문제, 실질적인 혜택보다는 상징의 문제로 파악하고, 고

착된 현재의 논의를 벗어날 것을 지적한다. 그리고 군 복무 징병제와 노동시장의 통합 해체, 동질적이지 않은 국방의 의무로부터 배제되는 남성 집단, 국민국가의 국민으로서 동원되는 주체의 문제를 통해 군 가산점 문제에 새롭게 접근할 것을 제안한다. 이와 관련해 안상수의 연구도 눈여겨볼 만하다. 20~30대 남성 1,000명을 대상으로 한 연구에서 군 가산점제 재도입에 73퍼센트 이상이 찬성했으나 이들 중 66퍼센트는 군 가산점 제도가 현역 제대 군인에게 실질적 혜택을 주지 못하는 것으로 생각한다고 밝혔다. 오미영의 표현으로 이는 상징화되어 있는 제도에 대한 인식으로서, 안상수는 그와 같은 높은 지지율은 군 복무에 따른 손실을 보상해줄 마땅한 대안이 없기 때문이라고 해석한다. 그리고 남성들은 군 가산점제 부활에 앞서 징집 절차의 투명성 확보를 선결 과제로 뽑아, 실제로 이 제도가 상징화의 프레임에 빠져 있다는 것을 설명해준다. 오미영의 연구는 성별 대립으로 세팅된 논의의 허구를, 안상수의 연구는 군대 가산점으로 제기된 역차별 문제의 현실적 관점을 잘 지적한다.

30 김혜경 외, 「지역에서의 여성학 교육의 현재와 역사적 특성」, 2009, 180~181쪽에서 인용.

3장

1 Maivân Clech Lâm, "Feeling Foreign in Feminism," 1994, p. 857에서 인용.

2 위의 글, p. 879에서 인용.

3 Michiko Hase, "Student Resistance and Nationalism in the Classroom," 2002.

4 Terence Chong, "Practicing Global Ethnography in Southeast Asia," 2007, pp. 213~214에서 인용.

5 이 점에 대한 고전적인 비판은 Chandra Talpade Mohanty, "Under the Western Eyes," 1988 참조.

6 김미덕, 「지구화 시대 지역연구 지식의 재구성」, 2011.

7 여기서 주류 여성주의는 맥락상 서구, 백인, 중산계층 배경의 여성주의를 뜻한다. 그런데 이 언술은, 모든 범주화 시도에서 나타나는 문제점과 마찬가지로, 내용과 주체 면에서 몇 가지 문제점이 있다. 예컨대 제3세계 여성 지식인

이 서구 학계에서는 비주류이지만 자국에서는 특권적인 주류 여성주의자일 수 있고 서구, 백인, 중산계층 배경의 여성학자가 생산하는 지식이 반드시 주류 여성주의라고 단언할 수도 없기 때문이다. 나는 이런 다양한 가능성을 열어둔 채로 내용 면에서 주류 여성주의 입장을, 성차별이 여성의 억압을 설명하는 궁극적 변수라고 생각하는 젠더 본질주의 경향을 보이는 연구를 뜻하고 있음을 밝힌다. 즉 주류 여성주의는 서구, 백인, 중산계층 여성주의자의 자유주의 페미니즘이 대체적인 경향이지만, 이런 정체성에 기반을 둔 규정보다는 이론적 측면에서 인종과 계급에 대한 천착 없이 성에 기인한 차별과 억압을 여성 억압의 근본적인 변수로 가정하고 있는 연구임을 밝힌다.

8   Becky Thompson, "Multiracial Feminism," 2002.

9   Kimberlé Crenshaw, "Demarginalizing the Intersection of Race and Sex," 1989.

10   Barbara Smith, *Home Girls*, 1983.

11   조주현, 「한국여성학의 지식 생산구조와 향방」, 2000; Judith Grant, *Fundamental Feminism*, 1993 참조.

12   로즈마리 통, 『페미니즘 사상』, 1995; 앨리슨 재거, 『여성해방론과 인간본성』, 1999; Thompson, "Multiracial Feminism," 2002; Hokulani K. Aikau et al., *Feminist Waves, Feminist Generation*, 2007; Mel Gray and Jennifer Boddy, "Making Sense of the Waves," 2010; 이정희, 「자유주의 페미니즘에서 제3세계 페미니즘까지」, 2004 참조.

13   통, 『페미니즘 사상』, 1995; 재거, 『여성해방론과 인간본성』, 1999; Grant, *Fundamental Feminism*, 1993 참조.

14   실제로 물결 담론과 하이픈 페미니즘의 도식은 매우 다양하다. 우선 하이픈 페미니즘은 연구자에 따라 그 구분이 다르다. 제2물결의 이론가로 알려진 몇 연구자의 구분을 살펴보면, 앨리슨 재거는 급진주의 페미니즘, 자유주의 페미니즘, 마르크스주의 페미니즘, 사회주의 페미니즘으로 구분하고, 진 엘시테인(Jean Elshtain)은 급진주의 페미니즘, 자유주의 페미니즘, 마르크스주의 페미니즘, 정신분석 페미니즘으로 구분한다. 로즈마리 통은 마르크스주의 페미니즘, 급진적 모성 페미니즘, 급진적 성애 페미니즘, 정신분석 페미니즘, 포스트모던 페미니즘으로 구분한다(Grant, 위의 책, pp. 2~3에서 재인용). 중요한 점은 이 물결 담론과 하이픈 페미니즘 도식이 교차되어 있다는 것이다. 따라서 시대 구분인 물결 담론으로 여성주의 이론을 구분하지 않고 주제별로 나누는 경우 하이픈 페미니즘이 소개되기도 하는데, 이 경우 자유주의

페미니즘이 제1물결 세대의 논리이자 후신(後身)으로 평가되기도 한다(위의 책, p. 2). 이와 관련해 이 패러다임은 과거 1960년대 이래 보편적 패러다임으로 확산되었는데, 한때 유행했으나 지금은 쇠락한 인식과 이론이 아니라 현재에도 유력한 여성주의에 대한 이해로서, 예컨대 자유주의 페미니즘 이론은 여전히 주류 여성주의 이론으로 자리매김하고 있다.

15 Chela Sandoval, "U.S. Third World Feminism," 1991; 재거, 『여성해방론과 인간본성』, 1999 참조.

16 Sandoval, "U.S. Third World Feminism," 1991; Thompson, "Multiracial Feminism," 2002, p. 351 참조.

17 Thompson, "Multiracial Feminism," 2002, p. 352에서 인용.

18 위의 글, p. 337에서 인용.

19 위의 글, p. 337; Sandoval, "U.S. Third World Feminism," 1991 참조.

20 재거, 『여성해방론과 인간본성』, 1999, 17쪽에서 인용.

21 Sandoval, "U.S. Third World Feminism," 1991.

22 Norma Alarcón, "The Theoretical Subject(s) of *This Bridge Called My Back* and Anglo-American Feminism," 1990, pp. 358~359에서 인용.

23 Anzaldúa Gloria and Analouise Keating, *This Bridge We Call Home*, 2002.

24 Grant, *Fundamental Feminism*, 1993, p. 3에서 인용.

25 Sandoval, "Feminism and Racism," 1990, p. 66에서 인용했고 원문은 이와 같다. "It focuses us instead upon the process of the circulation of power, on the skill of reading its moves, and on the recognition that a new morality and effective opposition resides in a self-conscious flexibility of identity and of political action which is capable, above all else, of tactically intervening in the moves of power in the name of egalitarian social relations."

26 Sandoval, "U.S. Third World Feminism," 1991, pp. 12~17에서 인용.

27 위의 글, p. 14에서 인용.

28 위의 글, p. 11을 재구성.

29 Moraga and Anzaldúa(eds.), *This Bridge Called My Back*, 1983, p. xxiv에서 인용.

30 Mohanty, "Cartographies of Struggle," 1991.

31 Gray and Boddy, "Making Sense of the Waves," 2010, p. 379에서 인용.

32 Moraga and Anzaldúa, *This Bridge Called My Back*, 1983, p. 23을 재구성.

33 Patricia Hill Collins, "Learning from the Outsider Within," 2004, p. 103에서 인용.

34   Moraga and Anzaldúa, *This Bridge Called My Back*, 1983, p. 6에서 인용.

35   Cherríe Moraga, "La Güera," 1983, p. 33에서 인용.

36   Sandoval, "Feminism and Racism," 1990, p. 9에서 인용.

37   Moraga and Anzaldúa, *This Bridge Called My Back*, 1983, p. xxi에서 인용.

38   Alarcón, "The Theoretical Subject(s) of *This Bridge Called My Back* and Anglo-American Feminism," 1990, p. 359에서 인용.

39   Jane Flax, "Postmodernism and Gender Relations in Feminist Theory," 1987, Alarcón, "The Theoretical Subject(s) of *This Bridge Called My Back* and Anglo-American Feminism," 1990, p. 360에서 재인용.

40   Lynet Uttal, "Inclusion without Influence," 1990.

41   예컨대 이남석, 『차이의 정치』, 2001; 김혜경 외, 「한국 여성연구 동향」, 1998 등이 있다.

42   정희진, 『페미니즘의 도전』, 2005, 20쪽에서 인용.

43   위의 책, 20~21쪽에서 인용.

44   Young, "Gender as Seriality," 1994; 조희원, 「'차이'의 논의에 대한 정치학적 고찰」, 2005.

45   Gayatri Chakravorty Spivak, "Criticism, Feminism, and the Institution," 1990.

46   조희원, 「'차이'의 논의에 대한 정치학적 고찰」, 2005, 153쪽에서 인용.

47   위의 글, 148쪽에서 인용.

48   Uma Narayan, "Essence of Culture and a Sense of History," 1998, p. 86에서 인용.

49   Gloria Anzaldúa, "An Introduction," 1990, p. xxi에서 인용.

50   Sandoval, "Feminism and Racism," 1990, p. 65에서 인용.

51   위의 글, p. 67에서 인용.

52   Moraga, "La Güera," 1983, p. 29에서 인용.

53   Sandoval, "U.S. Third World Feminism," 1991; Anzaldúa, "An Introduction,"1990; Moraga and Anzaldúa, *This Bridge Called My Back*, 1883 참조.

54   Andrea Nye, "It's Not Philosophy," 2000.

55   Audre Lorde, *Sister Outsider*, 1984, p. 112에서 인용.

4장

1   Mala Htun, "What It Means to Study Gender and the State," 2005, p. 157에서
     인용.

2   여기서 한 가지 부연해야 할 것은 젠더정치와 여성주의의 '조심스러운' 구분
     이다. 젠더정치는 여러 사회적 정체성 중에서 젠더가 중요한 의미의 작동기제
     이며 사회현상을 분석하는 중요한 변수임을 전제하고 있다. 또한 젠더정치의
     인식론적 출발을, 기존 여성주의 이론에서의 성 변수와 성 인지가 아닌 피억
     압자의 경험과 지식으로 제안하고, '분석과 과정'으로서의 젠더 변수를 설명
     할 것이다. 그러나 이런 젠더정치 이해는 기존 여성주의 이해와 무관하지 않
     다는 면에서 여성주의 주장과 비전을 바탕으로 한다. 다만 양자의 조심스러
     운 구분은 학문의 제도적 특성 때문인데 내 전공인 정치학에서 젠더정치학
     은 각각 '여성', '성차', '정치'와 '권력'이라는 개념을 근간으로 전개·발전했고,
     여성학은 여성의 관점과 인식에 근거한다는 점에서 큰 차이가 있다. 따라서
     이러한 양 학문이 갖는 역사적·제도적 측면에서의 차이점과 함께 여성주의
     비전이라는 공통점을 동시에 염두하고 있다.

3   강윤희 외, 「한국 정치학에서의 성정치학(Gender Politics) 연구현황과 제언」,
     2004; 김혜경 외, 「한국 여성연구 동향」, 1998; 황영주, 「남성화된 민주주의와
     근대국가」, 1999 참조.

4   이영애, 「성정치학의 연구동향과 방법론적 위상」, 1996, 201쪽, 강윤희 외, 「한
     국 정치학에서의 성정치학(Gender Politics) 연구현황과 제언」, 2004, 114쪽에
     서 재인용.

5   젠더를 사회 분석의 한 범주로 전제하면서 언급할 필요가 있는 것이 생물
     학적 성과의 구분이다. 이는 젠더라는 용어가 사회적 영향력을 얻을 때 가
     장 먼저 논의된 것이며 현재도 진행 중인 논쟁 중 하나이다. 젠더 개념은 여
     성 차별과 억압이 실질적인 생물학적 다름에서 기인하는 것이 아니라 사회
     구성물의 속성 때문이라는 반박과 논의를 통해 발전·정착했다. 현재는 생물
     학적 성과 구분된 사회적 구성물이라는 이분법이 대중화되었다. 그러나 애
     초부터 사람의 신체 자체가 물리적으로 문화를 '담지하고 있어서(physically
     imbibe)' 젠더와 섹스(sex) 구분 자체의 모호함과 경계 구분을 비판하기도 한
     다. "예를 들어 신장이나 체중과 같은 생물학적 조건을 이해하는 데서 식사
     나 복장, 노동의 분업과 같은 사회적·문화적 요소를 고려하지 않을 수 없다

는 것이다"(Eve Kosofsky Sedgwick, *Epistemology of the Closet*. 1990; 조희원, 「'차이'의 논의에 대한 정치학적 고찰」, 2005에서 재인용).

나는 젠더를 사회 분석의 범주로서 전제하지만 몸의 물질성을 간과하지 않는다. 반대로 그것의 중요성이 상기되어야 한다고 보는데, 젠더 개념이 보편화되면서 신체의 물질성이 소홀하게 이해되고 사회적 관계 및 위계의 체현(embodiment)의 속성이 감춰지는 심각한 결과를 낳고 있기 때문이다. 보편적 존재로서의 서구, 남성, 중산계층 남성은 탈체현, 즉 젠더와 인종 측면에서 '표가 나지 않는 비가시성의 힘'이 있고 인종차별·성차별의 현실은 바로 그런 보편적 주체가 신체와 아무런 관계가 없다는 허구를 방증하는 것이다. 이에 대한 분석은 Puwar, *Space Invaders*, 2004를 참조.

6   Joan Wallach Scott, *Gender and the Politics of History*, 1999; 배은경, 「사회 분석 범주로서의 '젠더' 개념과 페미니스트 문화 연구」, 2004.

7   Scott, 위의 책; Beckwith, "A Common Language of Gender?" 2005; Hawkesworth, "Engendering Political Science," 2005 참조.

8   Nancy Burns, "Finding Gender," 2005, pp. 138~139에서 인용.

9   위의 글, pp. 138~139에서 인용.

10   Htun, "What It Means to Study Gender and the State," 2005, p. 157에서 인용.

11   여성주의 이론의 대표적인 하이픈 페미니즘(hyphen feminism) 패러다임에 대한 설명은 재거, 『여성해방론과 인간본성』, 1999를 참조하고 이 패러다임에 대한 비판은 Grant, *Fundamental Feminism*, 1993; Thompson, "Multiracial Feminism," 2002; Sandoval, "Feminism and Racism," 1991, *Methodology of the Oppressed*, 2000을 참조.

12   Debora King, "Multiple Jeopardy, Multiple Consciousness," 1988; hooks, "Feminist Politics," 2007; Crenshaw, "Demarginalizing the Intersection of Race and Sex," 1989 참조. 한편 이때 "극복되고 있다"라는 표현은 보충 설명이 필요한데 젠더·인종·계급 등 여러 권력관계 범주의 관계를 설명하는 '이론적 측면에 국한하여' 극복되었다고 할 수 있다. 이는 이론적으로 교차성 이론에 동의한다고 할지라도 젠더를 여전히 궁극적 요소로 인식하면서 여성이라는 공통의 범주를 설정하려는 주류 여성주의 입장과 계급·인종 변수를 기반으로 하는 여성 내부의 차이를 분리가 아닌 긍정적인 힘으로 간주하는 제3세계 페미니즘의 입장 차이가 크기 때문이다.

13   Donna Haraway, "Situated Knowledge," 1988.

14 위의 글.

15 Paula Moya, "Postmodernism, 'Realism,' and the Politics of Identity," 1997.

16 위의 글, pp. 135~136에서 인용.

17 이에 대한 이해를 돕기 위해 신영복의 『감옥으로부터의 사색』에 나와 있는 경험과 지식에 대한 이해와 문제의식을 부연하다. "경험이 비록 일면적으로 주관적이라는 한계를 갖는 것이긴 하나 아직도 가치중립이라는 '인텔리의 안경'을 채 벗어버리지 못하고 있는 나는, 경험을 인식의 기초로 삼고 있는 사람들의 공고한 신념이 부러우며, 경험이라는 대지에 튼튼히 발 딛고 있는 그 생각의 '확실함'을 배우고 싶습니다. 왜냐하면 추론적 지식과 직관적 예지가 사물의 진상을 드러내는 데 유용한 것이라면, 경험 고집은 주체적 실천의 가장 믿음직한 원동력이 되기 때문입니다. 몸소 겪었다는 사실이 안겨주는 확실함과 애착은 어떠한 경우에도 쉬이 포기할 수 없는 저마다의 '진실'이 되기 때문입니다"(신영복, 『감옥으로부터의 사색』, 1988, 51쪽). 이 인용문에서 경험은 인식의 근본이라고 여기는 추론적 지식과 직관적 예지와 구분되고 고집과 유사한 용어로 이해되고 있다. 경험이 갖는 즉자적 '확실함'이나 고집이 아닌 추론적 지식으로 전환하는 데는 이를 어떻게 해석, 추론, 설명할 것인가 하는 방법의 문제가 대두된다.

18 억압자와 피억압자 간의 관계에 대한 이해는 프레이리의 『페다고지』, 2009를 참조.

19 Paula Moya, "Postmodernism, 'Realism', and the Politics of Identity," 1997, pp. 136~137에서 인용.

20 Haraway, "Situated Knowledge," 1988, p. 586에서 인용.

21 Susan Carroll and Linda Zerilli, "Feminist Challenges to Political Science," 1993; Beckwith, "A Common Language of Gender?" 2005; 황영주, 「정치학에서 페미니즘 접근방법」, 2008; 강윤희 외, 「한국 정치학에서의 성정치학(Gender Politics) 연구현황과 제언」, 2004 참조.

22 Beckwith, "A Common Language of Gender?" 2005, pp. 132~133에서 인용.

23 대표적으로 Mary Lyndon Shanley and Carole Pateman, *Feminist Interpretation and Political Theory*, 1991 등이 있다.

24 방법 측면에서 폭로와 끼워 넣기 방식의 연구들은 서술적이라는 약점이 있다. 그런데 개념과 현상에 대한 재구성 작업의 과정에서 폭로와 끼워 넣기 방식이 일면 필요하기 때문에 이 방법들이 완벽하게 분리되지 않음을 언급하

고 싶다. 또한 각 분과에 따라 사용되고 선호되는 방법의 다양성도 언급이 필요한데, 분석이 아닌 서술에 그친다 하더라도 그 주제에 대한 지식 생산 과정에서 이론적 가치가 있을 수 있다. 예컨대 여성주의 사상가들의 정치 개념 재규정은 방법 면에서 서술적이지만 이는 세부분과와 지식생산의 맥락에서 유의미하다고 볼 수 있다.

25　Htun, "What It Means to Study Gender and the State," 2005, p, 157; Scott, *Gender and the Politics of History*, 1999.

26　Karen Beckwith, "Women, Gender and Nonviolence in Political Movement," 2002, p. 75에서 인용.

27　김미덕, 「한국 문학에서 기지촌 성매매 여성과 아메라시안에 대한 연구」, 2007; 일레인 김 외, 『위험한 여성』, 2002; S. M. Jager, "Women, Resistance and the Divided Nation," 1996; Caren Kaplan et al., *Between Women and Nation*, 1999; Yuval-Davis and Anthias, 1989 참조.

28　Anne McClintock, "No Longer in a Future Heaven," 1997, p. 82에서 인용.

29　이는 유발-데이비스와 안티아스(1989)의 도식에 잘 정리되어 있다. 그들은 민족국가에 대한 여성/젠더의 역할과 기능을 다음과 같이 요약하고 있다. 여성은 민족 구성원의 물리적 재생산자로 (성적 혹은 결혼 관계를 제약함으로써) 국가 구성원의 경계를 재생산시킨다. 또한 민족문화의 적극적인 전수자이자 생산자이며 민족국가 간의 차이를 규명하는 상징적 기표이다. 그리고 실제 민족운동의 참여자이기도 하다.

30　김미덕, 「한국 문학에서 기지촌 성매매 여성과 아메라시안에 대한 연구」, 2007.

31　Veena Das, "The Act of Witnessing," 1997, p. 208; 김미덕, 위의 글, 38쪽에서 인용.

32　김미덕, 위의 글, 57쪽에서 인용.

33　Kathy Davis, "Intersectionality as Buzzword," 2008; Ange-Marie Hancock, "Intersectionality as a Normative and Empirical Paradigm," 2007; Stephanie A. Shields, "Gender," 2008; Yuval-Davis, 2006을 참조. 이 개념이 보편화됨에 따라 내용, 개념, 방법에 대해서도 분분한 의견이 생겨났다. 교차적 억압과 차별은 구조적인 것인가, 개인적인 것인가? 분석을 어떻게 할 것인가? 물질적 수준인가 아니면 담론의 수준인가? 교차성은 반드시 소외된 주변부 사회 집단의 억압적 상황을 설명하기 위한 것인가? 억압의 교차적 성격 때문에 기회,

저항의 전략을 생산할 수는 없는가? 여기서는 이 이론의 배경과 핵심 내용만 다루고 있으며 내부의 긴장에 대해서는 언급된 문헌들과 3장을 확인할 것.

34 bell hooks, "Feminist Politics," 2007.

35 폴 파머, 「고통과 구조적인 폭력」, 2002, pp. 48~49.

36 위의 글, 53~54쪽에서 인용.

37 Hancock, "Intersectionality as a Normative and Empirical Paradigm," 2007.

38 Scott, *Gender and the Politics of History*, 1999.

5장

1   조혜정, 『탈식민지 시대 지식인의 글 읽기와 삶 읽기 1』, 1992; 김경만, 「독자적 한국 사회과학, 어떻게 가능한가?」, 2007; 조순경, 「한국 여성학 지식의 사회적 형성」, 2000 참조.

2   강남식·오장미경, 「한국여성학의 발달과 서구(미국) 페미니즘」, 2003, 301쪽에서 인용.

3   이숙인, 「부재의 역사를 생동의 현실로」, 2006, 「한국 여성(주의) 지식의 식민성 비판」, 2007; 이은선, 「유교와 페미니즘, 그 관계의 탐색을 통한 '한국적 페미니즘' 전망」, 1996; 허라금, 「유교와 페미니즘의 만남」, 2000, 「유교의 예와 여성」, 2002 참조.

4   이상화, 「지구화 시대의 현장 여성주의」, 2007; Eunshil Kim, "The Politics of Institutionalizing Feminist Knowledge," 2010; Mary John, "Women's Studies in India and the Question of Asia," 2005; Nicola Spakowski, "'Gender' Trouble," 2011, p. 31; Mina Roces and Louise Edwards, *Women's Movements in Asia*, 2010, pp. 1~2.

5   Edward Said, *Orientalism*, 1978.

6   강남식·오장미경, 「한국여성학의 발달과 서구(미국) 페미니즘」, 2003.

7   조순경, 「한국 여성학 지식의 사회적 형성」, 2000; 이숙인, 「부재의 역사를 생동의 현실로」, 2006, 「한국 여성(주의) 지식의 식민성 비판」, 2007; E. Kim, "The Politics of Institutionalizing Feminist Knowledge," 2010 참조.

8   강남식·오장미경, 「한국여성학의 발달과 서구(미국) 페미니즘」, 2003,

304~307쪽에서 인용.

9 이숙인, 「한국 여성(주의) 지식의 식민성 비판」, 2007, 208쪽에서 인용.

10 Heidi Hartmann et al., "Bringing Together Feminist Theory and Practice," 1996 참조.

11 조순경, 「한국 여성학 지식의 사회적 형성」, 2000, 174쪽에서 인용.

12 위의 글, 184쪽에서 인용.

13 위의 글, 185쪽 재구성.

14 Mary E. John, "Feminism, Internationalism, and the West," 1998.

15 조순경, 「한국 여성학 지식의 사회적 형성」, 2000, 190~191쪽에서 인용.

16 위의 글, 176쪽에서 인용.

17 조혜정, 『탈식민지 시대 지식인의 글 읽기와 삶 읽기 1』, 1992.

18 Haraway, "Situated Knowledge," 1988.

19 John, "Feminism, Internationalism, and the West," 1998; Spakowski, "'Gender' Trouble," 2011; Edwards, "Chinese Feminism in a Transnational Frame," 2010; Roces and Edwards, *Women's Movements in Asia*, 2010; Marody, "Why I Am Not a Feminist," 1993.

20 이숙인, 「한국 여성(주의) 지식의 식민성 비판」, 2007, 「부재의 역사를 생동의 현실로」, 2006; 이수자, 「한국의 산업화와 유교적 가부장주의」, 1997, 「근대적 여성주체 형성과 유교적 합리성의 역학관계」, 1998; 강남순, 「근대성, 기독교, 그리고 페미니즘의 관계에 대한 비판적 고찰」, 2002; 이은선, 「유교와 페미니즘, 그 관계의 탐색을 통한 '한국적 페미니즘' 전망」, 1996; 허라금, 「유교와 페미니즘의 만남」, 2000 참조.

21 Kim Eunyoung and Sheena Choi, "Korea's Internationalization of Higher Education," 2011; Kim, Terri, "Globalization and Higher Education," 2011; Byun Kiyong and Minjung Kim, "Shifting Patterns of the Government's Policies for the Internationalization of Korean Higher eduations," 2011 참조.

22 Narayan, *Dislocating Cultures*, 1997, 1998.

23 이숙인, 「한국 여성(주의) 지식의 식민성 비판」, 2007.

24 이수자, 「한국의 산업화와 유교적 가부장주의」, 1997, 「근대적 여성주체 형성과 유교적 합리성의 역학관계」, 1998, 「한국사회의 근대성에 대한 여성주의 문화론적 성찰」, 2000 참조.

25 조승미, 「여성주의적 관점에서 본 불교수행론 연구」, 2005; 강남순, 「근대성,

기독교, 그리고 페미니즘의 관계에 대한 비판적 고찰」, 2002 참조.

26   강남순, 위의 글, 2002; 박의경, 「한국 여성의 근대화와 기독교의 영향」, 2003; 이수자, 「근대적 여성주체 형성과 유교적 합리성의 역학관계」, 1998 참조.

27   유교 페미니즘의 주창자들은 스펙트럼이 다양하다. 남성 연구자뿐 아니라 유교 페미니즘을 주장하는 여성 연구자들도 페미니즘이 서구적이라고 비판하기도 한다. 예컨대 이은선은 「유교와 페미니즘, 그 관계의 탐색을 통한 '한국적 페미니즘' 전망」에서 페미니즘에 대해 성의 해방이라는 목적이 갖는 비실천성, 무력한 방향 제시, 반전통적 경향, 페미니즘 언어의 난해성, 젠더 본질주의를 비판하면서 한국적 페미니즘의 가능성을 탐색한다. 이은선이 유교 전통에서 찾고 있는 원리는 그녀가 생각하는 페미니즘 가치와 반(反)하는 것으로 관계의 도에 대한 가르침, 예의 실행을 통한 자기 단련과 성숙, 공동체주의적 의미이며 공동체, 돌봄, 모성의 윤리를 강조하는 여성주의 이론가들과 접합점을 찾는다(이은선, 1996). 언급했듯이 유교 교리의 내용을 재구성하고 여성주의적 가치의 접합 노력에 이견은 없으나 그녀가 언급하는 페미니즘 비판은 논쟁의 여지가 있다.

28   이숙인, 「한국 여성(주의) 지식의 식민성 비판」, 2007; 김은실, 「민족 담론과 여성」, 1994; Partha Chatterjee, "The Nationalist Resolution of the Women's Question," 1989; 김미덕, 「한국 문학에서 기지촌 성매매 여성과 아메라시안에 대한 연구」, 2007 참조.

29   이숙인, 「한국 여성(주의) 지식의 식민성 비판」, 2007, 217쪽에서 인용.

30   위의 글, 217~218쪽. 한편 이숙인은 유교와 페미니즘의 결합 가능성을 회의하거나 거부하지는 않는다. 유교가 부권적 종법 질서로 이해되어온 역사를 설명하고 남녀의 위계질서를 통한 조화주의가 여성에게 불합리하다는 점을 파악하고, 생성론적 관점을 통해 긍정적 지향을 모색할 수 있다고 본다. 원칙적인 면에서 그 의도를 부인할 필요는 없지만 분석 수위의 문제를 지적하지 않을 수 없다.

31   Narayan, *Dislocating Cultures*, 1997, p. 14에서 인용.

32   위의 책; John, "Feminism, Internationalism, and the West," 1998; 김은실, 「민족 담론과 여성」, 1994 참조.

33   Chaterjee, "The Nationalist Resolution of the Women's Question," 1989, pp. 237~239에서 인용.

34   이런 원리의 역사적·구체적 현실은 여러 쟁점에서 살펴볼 수 있는데, 예컨대

한국전쟁 직후 미국의 영향 속에서 어떻게 국가 재건 윤리로서 한국의 고유한 전통이 부활되었는가를 설명한 김은경의 연구가 대표적이다. 그녀는 미국과 미국 문화의 영향에 대한 남한의 주체성 확립 과정에서, 국가가 어떻게 유교적 가족 윤리를 강조하고 '전통적' 여성상을 창출하면서 자유부인과 양부인을 '타자'로서 비판하고 있는가를 설명한다. 제도와 문화 측면에서 급속하게 파급되는 미국의 영향력 아래 한국의 민족 정체성을 모색하고 미국의 개인주의에 반하는 한국 고유의 특징으로 전체주의적(공동체적) 성격을 강조하며, 젠더의 경우 양부인과 같은 특정 계층의 여성들을 중심으로 한 성 통제적 성격을 띠었다고 지적하고 있다. 김은경, 「한국전쟁 후 재건윤리로서의 '전통론'과 여성」, 2006, 18~40쪽에서 재구성.

35 Narayan, *Dislocating Cultures*, 1997, pp. 19~20에서 인용.

36 위의 책, p. 20에서 인용.

37 위의 책, p. 32에서 인용.

38 장미혜, 「미취업 여자 박사의 경험과 좌절」, 2001; 민무숙, 「여자박사의 노동 시장 내 지위에 대한 여성주의적 해석과 대응」, 2002; 이기숙, 「여교수 채용목표제와 지역대학의 현황」, 2004 참조.

39 울리히 벡, 『사랑은 지독한, 그러나 너무나 정상적인 혼란』, 1999, 장미혜, 「미취업 여자 박사의 경험과 좌절」, 2001, 159쪽에서 재인용. 이때 이 인용 구절은 사회적 지위가 낮은 직종에서 일하는 여성에게 가부장적 차별이 적다는 표현으로 오해될 여지가 있는데, 그보다는 사회적 지위가 높은 여성에게도 일반적 예측과 달리 가부장적 차별이 존재하거나 심각한 수준이라는 것을 강조하기 위해 나온 것으로 판단한다.

40 박완서, 『우리를 두렵게 하는 것들』, 1986, 123쪽에서 인용.

41 hooks, "Feminist Politics," 2007.

42 김영선, 「한국 여성학 제도화의 궤적과 과제」, 2010; 이화여자대학교 한국여성연구원, 한국학술진흥재단 중점연구 1단계, 「지구적 문화변동과 아시아 여성의 탈식민적 경험」 결과보고서, 2008, 한국연구재단 중점연구 2단계, 「여성주의 지식 생산과 '아시아 여성학' 구축」 결과보고서, 2011.

43 Inderpal Grewaland and Caren Kaplan, "Introduction: Transnational Feminist Practices and Questions of Postmodernity," 1994.

44 이상화, 「지구화 시대의 현장 여성주의」, 2007; E. Kim, "The Politics of Institutionalizing Feminist Knowledge," 2010; 이화여자대학교 한국여성연구원, 한국

학술진흥재단 중점연구 1단계, 「지구적 문화변동과 아시아 여성의 탈식민적 경험」 결과보고서, 2008, 한국연구재단 중점연구 2단계, 「여성주의 지식 생산과 '아시아 여성학' 구축」 결과보고서, 2011 참조.

45 김영선, 「한국 여성학 제도화의 궤적과 과제」, 2010, 346쪽 재구성.

46 Fernandes, "The Violence of Forgetting," 2010, p. 266; 김미덕, 「지구화 시대 지역연구 지식의 재구성」, 2011, 142쪽에서 인용.

47 윤택림, 「여성은 스스로 말할 수 있는가?」, 2010, 104쪽에서 인용.

48 위의 글, 104~105쪽에서 인용.

49 위의 글, 104쪽에서 인용.

50 Narayan, *Dislocating Cultures*, 1997.

51 김미덕, 「인류학 연구 과정에서 발생하는 권력 메커니즘에 대한 논의」, 2013 참조.

52 이재인 편, 『성매매의 정치학』, 2006; 이희영, 「여성주의 연구에서의 구술자료 재구성」, 2007; 원미혜, 「'성판매 여성' 섹슈얼리티의 공간적 수행과 정체성의 (재)구성」, 2011 참조.

53 이희영, 위의 글; 원미혜, 위의 글, 2011 등이 있다.

54 이희영, 위의 글, 106~107쪽 재구성.

55 경험과 지식 생산의 관계에 대한 논의는 4장에서 설명한 바 있다. 경험과 인식론적 특권(앎)이 '반드시' 비례하지는 않지만, 개인 경험 자체의 사회적 속성 때문에 경험과 지식 생산 사이에는 필연적 관계가 있다고 설명했다.

56 『서 있는 여자』는 양성평등 의식이 강한 잡지사 기자인 연지와 남편, 그리고 그녀 부모의 생활상을 통해 남성·여성으로서 느끼는 가부장제와 양성평등에 대한 서로 다른 시각을 차분하게 풀고 있다. 연지는 오래 알고 지낸 남자 친구와 결혼을 하고 난 후, 그동안 인지하지 않던 뿌리 깊은 남성 우월주의를 확인하고 가족의 회유와 이혼녀에 대한 사회의 편견을 무릅쓰고 이혼을 선택한다. 소설은 글쓰기로 대변되는 자아를 새롭게 정립하는 것으로 끝난다.

57 조혜정, 『탈식민지 시대 지식인의 글 읽기와 삶 읽기 1』, 1992, 248쪽에서 인용.

58 Bagguley Paul, "The Limits of Protest Event Data and Repertoires for Analysis of Contemporary Feminism," 2010; Ruth Behar, *Translated Women*, 1994; Das, "The Act of Witnessing," 1997 참조.

59 김명혜, 「미완성의 이야기: 일본군 '위안부'들의 경험과 기억」, 2004.

60 이희영, 「여성주의 연구에서의 구술자료 재구성」, 2007.

61 조순경, 「한국 여성학 지식의 사회적 형성」, 2000.

62 John, "Feminism, Internationalism, and the West," 1998; Edward Said, "Traveling Theory," 1983 참조.

63 Breny Mendoza(2002), "Transnational Feminisms in Question," 2002; 김미덕, 「지구화 시대 지역연구 지식의 재구성」, 2011.

6장

1 Allison Dorsey, "'White Girls' and 'Strong Black Women'," 2002; Macdonald and Sánchez-Casal(eds.), *Twenty-First-Century Feminist Classrooms*, 2002 참조.

2 안옥선, 『불교윤리의 현대적 이해』, 2002, 이중표, 「자비의 윤리」, 2005, 594쪽에서 재인용.

3 예컨대 안옥선의 연구(2007)에서 생태학자 아르네 네스(Arne Næss)의 동일시 개념이 소개되었다. 안옥선은 네스의 동일시와 불교의 동체자비(同體慈悲)를 비교하면서, 양자의 실천에서 자리(自利)와 이타(利他)는 그 구분이 무의미하고 자아실현과 해탈이라는 최고선을 달성하는 한 방법이라고 주장했다(Næss, 1985; 안옥선, 「생태적 삶의 태도로서 '동일시'와 '동체자비'」, 2007, 230쪽에서 재인용). "(네스의—인용자) 동일시는 자신의 정체성이 아닌 타정체성으로의 동일시를 뜻하는 것인데 (……) 개체적인 작은 자아가 자신 속에 다른 존재들을 포섭해감으로써 혹은 자신을 타 존재에로 확장시켜감으로써, 생태적 자아가 되어가고 최종적으로는 큰 자아가 되어 궁극 목표인 자아실현에 이르게 되는 방법이다. 이런 동일시의 과정을 통해서 자아는 개체적, 이기적, 고립적, 원자적 자아에서 관계적, 이타적, 상호 의존적, 전일적 자아로 변형된다. 동일시의 속성은 자발적이다. 더 나아가 동일시는 느낌, 정서 혹은 감정상의 동일시로 귀결된다. 전일론적 존재론의 인지에 근거한 동일시는 인지적 측면에서 이해될 수 있지만, 동일시는 최종적으로는 정서적인 것이다"(위의 글, 30쪽). 이와 같은 정서적 특성 때문에 동일시를 통해 타자의 고통에 공감하고 더 나아가서는 보살피는 행위를 하게 된다고 한다. 이러한 종

교 수위의 논의는 중요하고 공감의 당위성을 부인할 수는 없다. 그러나 자발성, 공감 등은 어떻게 실현되는가에 대한 과정이 부재하기 때문에 규범으로 읽히며 사회적 실천으로 이해되지 않는다.

4   김용환, 「공감과 연민의 감정의 도덕적 함의」, 2003; 이진희, 「공감과 그 도덕 교육적 함의에 관한 연구」, 2008; 민은경, 「타인의 고통과 공감의 원리」, 2008; 이상진, 「배려윤리와 자비윤리의 비교를 통한 도덕교육적 의의 고찰」, 2011; 이승훈, 「다양성, 동감, 연대성」, 2012 참조.

5   Martha C. Nussbaum, "Compassion: The Basic Social Emotion," 1996, p. 26에서 인용.

6   위의 글, p. 31; Nussbaum, "Compassion and Terror," 2003, pp. 14~15에서 인용.

7   다양한 분야의 연구진이 공감 문제를 제기했는데, 먼저 이성·합리성 대 감성의 이분법을 비판하고 감성의 중요성이 제기되었다(김용환, 「공감과 연민의 감정의 도덕적 함의」, 2003; 민은경, 「타인의 고통과 공감의 원리」, 2008; 이진희, 「공감과 그 도덕 교육적 함의에 관한 연구」, 2008; 오인용, 「워즈워스, 아담 스미스, 에드먼드 버크」, 2005; Jeff Goodwin and James M. Jasper, *Rethinking Social Movements,* 2003; Lutz, Catherine A. Lutz and Lila Abu-Lughod, *Language and the Politics of Emotion*, 1990). 또한 심리학·사회학·정신학에서 주로 다루어지고 있는데 감성을 육체와 느낌으로 환원해 해석하는 본질화의 문제를 지적하고, 이를 역사화·맥락화하는 작업을 수행하기도 한다(Lutz and Abu-Lughod, *Language and the Politics of Emotion*, 1990). 한국 인문사회과학계에서 감성의 정치에 관한 논의는, 동서양 철학자들의 도덕과 감정론에 대한 고찰(오인용, 앞의 글, 2005; 김용환, 「공감과 연민의 감정의 도덕적 함의」, 2003)과 공감의 원리에 대한 논의를 통한 윤리와 도덕교육에 대한 강조가 주류를 이룬다(민은경, 앞의 글, 2008; 이진희, 위의 글 참조).

8   Stathis N. Kalyvas, *The Logic of Violence in Civil War*, 2006.

9   박완서, 『사람의 일기』, 1999, 262쪽에서 인용.

10   위의 책, 274쪽에서 인용.

11   Narayan, "Working Together Across Difference," 1988, p. 38에서 인용.

12   위의 글, pp. 38~40에서 인용.

13   위의 글, p. 41에서 인용.

14   기존 연구에서 탈동일시는 '탈정체화'나 '비동일시'로 번역되었다. 나는 탈동

일시로 번역했고 인용어를 옮길 때는 탈정체화를 그대로 사용했다. 탈정체화라고 번역하는 것이 특정 정체성에서 벗어난다는 의미를 그대로 전하기 때문에 언어 면에서나 내용 면에서도 큰 무리는 없다. 그럼에도 정체성으로부터의 탈피와 함께 어떤 대상(새로운 자아)으로의 변화를 담고 있으므로, 양자를 모두 표현하기 위해 탈동일시를 선택했다.

15   José Esteban, *Muñoz, Disidentifications*, 1999, p. 7에서 인용.

16   위의 책, p. 11에서 인용.

17   위의 책, p. 4에서 인용.

18   위의 책, p. 12~31에서 인용.

19   탈동일시의 '논리'를 잘 드러난 예가 치카나 여성주의자 알라콘의 여성주의에 대한 이해이다. 3장에서 자유주의 페미니즘과 제3세계 페미니즘 간의 긴장을 살펴보았는데, 제3세계 페미니즘이 제기한 중요한 비판 중 하나가 기존의 주류 페미니즘이 '동일시 전략'을 취하고 있다는 것이다. 즉 여성과 남성의 다름을 기반으로 보편인 남성과 동일한 권리와 평등을 누림으로써 특수인 여성이 남성으로의 동일시 욕구를 반영한 것에 불과하다는 것이다. 또한 그동안 폄하되었던 여성적 가치가 더욱 우월한 것이라고 주장하는 반동일시 전략(급진적·문화적 페미니즘)도 한계가 있음을 잘 지적했다. 정반대의 전략임에도 두 입장 모두 남성을 보편으로 설정하고 있고, 이것은 자연화된 가부장제를 재생산한다. 그리고 알라콘은 자세하게 기술하고 있지 않지만 이 두 전략을 벗어난 탈동일시 전략으로서 제3세계 페미니즘을 염두에 두었다. 알라콘은 젠더 정체성은 다른 정체성들과 독립적으로 설명될 수 없다고 주장하면서 동일시에 기반을 둔 운동을 넘어서기 위해 '탈동일시'의 중요성을 전제/시사했다. 그녀는 이를 '다름 속의 정체성들(identities in difference)'로 요약했는데 3장에서 언급한 샌도벌이 이를 구체화했다고 할 수 있다. 샌도벌은 여성주의 담론을 피억압자의 저항의식이라는 개념으로 재구성함으로써 기존 주류 여성주의 패러다임의 동일시와 반동일시 전략을 탈피한 것이다. Alárcon, "The Theoretical Subject(s) of *This Bridge Called My Back* and Anglo-American Feminism," 1990; Fernandes, *Transforming Feminist Practice*, 2003 참조.

20   Fernandes, 위의 책.

21   진은영은 소통은 타자성 형상의 해체가 필요하고 이를 위해 정체성 정치에서 벗어나야 한다고 주장한다. 그리고 탈정체화라는 단어를 직접 언급하고

결론 부분에 탈정체화의 한 예로서, 이 장에서도 언급한 랑시에르의(2004)의 연구를 들고 있다. 다만 기존의 정체성에서 탈주하는 것이 어떤 의미이며 어떤 과정으로 가능한가를 설명하지 않는다.

22 Stuart Hall, "Introduction," 1996.

23 메디나의 연구에 따르면, 가족은 생물학적 집단인 동시에 정치적 집단이다. 당연히 생물학적 요인은 중요한 특성임에 틀림없지만 입양, 동거, 모계 가족, 모가장 등 가족의 복수적 형태를 통해 그것의 정치적 성격을 확인할 수 있다. 또한 일단 가족 구성원이 되면 내부의 갈등과 차이가 간과되는데, 가정에서 가해지는 다양한 형태의 폭력과 비위계적 관계들 또한 가족이 자연화된 동질적 집단이 아님을 알 수 있는 예라고 설명한다(José Medina, "Identity Trouble," 2003).

24 Fernandes, *Transforming Feminist Practice*, 2003.

25 위의 책, 2003.

26 Wendy Brown, "Wounded Attachments," 1993.

27 Rosemary Hennessy, "Women's Lives/Feminist Knowledge," 1993.

28 Fernandes, *Transforming Feminist Practice*, 2003.

29 Pêcheux, *Language, Semantics and Ideology*, 1982; Fernandes, *Transforming Feminist Practice*, 2003.

30 Pêcheux, *Language, Semantics and Ideology*, 1982; Hennessy, "Women's Lives/ Feminist Knowledge," 1993, p. 30에서 재인용.

31 Althusser, "Is It Simple to be a Marxist in Philosophy?" 1976; Hennessy, "Women's Lives/Feminist Knowledge," 1993, p. 30에서 재인용.

32 Hennessy, 위의 글, p. 30에서 인용.

33 Fernandes, *Transforming Feminist Practice*, 2003, pp. 32~33에서 인용.

34 위의 책, p. 33에서 인용.

35 위의 책, pp. 32~37에서 인용.

36 Alilunas, "The (In)visible People in the Room," 2011.

37 자크 랑시에르, 『정치적인 것의 가장자리에서』, 2004, 223~224쪽에서 인용.

38 Alilunas, "The (In)visible People in the Room," 2011.

39 한국사회에서 영성이라는 개념은 주로 종교적 차원에서 이해된다. 페르난데스도 이 점을 무척 우려하고 있으며, 나 또한 이 개념이 종교와 관계가 있고 그것이 중요하다고 여기지만, 그렇다고 필연적 관계가 있다고 생각하지 않는

다. 여기서 영성은 존재 유지와 행복을 실현하기 위한 몸, 마음, 영혼(사람의 정기, 에너지)을 뜻한다. 달라이 라마의 사상을 분석하고 있는 황용식은, 영성(spirituality)이라는 개념을 어떻게 번역할 것인가를 고민해 그 어원을 밝히고 있다. 이는 여기서 표현하고, 페르난데스가 설명하는 영적 자아를 이해하는 데 큰 도움이 된다. 내가 주목하는 부분은 개념사적 어원으로서 'spirituality'는 공기, 호흡, 생명을 뜻하는 라틴어 'spiritus'를 옮긴 것으로 숨/호흡, 영혼, 활력 등의 의미라는 점이다. 프랑스어의 'espirit', 영어의 'spirit', 독일어로는 'geist', 한국어로는 '정기(精氣)'에 가깝다는 이정우의 지적을 소개한다 (이정우, 『개념-뿌리들』 2권, 2004, 황용식, 「달라이 라마의 현대적 윤리의 정초에의 접근 (I)」, 2006, 208~211쪽에서 인용). 황용식 자신은 달라이 라마의 'spirituality'를 종교적이라기보다는 정신적인 개념으로 생각하여 정신성으로 번역하면서 이 개념이 자신과 타자 모두에게 행복을 가져다주는 인간 정신과 그런 품성들과 관련된 것으로 규정한다고 설명한다(황용식, 위의 글, 211~213쪽). 이 같은 개념적·문화적 이해는 영성이라는 개념을 필연적으로 종교적 차원으로 이해하는 방식을 넘을 수 있는 단초를 제공한다.

40   Fernandes, *Transforming Feminist Practice*, 2003, p. 45에서 인용.

41   위의 책, p. 35에서 인용.

42   위의 책, pp. 35~40에서 인용.

43   마하트마 간디, 『간디 자서전』, 2001, 78쪽에서 인용.

44   문성훈, 「소수자 등장과 사회적 인정 질서의 이중성」, 2005, 129쪽에서 인용.

45   아르준 아파두라이, 『소수에 대한 두려움』, 2011.

46   신영복, 특강 〈공부란 무엇인가?〉, 2012.

47   Kristen Renwick Monroe, *The Hand of Compassion*, 2004, p. 212에서 인용.

48   Fernandes, *Transforming Feminist Practice*, 2003.

49   Hennessy, "Women's Lives/Feminist Knowledge," 1993, p. 299에서 인용.

50   Monroe, *The Hand of Compassion*, 2004.

51   Graeber, *Fragments of an Anarchist Anthropology*, 2004, pp. 72~75에서 인용.

후기

1   프란츠 파농, 『검은 피부, 하얀 가면』, 2013.

2   José Ortega y. Gasset, "The Sportive Origin of The State," 1961; Puwar, *Space Invaders*, p. 147에서 재인용.

3   위의 책, p. 121에서 인용.

4   Richard Kearney, *Strangers, Gods and Monsters*, 2002 참조.

5   이에 대해서는 Fernandes, *Transforming Feminist Practice*, 2003을 참조.

6   위의 책, p. 121에서 인용.

참고문헌

한국어 문헌

강남순(2002), 「근대성, 기독교, 그리고 페미니즘의 관계에 대한 비판적 고찰」, 감리교신학대학, 《신학과 세계》 제44호.

강남식·오장미경(2003), 「한국여성학의 발달과 서구(미국) 페미니즘」, 학술단체협의회 편, 『우리 학문 속의 미국: 미국적 학문 패러다임 이식에 대한 비판적 성찰』, 한울아카데미.

강수희(가명)(2012), 1월 인터뷰.

강윤희·김경미·최정원(2004), 「한국 정치학에서의 성정치학(Gender Politics) 연구현황과 제언」, 한국정치학회, 《한국정치학회보》 제38집 3호.

강인화(2007), 「한국사회의 병역거부 운동을 통해 본 남성성 연구」, 이화여자대학교 석사학위논문.

권오분(2000), 「군대경험의 의미화 과정을 통해서 본 군사주의 성별정치학: 남녀공학대학 사례를 중심으로」, 이화여자대학교 석사학위논문.

권인숙(2005), 『대한민국은 군대다: 여성학적 시각에서 본 평화, 군사주의, 남성성』, 청년사.

김경만(2007), 「독자적 한국 사회과학, 어떻게 가능한가?: 몇 가지 전략들」, 서강대학교 사회과학연구소, 《사회과학연구》 제15집 2호.

김명혜(2004), 「미완성의 이야기: 일본군 '위안부'들의 경험과 기억」, 한국문화인류학회, 《한국문화인류학》 제37집 2호.

김미덕(2007), 「한국 문학에서 기지촌 성매매 여성과 아메라시안에 대한 연구」, 숙명여자대학교 아시아여성연구소, 《아시아여성연구》 제46권 2호.

_____(2011), 「지구화 시대 지역연구 지식의 재구성: 방법에 대한 논의를 중심으로」, 서울대학교 국제학연구소, 《국제·지역연구》 제20권 2호.

_____(2013), 「인류학 연구 과정에서 발생하는 권력 메커니즘에 대한 논의: 성찰적 연구에 대한 검토를 중심으로」, 한국문화인류학회, 《한국문화인류학》 제46권 1호.

김민정·강경희·김경미·김은희·문경희·신은영·조현옥(2011), 『여성 정치 할당제: 보이지 않는 벽에 문을 내다』, 인간사랑.

김영선(2010), 「한국 여성학 제도화의 궤적과 과제」, 한국인문사회과학회, 《현상과 인식》 제34권 3호.

김용환(2003), 「공감과 연민의 감정의 도덕적 함의」, 한국철학회, 《철학》 제76집.

김은경(2006), 「한국전쟁 후 재건윤리로서의 '전통론'과 여성」, 숙명여자대학교 아시아여성연구소, 《아시아여성연구》 제45집 2호.

김은실(1994), 「민족 담론과 여성: 문화, 권력, 주체에 관한 비판적 읽기를 위하여」, 한국여성학회, 《한국여성학》 제10권.

_____(1998), 「한국 대학에서의 여성학 교육 개관」, 이화여자대학교 한국여성연구원, 《여성학논집》 제14·15합집

김현영(2002), 「병역의무와 근대적 국민정체성의 성별정치학」, 이화여자대학교 석사학위논문.

김혜경·이박혜경(1998), 「한국 여성연구 동향: '차이'에 대해 고민하기」, 학술단체협의회 편, 『한국인문사회과학의 현재와 미래』, 푸른숲.

김혜경·남궁명희·이순미(2009), 「지역에서의 여성학 교육의 현재와 역사적 특성: 전북지역 및 전북대학교를 중심으로」, 한국여성학회, 《한국여성학》 제25권 3호.

문성훈(2005), 「소수자 등장과 사회적 인정 질서의 이중성」, 사회와철학연구회, 《사회와 철학》 제9집.

민무숙(2002), 「여자박사의 노동시장 내 지위에 대한 여성주의적 해석과 대응」, 한국여성학회, 《한국여성학》 제18권 1호.

민은경(2008), 「타인의 고통과 공감의 원리」, 서울대학교 철학사상연구소, 《철학사상》 제27호.

박완서(1986), 『우리를 두렵게 하는 것들』, 자유문학사.

_____(1999), 「사람의 일기」, 『박완서 단편소설 전집 4』, 문학동네.

_____(1999), 「저문 날의 삽화(揷話) 2」, 『박완서 단편소설 전집 5』, 문학동네.

박의경(2003), 「한국 여성의 근대화와 기독교의 영향」, 한국정치외교사학회, 《한국정치외교사논총》 제25집 1호.

배은경(2004), 「사회 분석 범주로서의 '젠더'개념과 페미니스트 문화 연구: 개념사적 접근」, 한국여성연구소, 《페미니즘 연구》 제4권 1호.

신영복(1988), 『감옥으로부터의 사색』, 햇빛출판사.

_____(2012), 특강 〈공부란 무엇인가?〉, 11월 21일, 이화여자대학교 대학원 중강당.

안상수(2007), 「군가산점제 부활 논쟁과 남성의 의식」, 한국여성연구소, 《페미니즘
　　연구》 제7권 2호.

안상수·박성정·최윤정·김금미(2011), 『성평등 실천 국민실태조사 및 장애요인 연
　　구 III: 대학생활 영역을 중심으로』, 한국여성정책연구원.

안옥선(2002), 『불교윤리의 현대적 이해』, 불교시대사.

_____(2007), 「생태적 삶의 태도로서 '동일시'와 '동체자비'」, 동아시아불교문화학
　　회, 《동아시아불교문화》 제1권.

오미영(2010), 「군대/국가산점제, 무엇으로 소통할 것인가」, 한국여성평화연구원,
　　《여성과 평화》 제5호.

오인용(2005), 「워즈워스, 아담 스미스, 에드먼드 버크: 감정성의 정치학」, 한국중앙
　　영어영문학회, 《영어영문학연구》 제47권 2호.

원미혜(2011), 「'성판매 여성' 섹슈얼리티의 공간적 수행과 정체성의 (재)구성」, 이화
　　여자대학교 한국여성연구원, 《여성학논집》 제28집 1호.

윤종빈(2005), 〈용서받지 못한 자〉, 영화사 청어람(영화).

윤택림(2010), 「여성은 스스로 말 할 수 있는가: 여성 구술 생애사 연구의 쟁점과 방
　　법론적 논의」, 이화여자대학교 한국여성연구원, 《여성학논집》 제27집 2호.

이기숙(2004), 「여교수 채용목표제와 지역대학의 현황」, 신라대학교 여성문제연구
　　소, 《여성연구논집》 제15집.

이남석(2001), 『차이의 정치: 이제 소수를 위하여』, 책세상.

이동흔(2002), 「군대문화의 남성중심성과 양성평등교육」, 연세대학교 석사학위논문.

이상진(2011), 「배려윤리와 자비윤리의 비교를 통한 도덕교육적 의의 고찰」, 윤리철
　　학교육학회, 《윤리철학교육》 제16집.

이상화(2007), 「지구화 시대의 현장 여성주의: 차이의 존재론과 연대의 실천론」, 이
　　화여자대학교 한국여성연구원 편, 『지구화 시대의 현장여성주의』, 이화여자
　　대학교 출판부.

이수자(1997), 「한국의 산업화와 유교적 가부장주의」, 한독사회과학회, 《한·독사회
　　과학논총》 제7호.

_____(1998), 「근대적 여성주체 형성과 유교적 합리성의 역학관계」, 한독사회과학
　　회, 《한·독사회과학논총》 제8호.

_____(2000), 「한국사회의 근대성에 대한 여성주의 문화론적 성찰」, 성신여자대학
　　교 한국여성연구소, 《여성연구논총》 제1권 1호.

이숙인(2006), 「부재의 역사를 생동의 현실로: 여성주의적 유교 담론의 근래 동향」, 예문동양사상연구원, 《오늘의 동양사상》 제14호.

_____(2007), 「한국 여성(주의) 지식의 식민성 비판: 탈서구와 탈유교의 전략」, 한국동양철학회, 《동양철학》 제28집.

이승훈(2012), 「다양성, 동감, 연대성」, 동양사회사상학회, 《동양사회사상》 제25집.

이영애(1996), 「성정치학의 연구동향과 방법론적 위상」, 한국정치학회 연례학술대회 발표문.

이은선(1996), 「유교와 페미니즘, 그 관계의 탐색을 통한 '한국적 페미니즘' 전망」, 동양철학연구회, 《동양철학연구》 제15집.

이재인 편(2006), 『성매매의 정치학: 성매매특별법 제정 1년의 시점에서』, 한울 아카데미

이정우(2004), 『개념-뿌리들』 2권, 철학아카데미.

이정희(2004), 「자유주의 페미니즘에서 제3세계 페미니즘까지」, 한국비평문학회, 《비평문학》 제19호.

이중표(2005), 「자비의 윤리」, 불교학연구회, 《불교학연구》 제12호.

이진희(2008), 「공감과 그 도덕 교육적 함의에 관한 연구」, 한국도덕윤리과교육학회, 《도덕윤리과교육》 제26호.

이화여자대학교 한국여성연구원(2008), 한국학술진흥재단 중점연구 1단계, 「지구적 문화변동과 아시아 여성의 탈식민적 경험」 결과보고서, 이화자대학교 한국여성연구원.

_____(2011), 한국연구재단 중점연구 2단계, 「여성주의 지식 생산과 '아시아 여성학' 구축」 결과보고서, 이화자대학교 한국여성연구원.

이희영(2007), 「여성주의 연구에서의 구술자료 재구성: 탈성매매 여성의 생애 체험과 서사구조에 대한 사례연구를 중심으로」, 한국사회학회, 《한국사회학》 제41집 5호.

임재성(2011), 『삼켜야 했던 평화의 언어: 병역거부가 말했던 것, 말하지 못했던 것』, 그린비.

장미혜(2001), 「미취업 여자 박사의 경험과 좌절」, 한국여성학회, 《한국여성학》 제17권 2호.

전승혜(1999), 「남학생과 페미니즘 문학교육」, 한국영미문학페미니즘학회, 《영미문학페미니즘》 제7집 1호.

정채기(2006), 「젠더연구(gender studies)의 교육과정화에 대한 연구: 남성학과 여성

학의 통합적 접근」, 한국교육포럼(아시아태평양교육학회), 《한국교육논단》 제
5권 1호.

정희진(2005), 『페미니즘의 도전: 한국 사회 일상의 성정치학』, 교양사.

조순경(2000), 「한국 여성학 지식의 사회적 형성: 지적 식민성 논의를 넘어서」, 한국
산업사회학회, 《경제와 사회》 제45호.

조승미(2005), 「여성주의적 관점에서 본 불교수행론 연구: 한국 여성불자의 경험을
중심으로」, 동국대학교 박사학위논문.

조정문(1998), 「남성학의 등장과 남성학과 여성학간의 관계」, 신라대학교 여성문제
연구소, 《여성연구논집》 제9집.

조주현(2000), 「한국여성학의 지식 생산구조와 향방: 『한국여성학』을 중심으로」, 한
국여성학회, 《한국여성학》 제16권 2호.

조혜정(1992), 『탈식민지 시대 지식인의 글 읽기와 삶 읽기 1』, 또하나의문화.

조희원(2005), 「'차이'의 논의에 대한 정치학적 고찰: 여성들간의 차이를 중심으로」,
경희대학교 박사학위논문.

_____(2011), 「한국여성의 정치적 대표성 증가와 여성정치할당제의 제도화」, 세계
평화통일학회, 《평화학연구》 제12권 4호.

진은영(2010), 「소통, 그 불가능성의 가능성」, 이화여자대학교 이화인문과학원, 《탈
경계 인문학》 제3권 2호.

허민숙(2013), 「"내가 페미니스트였어?" 그러니까 여성학은 계속되어야 한다」, 이화
여자대학교 한국여성연구원, 《여성학논집》 제30집 1호.

허라금(2000), 「유교와 페미니즘의 만남」, 철학문화연구소, 《철학과 현실》 봄호(통권
제44호).

_____(2002), 「유교의 예와 여성」, 한국철학사상연구회, 《시대와 철학》 제13권 1호.

황영주(1999), 「남성화된 민주주의와 근대국가」, 부산대학교여성연구소, 《여성학연
구》 제9권 1호.

_____(2008), 「정치학에서 페미니즘 접근방법」, 한국정치학회, 『정치학 이해의 길
잡이: 정치이론과 방법론』, 법문사.

황용식(2006), 「달라이 라마의 현대적 윤리의 정초에의 접근 (I)」, 인도철학회, 《인도
철학》 제20집.

번역서

간디, 마하트마 · 함석헌 역(2001), 『간디 자서전: 나의 진리실험 이야기』, 한길사.

일레인 김, 최정무 편저 · 박은미 역(2002), 『위험한 여성: 젠더와 한국의 민족주의』, 삼인.

랑시에르, 자크 · 양창렬 역(2004), 『정치적인 것의 가장자리에서』, 도서출판 길.

밀스, 찰스 W 저 · 정범진 역(2006), 『인종계약: 근대를 보는 또 하나의 시선』, 아침이슬.

벡, 울리히 저 · 강수영 외 역(1999), 『사랑은 지독한, 그러나 너무나 정상적인 혼란: 사랑, 결혼, 가족, 아이들의 새로운 미래를 향한 근원적 성찰』, 새물결.

아파두라이, 아르준 저 · 장희권 역(2011), 『소수에 대한 두려움: 분노의 지리학』, 에코리브르.

양현아(2002), 「한국인 '군 위안부'를 기억한다는 것」, 일레인 김, 최정무 편저 · 박은미 역, 『위험한 여성: 젠더와 한국의 민족주의』, 삼인.

재거, 앨리슨 저 · 공미혜 · 이한옥 역(1999), 『여성해방론과 인간본성』, 이론과실천.

통, 로즈마리 푸트남 저 · 이소영 역(1995), 『페미니즘 사상: 종합적 접근』, 한신문화사.

파농, 프란츠 저 · 이석호 역(2013), 『검은 피부, 하얀 가면』, 인간사랑.

파머, 폴(2002), 「고통과 구조적인 폭력: 아래로부터의 조망」, 아서 클라인만, 비나다스 외 저 · 안종설 역, 『사회적 고통: 인간의 고통에 대한 사회학적, 의학적, 문화인류학적 접근』, 그린비.

프레이리, 파울루 저 · 남경태 역(2009), 『페다고지』, 그린비.

영어 문헌

Aikau, Hokulani K., Karla A. Erickson, and Jennifer L. Pierce(eds.)(2007), *Feminist Waves, Feminist Generation: Life Stories from the Academy*. Minneapolis: University of Minnesota Press.

Alarcón, Norma(1990), "The Theoretical Subject(s) of *This Bridge Called My Back* and Anglo-American Feminism." in Gloria Anzaldúa(eds.). *Making Face, Making Soul*. San Francisco: Aunt Lute Books.

Alilunas, Peter(2011), "The (In)visible People in the Room: Men in Women's Studies." in *Men and Masculinities*, Vol. 14, No. 2.

Althusser, Louis(1971), "Ideology and Ideological State Apparatuses." in *Lenin and Philosophy, and Other Essays*. Ben Brewster(trans.). New York: Monthly Review Press.

_____ (1976), "Is It Simple to be a Marxist in Philosophy?" in *Essays in Self-Criticism*. Grahame Lock(trans.). London: NLB.

Anzaldúa, Gloria (1990), "An Introduction." in Gloria Anzaldúa(eds.). *Making Face, Making Soul*. San Francisco: Aunt Lute Books.

_____ (and Analouise Keating(eds.)(2002), *This Bridge We Call Home*. New York and London: Routledge.

Bagguley, Paul(2010), "The Limits of Protest Event Data and Repertoires for Analysis of Contemporary Feminism." *Politics & Gender*, Vol. 6, No. 4.

Barad, Karen(1998), "Agential Realism: Feminist Interventions in Understanding Scientific Practices." in Mario Biagioli (ed). *The Science Studies Reader*. New York and London: Routledge.

_____ (2001), "Re(con)figuring Space, Time, and Matter." in Marianne De-Koven(eds.), *Feminist Locations: Global and Local, Theory and Practice*. New Jersey: Rutgers University Press.

Beckwith, Karen(2002), "Women, Gender and Nonviolence in Political Movement." *Political Science & Politics*, Vol. 35, No. 11.

_____ (2005), "A Common Language of Gender?" *Politics & Gender*, Vol. 1, No. 1.

Behar, Ruth(1994), *Translated Women: Crossing the Border With Esperanza's Story*. Boston: Beacon Press.

Berila, Beth, Jean Keller, Camilla Krone, Jason Laker, and Ozzie Mayers(2005), "His Story·Her Story: A Dialogue about Including Men and Masculinities in the Women's Studies Curriculum." *Feminist Teacher*, Vol. 16, No. 1.

Brown, Wendy(1993), "Wounded Attachments: Late Modern Oppositional Political Formations." *Political Theory*, Vol. 21, No. 3.

Burns, Nancy(2005), "Finding Gender." *Politics & Gender*, Vol. 1, No. 1.

Byun, Kiyong and Minjung Kim(2011), "Shifting Patterns of the Government's Policies for the Internationalization of Korean Higher Education." *Journal of Studies in International Education*, Vol. 15, No. 5.

Carroll, Susan and Linda Zerilli(1993), "Feminist Challenges to Political Science." Ada W Finifter(eds.). *Political Science: The State of the Discipline II*. Washington: American Political Science Association.

Chatterjee, Partha(1989), "The Nationalist Resolution of the Women's Question." in Kumkum Sangari and Sudesh Vaid(eds.). *Recasting Women: Essays in Indian Colonial History*. New Jersey: Rutgers University Press.

Chong, Terence(2007), "Practicing Global Ethnography in Southeast Asia: Reconciling Area Studies with Globalization Theory." *Asian Studies Review*, Vol. 31, No. 3.

Crenshaw, Kimberlé(1989). "Demarginalizing the Intersection of Race and Sex: A Black Feminist Critique of Antidiscrimination Doctrine, Feminist Politics and Antiracist Politics." *The University of Chigaco Legal Forum*, Vol. 140.

Collins, Patricia Hill(2004), "Learning from the Outsider Within: The Sociological Significance of Black Feminist Thought." in Sandra Harding(eds.). *The Feminist Standpoint Theory Reader: Intellectual and Political Controversies*. New York: Routledge.

Das, Veena(1997), "The Act of Witnessing: Violence, Poisonous Knowledge, and Subjectivity." in Veena Das et al.(eds.). *Violence and Subjectivity*. Berkely: University of California Press.

Davis, Kathy(2008), "Intersectionality as Buzzword." *Feminist Theory*, Vol. 9, No. 1.

Dorsey, Allison(2002), "'White Girls' and 'Strong Black Women': Reflections on a Decade of Teaching Black History at Predominantly White Institutions(PWIs)." in Amie A. Macdonald and Susan Sánchez-Casal(eds.). *Twenty-First-Century Feminist Classrooms*. New York: Palgrave Macmillan.

Edwards, Louise(2010), "Chinese Feminism in a Transnational Frame: Between Internationalism and Xenophobia." in Mina Roces and Louise Edwards(eds.). *Women's Movements in Asia: Feminisms and Transnational Activism*. New York: Routledge.

Fernandes, Leela(2003), *Transforming Feminist Practice: Non-Violence, Social Justice, and the Possibilities of a Spiritualized Feminism*. San Francisco: Aunt Lute Books.

_____(2010), "The Violence of Forgetting." *Critical Asian Studies*, Vol. 42, No. 2.

Flax , Jane (1987), "Postmodernism and Gender Relations in Feminist Theory." *Signs*, Vol. 12, No. 4.

Gasset, José Ortega y(1961), "The Sportive Origin of The State." in José Ortega y Gasset (ed.), *History as a System and Other Essays toward a Philosophy of History*. New York: Norton.

Goodwin, Jeff and James M. Jasper(2003), *Rethinking Social Movements: Structure, Meaning, and Emotion*. Lanham: Rowman & Littlefield Publishers.

Graeber, Davis(2004), *Fragments of an Anarchist Anthropology*. Chicago: Prickly Paradigm Press.

Grant, Judith(1993), *Fundamental Feminism: Contesting the Core Concepts of Feminist Theory*. New York: Routledge.

Gray, Mel and Jennifer Boddy(2010), "Making Sense of the Waves: Wipeout or Still Riding High?" *Journal of Women and Social Work*, Vol. 25, No. 4.

Grewal, Inderpal and Caren Kaplan(1994), "Introduction: Transnational Feminist Practices and Questions of Postmodernity." in Inderpal Grewal and Caren Kaplan(eds.). *Scattered Hegemonies: Postmodernity and Transnational Feminist Practices*. Minneapolis: University of Minnesota Press.

Guckenheimer, Debra and Jack Kaida Schmidt(2013), "Contradictions Within the Classroom: Masculinities in Feminist Studies." *Women's Studies: An Inter-Disciplinary Journal*, Vol. 42, No. 5.

Haddad, Angela T. and Leonard Lieberman(2002), "From Student Resistance to Embracing the Sociological Imagination: Unmasking Privilege, Social Conventions, and Racism." *Teaching Sociology*, Vol. 30, No. 3.

Hall, Stuart(1996), "Introduction." in Stuart Hall and Paul du Gay(eds.). *Questions of Cultural Identity*. Thousand Oaks: Sage Publications Ltd.

Hancock, Ange-Marie(2007), "Intersectionality as a Normative and Empirical Paradigm." *Politics & Gender*, Vol. 3, No. 2.

Haraway, Donna(1988), "Situated Knowledge: The Science Question in Feminism and The Privilege of Partial Perspective." *Feminist Studies*, Vol. 14, No. 3.

Hartmann, Heidi. et al.(1996), "Bringing Together Feminist Theory and Practice: A Collective Interview." *Signs*, Vol. 21, No. 4.

Hase, Michiko(2002), "Student Resistance and Nationalism in the Classroom." in Amie A. Macdonald and Susan Sánchez-Casal(eds.). *Twenty-First-Century Feminist Classrooms*. New York: Palgrave Macmillan.

Hennessy, Rosemary(1993), "Women's Lives/Feminist Knowledge: Feminist Standpoint as Ideology Critique." *Hypatia*, Vol. 8, No. 1.

_____(2000), *Profit and Pleasure: Sexual Identities in Late Capitalism*. New York: Routledge.

hooks, bell(1989), "Feminism: A Transformational Politic." in *Talking Back: thinking Feminist, Thinking Black*. Boston: South End Press.

_____(2004), *The Will to Change: Men, Masculinity, and Love*. New York: Atria Books.

_____(2007), "Feminist Politics: Where We Stand." in Susan Maxine Shaw and Janet Lee(eds.). *Women's Voices and Feminist Visions: Classic and Contemporary Readings*. Boston: McGraw-Hill Higher Education.

Htun, Mala(2005), "What It Means to Study Gender and the State." *Politics & Gender*, Vol. 1, No. 1.

Jackson, Sue. 2000. "To Be or Not to Be? The Place of Women's Studies in the Lives of its Students." *Journal of Gender Studies*, Vol. 9, No. 2.

Jager, Sheila Miyoshi(1996), "Women, Resistance and the Divided Nation: The Romantic Rhetoric of Korean Reunification." *The Journal of Asian Studies*, Vol. 55, No. 1.

John, Mary E.(1998), "Feminism, Internationalism, and the West: Questions from the Indian Context." Web site: http://www.cwds.ac.in/ocpaper/feminisminternationalismmaryjohn.pdf.

_____(2005), "Women's Studies in India and the Question of Asia: Some Reflections." *Asian Journal of Women's Studies*, Vol. 11, No. 2.

Johnson-Odim, Cheryl(1991). "Common Themes, Different Contexts: Third World Women and Feminism." in Chandra Talpade Mohanty, Ann Russo, and Lourdes Torres(eds.). *Third World Women and the Politics of Feminism*. Bloomington and Indianapolis: Indiana University Press.

Kalyvas, Stathis N.(2006), *The Logic of Violence in Civil War*. New York: Cambridge University Press.

Kannen, Victoria(2014), "These are not 'Regular Places': Women and Gender Studies Classrooms as Heterotopias." *Gender, Place and Culture*, Vol. 21, No. 1.

Kaplan, Caren, Norma Alarcón, and Minoo Moallem(eds.)(1999), *Between Women and Nation: Nationalisms, Transnational Feminisms, and the State*. Durham: Duke University Press.

Kearney, Richard(2004), *Strangers, Gods and Monsters: Interpreting Otherness*. New York: Routledge.

Kim, Eunshil(2010), "The Politics of Institutionalizing Feminist Knowledge." *Asian Journal of Women's Studies*, Vol. 16, No. 3.

Kim, Eunyoung and Sheena Choi(2011), "Korea's Internationalization of Higher Education: Process, Challenge and Strategy." *CERC Studies in Comparative Education*, Vol. 27, No. 3.

Kim, Terri(2011), "Globalization and Higher Education: Towards Ethnocentric Internationalization or Global Commercialization of Higher Education?" in Roger King, Simon Marginson, Rajani Naidoo(eds.), *Handbook on Globalization and Higher Education*. Northampton: Edward Elgar.

King, Debora(1988), "Multiple Jeopardy, Multiple Consciousness: The Context of a Black Feminist Ideology." *Signs*, Vol. 14, No,1.

Klein, Renate Duelli(1983), "The 'Men-problem' in Women's Studies: The Expert, the Ignoramus and the Poor Dear." *Women's Studies International Forum*, Vol. 6, No. 4.

Lâm, Maivân Clech(1994), "Feeling Foreign in Feminism." *Signs*, Vol. 19, No. 4.

Lewis, Magda(1990), "Interrupting Patriarchy: Politics, Resistance, and Transformation in the Feminist Classroom." *Harvard Educational Review*, Vol. 60, No. 4.

Lorde, Audre(1984), *Sister Outsider: Essays and Speeches*. Berkeley: The Crossing Press.

Lutz, Catherine A. and Lila Abu-Lughod(eds.)(1990), *Language and the Politics of Emotion*. New York: Cambridge University Press.

Macdonald, Amie A. and Susan Sánchez-Casal(eds.)(2002), *Twenty-First-Century Feminist Classrooms: Pedagogies of Identity and Difference*. New York: Palgrave Macmillan.

Mark, Hedley and Linda Markowitz(2001), "Avoiding Moral Dichotomies: Teaching Controversial Topics to Resistant Students." *Teaching Sociology*, Vol. 29, No. 2.

Marody, Mira(1993), "Why I Am Not a Feminist: Some Remarks on the Probem of

Gender identity in the United States and Poland." *Social Research*, Vol. 60, No. 4.

McClintock, Anne(1997), "No Longer in a Future Heaven." in Anne McClintock, Aamir Mufti, Ella Shohat(eds.). *Dangerous Liaisons: Gender, Nation, and Postcolonial Perspectives*. Minneapolis: University of Minnesota Press.

Medina, José(2003), "Identity Trouble: Disidentification and the Problem of Difference." *Philosophy & Social Criticism*, Vol. 29, No. 6.

Mendoza, Breny(2002), "Transnational Feminisms in Question." *Feminist Theory*, Vol. 3, No.3.

Mohanty, Chandra Talpade(1988), "Under the Western Eyes: Feminist Scholarship and Colonial Discourses." *Feminist Review*, No. 30.

_____(1991), "Cartographies of Struggle: Third World Women and the Politics of Feminism." in Chandra Talpade Mohanty, Ann Russo, and Lourdes Torres(eds.). *Third World Women and the Politics of Feminism*. Bloomington and Indianapolis: Indiana University Press.

Monroe, Kristen Renwick(2004), *The Hand of Compassion: Portraits of Moral Choice during the Holocaust*. Princeton: Princeton University Press.

Moraga, Cherríe and Gloria Anzaldúa(eds.)(1983), *This Bridge Called My Back: Writings by Radical Women of Color*. New York: Kitchen Table–Women of Color Press.

Moraga, Cherríe(1983), "La Güera." in Cherríe Moraga and Gloria Anzaldúa(eds.). *This Bridge Called My Back: Writings by Radical Women of Color*. New York: Kitchen Table–Women of Color Press.

Moya, Paula(1997), "Postmodernism, 'Realism', and the Politics of Identity." in M. Jacqui Alexander and Chandra Talpade Mohanty(eds.). *Feminist Genealogies, Colonial Legacies, Democratic Futures*. New York: Routledge.

Muñoz, José Esteban(1999), *Disidentifications: Queers of Color and the Performance of Politics*. Minneapolis: University of Minnesota Press.

Næss, Arne(1985), "Identification as a Source of Deep Ecological Attitude." Michael Tobias(ed.). *Deep Ecology*. San Diego: Avant Books.

Narayan, Uma(1988), "Working Together Across Difference: Some Considerations on Emotions and Political Practice." *Hypatia*, Vol. 3, No. 2.

_____(1997), *Dislocating Cultures: Identities, Traditions, and Third World Feminism*.

New York and London: Routledge.

_____(1998), "Essence of Culture and a Sense of History: A Feminist Critique of Cultural Essentialism." *Hypatia*, Vol. 13, No. 2.

Nussbaum, Martha C.(1996), "Compassion: The Basic Social Emotion." *Social Philosophy and Policy*, Vol. 13, No. 1.

_____(2003), "Compassion and Terror." *Daedalus*, Vol. 132, No. 1.

Nye, Andrea(2000), "It's Not Philosophy." in Uma Narayan and Sandra Harding(eds.). *Decentering the Center: Philosophy for a Multicultural, Postcolonial, and Feminist World*. Bloomington and Indianapolis: Indiana University Press.

Orr, Deborah Jane(1993), "Toward a Critical Rethinking of Feminist Pedagogical Praxis and Resistant Male Students." *Canadian Journal of Education*, Vol. 18, No. 3.

Pateman, Carole(1988), *The Sexual Contract*. Cambridge: Polity Press.

Pittman, Chavella T.(2010), "Race and Gender Oppression in the Classroom: the Experiences of Women Faculty of Color with White Male Students." *Teaching Sociology*, Vol. 38, No. 3.

Pêcheux, Michel(1982), *Language, Semantics and Ideology*. London: Macmillan Press.

Puwar, Nirmal(2004), *Space Invaders: Race, Gender and Bodies Out of Place*. New York: Berg.

Roces, Mina and Louise Edwards(eds.)(2010), *Women's Movements in Asia: Feminisms and Transnational Activists*. New York: Routledge.

Rudolph, Lloyd I. and Susanne Hoeber Rudolph(2003), "Engaging Subjective Knowledge: How Amar Singh's Diary Narratives of and by the Self Explain Identity Formation." *Perspective on Politics*, Vol. 1, No. 4.

Said, Edward W. (2014[1978]), *Orientalism*. New York: Knopf Doubleday Publishing Group.

_____(1983), "Traveling Theory." in *The world, the Text, and the Critic*. Cambridge: Harvard University Press.

Sandoval, Chela(1990), "Feminism and Racism: A Report on the 1981 National Women's Studies Association Conference." in Gloria Anzaldúa(eds.). *Making Face, Making Soul*. San Francisco: Aunt Lute Books.

_____(1991), "U.S. Third World Feminism: The Theory and Method of Oppositional Consciousness in the Postmodern World." *Genders*, No. 10.

_____(2000), *Methodology of the Oppressed*. Minneapolis: University of Minnesota Press.

Scott, Joan Wallach(1999), *Gender and the Politics of History*. New York: Columbia University Press.

Sedgwick, Eve Kosofsky(1990), *Epistemology of the Closet*. Berkeley: University of California Press.

Shanley, Mary Lyndon and Carole Pateman(eds.)(1991), *Feminist Interpretation and Political Theory*. University Park: Pennsylvania State University Press.

Shields, Stephanie A.(2008), "Gender: an Intersectionality Perspective." *Sex Roles*, Vol. 59, No. 5-6.

Smith, Barbara(1983), *Home Girls: A Black Feminist Anthology*. New York: Kitchen Table-Women of Color Press.

Sommer, Vicki(2000). "Men's Studies and Women's Studies: Should They Be Wed?" *Journal of Men's Studies*, Vol. 8, No. 3.

Spakowski, Nicola(2011), "'Gender' Trouble: Feminism in China under the Impact of Western Theory and the Spatialization of Identity." *Positions*, Vol. 19, No. 1.

Spivak, Gayatri Chakravorty(1988), "Can the Subaltern Speak?" in *Marxism and the Interpretation of Culture*. Urbana: University of Illinois Press.

_____(1990), "Criticism, Feminism, and the Institution." in Sarah Harasym (eds.). *The Post-Colonial Critic: Interviews, Strategies, Dialogues*. New York: Routlege.

Thompson, Becky(2002), "Multiracial Feminism: Recasting the Chronology of Second Wave Feminism." *Feminist Studies*, Vol. 28, No. 2.

Uttal, Lynet(1990). "Inclusion without Influence: The Continuing Tokenism of Women of Color." in Gloria Anzaldúa(eds.). *Making Face, Making Soul*. San Francisco: Aunt Lute Books.

Young, Iris Marion(1994), "Gender as Seriality: Thinking about Women as a Social Collective." *Signs*, Vol. 19, No. 3.

Yuval-Davis, Nira(2006). "Intersectionaltiy and Feminist Politics." *European Journal of Women's Studies*, Vol. 13, No. 3.

Yuval-Davis, Nira and Floya Anthias(1989). *Women-Nation-State*. Basingstoke: Macmillan.

찾아보기